AF608887

Konzepte. Ansätze der Medien- und
Kommunikationswissenschaft

herausgegeben von
Prof. Dr. Patrick Rössler und
Prof. Dr. Hans-Bernd Brosius

Band 20

Astrid Zipfel

Wirkungstheorien der Medien-und-Gewalt-Forschung

Titelbild: © Scott Maxwell – stock.adobe.com

Die Deutsche Nationalbibliothek verzeichnet diese Publikation in der Deutschen Nationalbibliografie; detaillierte bibliografische Daten sind im Internet über http://dnb.d-nb.de abrufbar.

ISBN 978-3-8487-4181-6 (Print)
ISBN 978-3-8452-8486-6 (ePDF)

1. Auflage 2019

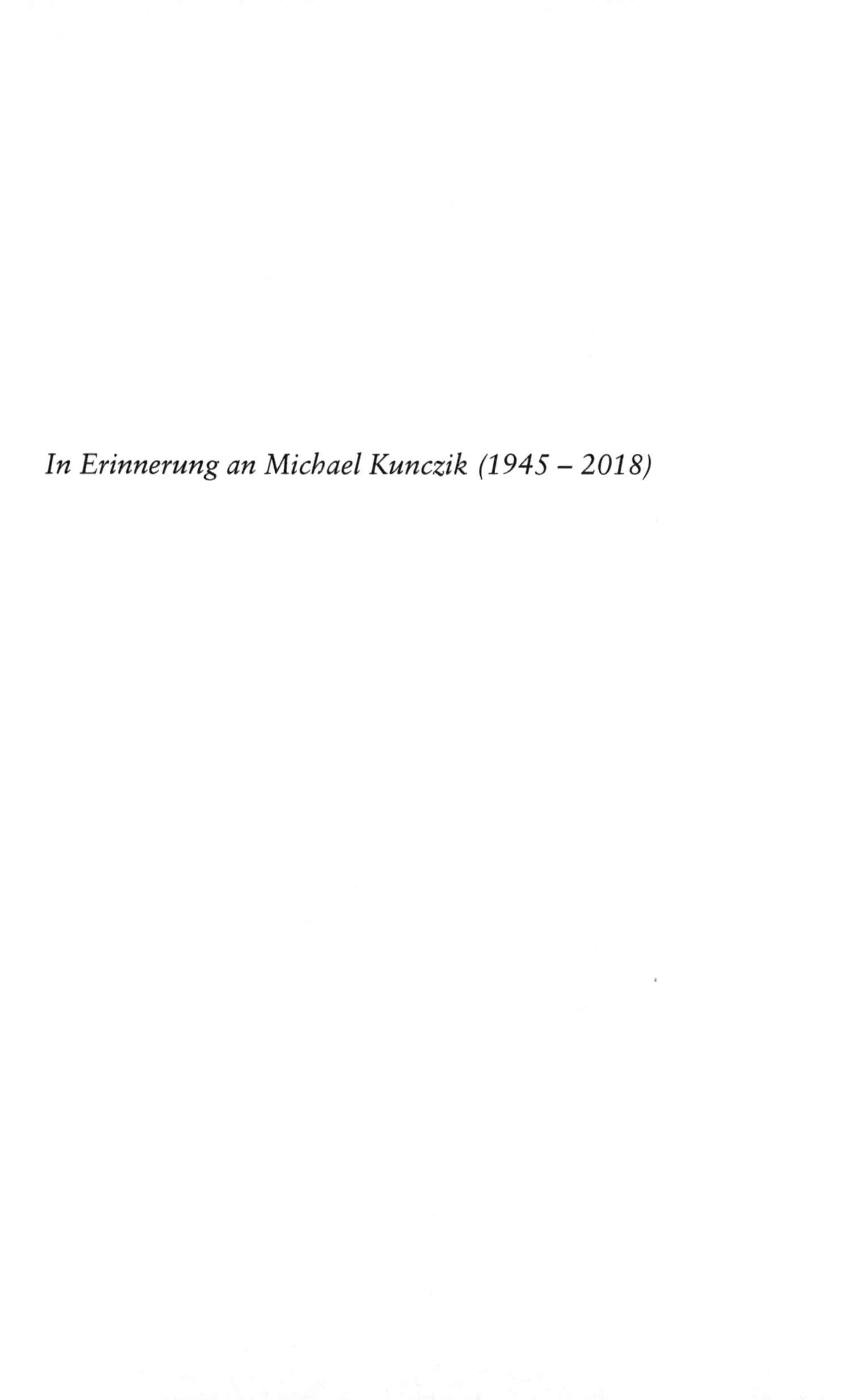

In Erinnerung an Michael Kunczik (1945 – 2018)

Vorwort der Reihenherausgeber

Etliche Jahre schien das Fehlen von Lehrbüchern auch die akademische Emanzipation der Kommunikationswissenschaft zu behindern. Doch in jüngerer Zeit hat der fachkundige Leser die Auswahl aus einer Fülle von Angeboten, die nur noch schwierig zu überblicken sind. Wie lässt es sich dann rechtfertigen, nicht nur noch ein weiteres Lehrbuch, sondern gleich eine ganze Lehrbuchreihe zu konzipieren?

Wir sehen immer noch eine Lücke zwischen den großen Überblickswerken auf der einen Seite, die eine Einführung in das Fach in seiner ganzen Breite versprechen oder eine ganze Subdisziplin wie etwa die Medienwirkungsforschung abhandeln – und andererseits den Einträgen in Handbüchern und Lexika, die oft sehr spezifische Stichworte beschreiben, ohne Raum für die erforderliche Kontextualisierung zu besitzen. Dazwischen fehlen allerdings (und zwar vor allem im Bereich der Mediennutzungs- und Medienwirkungsforschung) monographische Abhandlungen über zentrale KONZEPTE, die häufig mit dem Begriff der „Theorien mittlerer Reichweite“ umschrieben werden.

Diese KONZEPTE gehören zum theoretischen Kerninventar unseres Fachs, sie bilden die Grundlage für empirische Forschung und akademisches Interesse gleichermaßen. Unsere Lehrbuchreihe will also nicht nur Wissenschaftlern einen soliden und gleichzeitig weiterführenden Überblick zu einem Forschungsfeld bieten, der deutlich über einen zusammenfassenden Aufsatz hinausgeht: Die Bände sollen genauso Studierenden einen fundierten Einstieg liefern, die sich für Referate, Hausarbeiten oder Abschlussarbeiten mit einem dieser KONZEPTE befassen. Wir betrachten unsere Lehrbuchreihe deswegen auch als eine Reaktion auf die Vorwürfe, mit der Umstellung auf die Bachelor- und Masterstudiengänge würde Ausbildung nur noch auf Schmalspurniveau betrieben.

Die Bände der Reihe KONZEPTE widmen sich deswegen intensiv jeweils einem einzelnen Ansatz der Mediennutzungs- und Wirkungsforschung. Einem einheitlichen Aufbau folgend sollen sie die historische Entwicklung skizzieren, grundlegende Definitionen liefern, theoretische Differenzierungen vornehmen, die Logik einschlägiger Forschungsmethoden erläutern und empirische Befunde zusammenstellen. Darüber hinaus greifen sie aber auch Kontroversen und Weiterentwicklungen auf, und sie stellen die Beziehungen zu theoretisch verwandten KONZEPTEN her. Ihre Gestaltung und ihr Aufbau enthält didaktische Elemente in Form von Kernsätzen, Anekdoten oder Definitionen – ebenso wie Kurzbiografien der Schlüsselautoren und kommentierte Literaturempfehlungen. Sie haben ein Format, das es in der Publikationslandschaft leider viel zu selten gibt: ausführlicher als ein Zeitschriften- oder Buchbeitrag, kompakter als dickleibige Forschungsberichte und konziser als thematische Sammelbände.

Die Reihe KONZEPTE folgt einem Editionsplan, der gegenwärtig 25 Bände vorsieht, die in den nächsten Jahren sukzessive erscheinen werden. Als Autoren zeichnen fachlich bereits ausgewiesene, aber noch jüngere Kolleginnen und Kollegen, die einen frischen Blick auf die einzelnen KONZEPTE versprechen und sich durch ein solches Kompendium auch als akademisch Lehrende qualifizieren. Für Anregungen und Kritik wenden Sie sich gerne an die Herausgeber unter

patrick.roessler@uni-erfurt.de

brosius@ifkw.lmu.de

Inhaltsverzeichnis

Abbildungsverzeichnis

Tabellenverzeichnis

1. Grundlagen

1.1 Gegenstandsbereich und Problematik

Die „Killerspieldebatte"

Die sogenannte „Killerspieldebatte" hat insbesondere in den Nullerjahren die Gemüter erhitzt (dazu ausführlicher Kunczik 2013, 21–26). Nach Amokläufen wie denen in Erfurt (2002), Emsdetten (2006) und Winnenden (2009) wurde regelmäßig die Frage nach dem Beitrag violenter Computerspiele zur Genese schwerer Gewalttaten gestellt und von zahlreichen Stimmen in breiter Öffentlichkeit und Politik mit Forderungen nach dem Verbot solcher vermeintlicher „Tötungssimulatoren" beantwortet. Obwohl diese Debatte inzwischen medial totgesagt wurde (Böhm 2015; Berger 2016; Kruse 2016), wird sie doch bei entsprechenden Anlässen nach wie vor reaktiviert – sei es, dass Innenminister Thomas de Maizière nach dem Anschlag von München (2016) den schädlichen Einfluss violenter Spiele auf Jugendliche als unumstößliche Gewissheit formulierte (Brühl 2016) oder Donald Trump nach dem School Shooting in Florida im Februar diesen Jahres mögliche schädliche Einflüsse violenter Spiele thematisierte und Vertreter der Spieleindustrie und Regulierungsverfechter ins Weiße Haus bat (Emler 2018).

Die wissenschaftliche Debatte

Um zu beurteilen, ob Computerspiele lediglich zu symbolpolitisch nützlichen Sündenböcken gemacht werden oder entsprechende Äußerungen und Maßnahmen doch eine sachliche Berechtigung besitzen, ist eine Analyse des Forschungsstands erforderlich. Auch in der Wissenschaft ist die Diskussion um gewaltfördernde Wirkungen violenter Medieninhalte trotz Jahrzehnten der Forschung keineswegs beendet, wie schon ein Blick auf den quantitativ beeindruckenden, ungebrochenen Output zahlreicher Disziplinen zeigt. Die Qualität der Studien ist allerdings ebenso wie die Befundlage heterogen. Zudem ist die Debatte zwischen den Wissenschaftlern nicht immer von gebotener Sachlichkeit, sondern zum Teil von einem ideologisch beeinflussten und polemischen Schlagabtausch geprägt.

Gegenstand des Buches

Dieser Band soll eine Orientierung in diesem unübersichtlichen Forschungsfeld ermöglichen und eine differenzierte und kritische Bilanz der aktuellen Befundlage liefern. Dabei stehen aufgrund des entsprechenden Schwerpunkts der aktuellen Forschung die Wirkungen gewalthaltiger *Computerspiele* im Vordergrund, die Darstellung bezieht sich aber auch auf andere Medien (v.a. Film und Fernsehen). Im Hinblick auf die Art der Effekte liegt der Fokus auf einer möglichen Steigerung von *Aggressivität*. Andere Arten von Wirkungen, insbesondere die Auslösung von Angst, stellen ebenfalls ein wichtiges Forschungsfeld dar (z.B. Pearce & Field 2016; Hopwood & Schutte

2017; im Überblick auch Kunczik & Zipfel 2010, 207–213), ihre Einbeziehung würde aber den Rahmen dieses Formats sprengen. Es wird auch auf die Darstellung von Kultivierungseffekten verzichtet, zu welchen ein eigener Band in dieser Reihe vorgesehen ist.

Ziel der Darstellung ist es, die in verschiedenen Theorieansätzen und Modellen behandelten Mechanismen aufzuzeigen, über die sich Mediengewalt auf Aggressivität auswirken kann, und die relevanten Risiko- und Schutzfaktoren zu spezifizieren. Ein Anliegen des vorliegenden Buches ist es dabei, die Leserinnen und Leser zu einer kritischen Beurteilung der Aussagekraft empirischer Studien zu befähigen, weshalb methodischen Fragen dieses mit diversen Schwierigkeiten behafteten Forschungsgebiets besondere Beachtung geschenkt wird. Hierin liegt auch eine wichtige Voraussetzung für eine differenzierte Auseinandersetzung mit den Debatten der Medien-und-Gewalt-Forschung, deren ausführliche Darstellung den Blick für die Charakteristika und Probleme ideologisch geprägter wissenschaftlicher Diskussionen schärfen und in einer Quintessenz der bisherigen Forschung münden soll.

1.2 Der Gewaltbegriff

Die Begriffe *Aggression* und *Gewalt* werden in der Mediengewalt-Diskussion sehr unterschiedlich definiert bzw. auch ohne jegliche Definition gebraucht. Dies kann zu sehr verschiedenen Operationalisierungen von Gewalt führen und die Vergleichbarkeit von Forschungsbefunden erschweren.

Begriffe

Hier sollen die *Zielgerichtetheit einer Handlung* und die *Intention der Schädigung* als elementare Bestandteile des Gewaltbegriffs betrachtet werden. Dementsprechend wird unter Gewalt im Folgenden die *beabsichtigte Schädigung von Lebewesen oder Sachen* verstanden, wobei in Bezug auf erstere davon ausgegangen wird, dass das Opfer diese Schädigung vermeiden will.

Der Gewaltbegriff lässt sich entlang verschiedener Dimensionen ausdifferenzieren:

Tabelle 1: Dimensionen des Gewaltbegriffs (Auswahl)

Dimension	Ausprägung	Ausprägung	Ausprägung
Urheber	**personale Gewalt** Gewalt durch Menschen	**strukturelle Gewalt** Gewalt durch das soziale System	
Art der Schädigung	**physisch** körperliche Schädigung	**psychisch** seelische Schädigung	**Sonderform: relational / sozial** Schädigung der sozialen Beziehungen (z.B. Lügen, Gerüchte, Ausgrenzung)
Mittel der Schädigung	**physisch** gegenständl. Waffen	**verbal** Worte	**nonverbal** Mimik, Gestik, Ignorieren
Zurechenbarkeit	**direkt** erkennbarer Täter	**indirekt** Täter will unerkannt bleiben	
Sichtbarkeit der Folgen	**manifest / schmutzig** Folgen sind sichtbar	**latent / sauber** Folgen sind unsichtbar	
Funktion	**expressiv** Selbstdarstellung	**impulsiv** Ausleben von Wut	**instrumentell** Zielerreichung
Legitimität	**legitim** gerechtfertigt, sozial gebilligt	**illegitim** ungerechtfertigt, sozial nicht gebilligt	
Mediales Format	**real** tatsächlich stattfindende Gewalt (z.B. in Nachrichten)	**fiktiv** ausgedachte Gewalthandlungen (z.B. in Filmen / Spielen)	
Mediale Präsentation	**natürlich** lebensechte, realistische Darstellung	**künstlich** verfremdete, unrealistische Darstellung (z.B. Zeichentrick)	

Aggression und Gewalt

Die Begriffe *Aggression* und *Gewalt* werden im Folgenden synonym verwendet – es sei jedoch darauf hingewiesen, dass mit Gewalt in der Literatur z.T. auch besonders schwere Formen physischer Aggression bezeichnet werden (z.B. Allen & Anderson 2017, 1f.). Ferguson

(2008, 326f.) grenzt *aggressives*, *asoziales* und *violentes* Verhalten gegeneinander ab. *Aggression* (verstanden als Verhalten, welches auf soziale Dominanz über andere abzielt) könne sowohl für den Einzelnen funktional als auch gesellschaftlich anerkannt sein. *Asoziales Verhalten* werde von der Gesellschaft als moralisch verwerflich angesehen, was aber auch auf weder aggressives noch violentes Verhalten zutreffe. *Violentes* asoziales Verhalten bezeichne Aggressionsverhalten, das in keinem Verhältnis zum vorausgegangenen Stimulus stehe. Zum Verhältnis der drei Begriffe konstatiert Ferguson (2008, 327): „Thus, all violent antisocial behaviors are aggressive, but not all aggressive behaviors are necessarily antisocial nor violent."

2. Forschungslogik und Methode

2.1 Erhebungsverfahren

Den *einen* Königsweg zur Erforschung der Wirkungen von Mediengewalt gibt es nicht. Vielmehr weisen verschiedene Untersuchungsmethoden unterschiedliche Stärken und Schwächen auf:

Querschnittstudien

Ein häufig angewendetes Untersuchungsverfahren sind als **Querschnittstudien** angelegte **Befragungen.** Der Forscher ist hierbei auf die Auskunftsfähigkeit und -bereitschaft der Untersuchungsteilnehmer angewiesen. Reaktionen, die dem Rezipienten nicht bewusst sind, können auf diesem Wege nicht ermittelt werden, und gerade in Bezug auf sozial sanktionierte Verhaltensweisen ist mit Effekten sozialer Erwünschtheit zu rechnen, d.h. Befragte zeichnen ein „geschöntes" Bild ihres Verhaltens bzw. antworten so, wie sie glauben, dass es von ihnen erwartet wird. Diese Problematik kann durch die zusätzliche Befragung von Personen aus dem Umfeld der Probanden (z.B. Eltern, Lehrer, Freunde) abgemildert werden, aber auch deren Antworten können Verzerrungen unterliegen. Querschnittanalysen bilden den Zusammenhang der interessierenden Variablen zu *einem einzigen Zeitpunkt* ab. Nur auf Basis solcher Korrelationen lassen sich keine Kausalitätsaussagen treffen, d.h. ein festgestellter Zusammenhang zwischen hohem Mediengewaltkonsum und Gewaltverhalten sagt noch nichts darüber aus, ob Mediengewalt reale Gewalt verursacht oder violente Personen gerne entsprechende Inhalte konsumieren. Für alle korrelativen Auswertungen gilt zudem, dass hinter dem vermeintlichen Zusammenhang eine Drittvariable stehen kann, die sowohl die unabhängige als auch die abhängige Variable bestimmt und so zu einer Scheinkorrelation führt. Solche potenziellen Drittvariablen müssen ebenfalls erhoben und bei der Auswertung kontrolliert werden.

Längsschnittstudien

Befragungen zu mehreren Terminen, die idealerweise über einen längeren Zeitraum hinweg stattfindenden, sind aufwändig und daher selten. Solche **Längsschnittstudien** bieten aber nicht nur den Vorteil, kumulative Effekte von Mediengewalt feststellen zu können, sondern sind auch in der Lage, Aussagen über die *Richtung* von Zusammenhängen zu treffen. Werden Mediengewaltkonsum und Gewaltverhalten zu mehreren Zeitpunkten erhoben, kann über zeitlich versetzte Kreuzkorrelationen (Medienkonsum zum Zeitpunkt 1 und Gewaltverhalten zum Zeitpunkt 2 verglichen mit Gewaltverhalten zum Zeitpunkt 1 und Medienkonsum zum Zeitpunkt 2) ermittelt werden, was die Ursache und was die Wirkung ist. Beeinflussen violente Spiele die Aggression, spricht man vom *Wirkungspfad*, beeinflusst die Aggression die Auswahl violenter Spiele, ist vom *Selektionspfad* die Rede, wobei durchaus Wechselwirkungsprozesse vorliegen können (Kap. 4.1).

Panel-Studien

Idealerweise sollten sich diese Aussagen auf Individualebene treffen lassen, was ein Panel-Design (d.h. die mehrfache Befragung identischer Personen) erfordert. Abgesehen von dem Problem einer schrumpfenden Teilnehmerzahl im Zeitverlauf gehen hiermit allerdings *Panel-Effekte* einher, d.h. die Befragten können durch die wiederholten Befragungen für das entsprechende Thema sensibilisiert werden. Wenn mögliche Drittvariablen kontrolliert werden, zählen Längsschnittstudien dennoch zu den aussagekräftigsten Erhebungsmethoden der Medien-und-Gewalt-Forschung.

Aggregatstudien

Untersuchungen, die einen längeren Zeitraum umfassen, können auch als **Aggregatstudien** erfolgen. Diese stützen sich nicht auf Daten von Einzelpersonen, sondern lediglich auf für eine Gesamtpopulation vorliegende Statistiken. Ein Beispiel hierfür ist die Untersuchung des Zusammenhangs zwischen der Verbreitung des Fernsehens und der Kriminalitätsrate (Kap. 4.1). Diese Art von Untersuchungen eignet sich für retrospektive Analysen oder Fragestellungen, bei denen eine Erhebung von Individualdaten nicht möglich ist (z.B. Einfluss der Medien auf Suizide; Kap. 3.2.1). Sie birgt aber die Gefahr sogenannter *ökologischer Fehlschlüsse*, die entstehen können, wenn von Zusammenhängen im Aggregat auf Zusammenhänge auf individueller Ebene geschlossen wird. So kann sich auf der Makro-Ebene ein Zusammenhang zwischen der Verbreitung eines Mediums und der Kriminalitätsrate zeigen, ohne dass der Medienkonsum beim einzelnen Rezipienten zu kriminellem Verhalten beiträgt.

Qualitative Studien

Wenn eine ganz neue Fragestellung bearbeitet oder ein tiefergreifendes Verständnis der Prozesse und Faktoren gewonnen werden soll, die hinter einem korrelativ festgestellten Zusammenhang stehen, können **qualitative Studien** (z.B. Fokus-Gruppen-Gespräche, offene bzw. teilstandardisierte Einzelinterviews) einen wertvollen Forschungsbeitrag leisten. Es darf allerdings nicht der Fehler begangen werden, aus (in der Regel auf wenigen, nicht repräsentativ ausgewählten Versuchspersonen basierenden) qualitativen Untersuchungen verallgemeinernde Schlussfolgerungen für die Gesamtbevölkerung abzuleiten.

Experimente

Die in der Medien-und-Gewalt-Forschung bei weitem am häufigsten angewandte Methode ist das **Experiment**, dessen besondere Stärke in der Möglichkeit von Kausalnachweisen besteht. Die experimentelle Logik sieht vor, dass (mindestens) zwei in Bezug auf alle relevanten

Merkmale identisch zusammengesetzte Gruppen von Probanden einem unterschiedlichen experimentellen Stimulus (z.B. violenter vs. nicht-violenter Film) ausgesetzt werden. Unterscheiden sich beide Gruppen danach im Hinblick auf die abhängige Variable (z.B. Gewaltverhalten), so muss dieser Unterschied bei ansonsten absolut gleichen Bedingungen auf den experimentellen Stimulus zurückzuführen sein.[1] Die Stärke des Experiments – die Möglichkeit der genauen Kontrolle der Versuchsbedingungen – ist allerdings zugleich seine größte Schwäche, da hiermit eine unnatürliche Situation einhergeht und die *externe Validität* (d.h. die Übertragbarkeit auf reale Verhältnisse) beeinträchtigt ist. Abgesehen von der Tatsache, dass den Probanden bewusst ist, dass sie sich in einer Versuchssituation befinden, wird häufig nur ein Film*ausschnitt* statt eines gesamten Films verwendet. Computerspielzeiten sind unrealistisch kurz, und das Spiel wird zu einem vom Versuchsleiter bestimmten Zeitpunkt, der für die Probanden sehr frustrierend sein kann (Kap. 4.3.4.2), abgebrochen. Das Spielen bzw. das Ansehen des Filmausschnitts erfolgt alleine, während in der Realität häufig gemeinsam mit Freunden oder Familienmitgliedern gespielt bzw. ferngesehen wird. Hinzu kommt, dass sich mit Experimenten nur kurzfristige Effekte feststellen lassen, wobei neuere Forschungen darauf hindeuten, dass selbst kleine Unterschiede in der Zeitspanne, um die sich die Messung im Anschluss an den Stimulus verzögert, zu erheblichen Variationen im Ergebnis führen können (Barlett u.a. 2009; Sestir & Bartholow 2010).

Die *Probandenauswahl* folgt in Experimenten zumeist pragmatischen Erwägungen, d.h. es werden insbesondere für die Forscher leicht erreichbare Studierende herangezogen. Dies ist zum Aufzeigen von Wirkungsmechanismen durchaus legitim, erlaubt aber nicht ohne Weiteres eine Verallgemeinerung der Befunde auf die Gesamtbevölkerung.

Was das *Stimulusmaterial* betrifft, muss in einem Pretest bzw. zumindest im Zuge des Experiments überprüft werden, ob die Probanden dieses tatsächlich so wahrnehmen, wie von den Forschern angenommen (wird der „violente" Film z.B. wirklich als violent empfunden?). Darüber hinaus erfordert die experimentelle Logik, dass sich die eingesetzten Filme bzw. Computerspiele lediglich in Bezug auf den un-

1 Da nicht nur violente Inhalte Aggression steigern, sondern auch nicht-violente Inhalte Aggression verringern können, wäre für zuverlässige Befunde eine Kontrollgruppe ohne Stimulus bzw. statt einer Beschränkung auf den Vergleich von Experimental- und Kontrollgruppe (Between-Subject-Design) eine Messung der Aggressivität vor und nach dem Stimulus (Within-Subject-Design) sinnvoll, was aber mit Messeffekten einhergehen kann (Sestir & Bartholow 2010).

tersuchungsrelevanten Aspekt (z.B. Gewaltgehalt) voneinander unterscheiden und ansonsten keine, das Untersuchungsergebnis möglicherweise verzerrenden Unterschiede aufweisen (z.B. im Hinblick auf Erregungspotenzial, Schwierigkeits- und Frustrationsgrad von Spielen; Elson u.a. 2015). Ansonsten kann es zu einer Konfundierung der Variablen kommen, d.h. ein festgestellter Effekt ist dann u.U. auf andere Stimuluseigenschaften als auf den Gewaltgehalt zurückzuführen. In Bezug auf Computerspiele ergibt sich aufgrund ihres interaktiven Charakters das besondere Problem, dass sich die Probanden in ihrem Spielverhalten etwa aufgrund unterschiedlicher Persönlichkeitseigenschaften oder Spielerfahrung (und ggf. auch unterschiedlicher Reaktionen von Gegenspielern; Ross & Weaver 2012) in ihren Spielstrategien und ihrem Spielgeschick z.T. deutlich unterscheiden und daher in der im Experiment vorgegebenen Spielzeit auch mit unterschiedlich viel Gewalt bzw. Gewalt in unterschiedlichem Kontext (z.B. als Täter vs. als Opfer) konfrontiert werden (Lachlan & Maloney 2008; Weber u.a. 2009; Matthews & Weaver 2013; Ribbens & Malliet 2015). Die größte Herausforderung besteht allerdings darin, die abhängige Variable, d.h. Aggression, im Labor angemessen zu operationalisieren (Kap. 2.2.2).

Hirnforschungsstudien

Zu den jüngsten methodischen Entwicklungen in der Medien-und-Gewalt-Forschung gehört die Anwendung von Methoden der **Hirnforschung**. Neurowissenschaftliche Methoden üben große Faszination aus und versprechen Aufschluss darüber, welche Prozesse bei der Verarbeitung von Gewaltdarstellungen tatsächlich ablaufen. Allerdings setzt ein sinnvoller Einsatz genaue Kenntnisse der im Gehirn stattfindenden Abläufe voraus. Obwohl die Forschung in dieser Hinsicht bereits interessante Erkenntnisse erzielt hat, haben mit Methoden der Hirnforschung durchgeführte Studien bislang keine über den bisherigen Forschungsstand hinausgehende Resultate erbracht (Hummer 2015; Palaus u.a. 2017). Vielmehr sind sie zumeist mit deutlichen Interpretationsproblemen behaftet und – zumindest bislang – nur in Kombination mit anderen Untersuchungsverfahren (z.B. experimentellen Designs) sinnvoll einsetzbar (dazu ausführlich Kunczik & Zipfel 2010, 367–382).

Meta-Analysen

Als letztes Verfahren sei schließlich die **Meta-Analyse** erwähnt (Kap. 4.2). Hierbei handelt es sich um eine Reanalyse von Datenmaterial, bei der eine quantitative Zusammenfassung von Forschungsergebnissen aus mehreren, im Vorfeld nach bestimmten und objektivierten Regeln ausgewählten Untersuchungen zu einem bestimmten Gegenstand erfolgt und bei der Effekte über mehrere Studien hinweg geschätzt werden. Auf diese Weise soll eine Integration des bestehenden Wissens zu einem Forschungsgebiet stattfinden. Eine Stärke der Meta-Analyse kann darin bestehen, dass sich die einbezogenen Studien in ihren jeweiligen Schwächen gegenseitig kompensieren (Comstock & Scharrer 2003, 206), allerdings werden methodisch problematische Studien durch die Einbeziehung in eine Meta-Analyse nicht aussagekräftiger, sondern verzerren im Gegenteil die Befunde. Eine Meta-Analyse kann keine Forschungslücken schließen, und ihre Güte hängt in hohem Maße von der sinnvollen Auswahl der einbezogenen Studien ab, damit nicht Unvergleichbares miteinander verglichen wird und sich gegenläufige Befunde nicht aufheben.

2.2 Operationalisierungen

2.2.1 Medien(gewalt)nutzung

Bei allen aufgeführten Erhebungsverfahren ist die Operationalisierung der untersuchten Variablen von höchster Bedeutung für die Aussagekraft der Ergebnisse.

Erhebung des Medienkonsums

Der **Medienkonsum** (in der Regel die unabhängige Variable) wird üblicherweise durch Selbstangaben über Häufigkeit, Dauer und Art der genutzten Medieninhalte erhoben. Für aussagekräftige Befunde ist es wichtig, dass nicht nur der allgemeine, sondern speziell der *violente* Medienkonsum erfasst[2] und nicht nur Genrepräferenzen, sondern auch die Intensität der Nutzung (am besten in Relation zu nichtviolenten Inhalten) erfragt wird.

Die Abfrage erfolgt in offener Form oder anhand vorgegebener Listen bestimmter Genres oder auch konkreter Sendungen bzw. Spiele. Abgesehen von Ungenauigkeiten in der Erinnerung können hier soziale Erwünschtheitseffekte und andere Verzerrungen zum Tragen kommen (Kahn, Ratan & Williams 2014). Dies gilt auch, wenn die Eltern nach dem Medienkonsum ihrer Kinder gefragt werden. Präziser, aber auch aufwändiger, sind Tagebuchverfahren, bei denen über einen bestimmten Zeitraum hinweg alle Tätigkeiten notiert werden.

Beurteilung der Violenz

Die Einschätzung der Violenz der genannten Inhalte kann durch die Befragten selbst erfolgen, was allerdings aufgrund divergierender Kriterien bei der Definition von Gewalt problematisch ist. Hinzu kommt, dass gerade Vielnutzer entsprechende Inhalte möglicherweise im Laufe der Zeit nicht mehr als besonders violent empfinden. Alternative Vorgehensweisen bestehen in der Beurteilung des Gewaltgehalts durch die Forscher selbst bzw. durch externe Experten

2 Zum Teil wird vorausgesetzt, dass aufgrund des hohen Gewaltanteils in den Medien auch das individuelle Medienmenü violent sein müsse, sodass die Erhebung der Nutzungsdauer genüge (S. Kim u.a. 2011, 219).

oder im Rückgriff auf die Alterseinstufungen von Selbstkontrolleinrichtungen (z.B. Unterhaltungssoftware Selbstkontrolle, Entertainment Software Rating Board), die allerdings auch noch auf anderen Kriterien beruhen als nur auf dem Gewaltgehalt (Busching u.a. 2015; Fikkers u.a. 2017 zum Vergleich der Validität der Verfahren).

2.2.2 Wirkungen violenter Medieninhalte

Arten von Effekten

Im Hinblick auf die Wirkung violenter Medieninhalte lassen sich drei Kategorien von Effekten unterscheiden:

Kognitive Effekte, d.h. aggressive *Gedanken, Meinungen und Überzeugungen* sowie *Aufmerksamkeit* für violente Inhalte;

affektive Effekte, d.h. aggressive *Gefühle* wie Wut und Feindseligkeit bzw. auch Angst sowie medienbewirkte *Erregung*;

konative Effekte, d.h. aggressives bzw. antisoziales *Verhalten.*

Kognitive und affektive Aggressionsmaße können Aufschluss über Prozesse geben, die zu aggressivem Verhalten führen. Sie dürfen aber nicht als eigenständiger Nachweis für die Gefährlichkeit von violenten Medieninhalten fehlinterpretiert werden, da z.B. alleine aus der (kurzzeitigen) Aktivierung violenter Assoziationen oder wütender Emotionen nicht darauf geschlossen werden kann, dass diese auch verhaltensrelevant werden.

Im Folgenden sollen die bislang praktizierten Messmethoden inklusive der damit jeweils verbundenen Probleme für die drei Effekt-Kategorien separat dargestellt werden. Vorausgeschickt sei jedoch ein Hinweis auf eine grundsätzliche Problematik, vor der die Medien-und-Gewalt-Forschung bei der Erhebung jeglicher Art von Wirkungen steht:

Verfahren

Für die Medien-und-Gewalt-Forschung bringt die Tatsache, dass ihr Gegenstand in der Öffentlichkeit intensiv und kontrovers diskutiert wird, besondere Herausforderungen mit sich. Die Zielsetzung einer Studie ist leicht durchschaubar, sodass die Position, die die Probanden in dieser Debatte einnehmen, ihr Verhalten im Labor beeinflussen kann. Spiele-Fans können z.B. Interesse daran haben, mit ihren Angaben diejenigen Lügen zu strafen, die die Gefahren von Computerspielen beschwören – umgekehrt kann es im Interesse von Spielekritikern liegen, mit ihren Angaben für eine Bestätigung der Risikoannahmen zu sorgen. Bender, Rothmund und Gollwitzer (2013) konnten zeigen, dass eine hohe Identifikation mit

Computerspielern bei einer transparenten Messung zu niedrigeren kognitiven Aggressionswerten führt als eine niedrige Identifikation.

Aggressive Kognitionen

Bei der Messung *aggressiver Kognitionen* basieren zahlreiche Operationalisierungen auf den Annahmen des *Priming-Ansatzes* (Kap. 3.5), demzufolge gewalthaltige Medienstimuli über assoziative Netzwerke im Gehirn beim Rezipienten aggressionsbezogene Konzepte aktivieren und entsprechende Gedanken leichter zugänglich machen können.

Verfahren

Verfahren zur Messung kognitiver Effekte

Messmethode	Vorgehensweise	Interpretation
Lesegeschwindigkeitstest	Vorlesen violenter / nicht-violenter Worte (z.B. Anderson & Dill 2000)	Schnelleres Vorlesen violenter als nicht-violenter Worte = erhöhte Zugänglichkeit agg. Gedanken
Lexical Decision Task	Entscheidung, ob es sich bei Buchstabenfolgen um ein existierendes Wort handelt oder nicht (z.B. Krahé u.a. 2011)	Schnellere Entscheidung bei violenten als bei nicht-violenten Worten = erhöhte Zugänglichkeit agg. Gedanken
Wortergänzungstest	Ergänzung v. Wortfragmenten zu violenten / nicht-violenten Worten (z.B. Wa_ _e = Waage oder Waffe) (z.B. Frindte & Geyer 2007)	Wahl der violenten Option = erhöhte Zugänglichkeit agg. Gedanken.
Wortassoziationstest	Beurteilung der Ähnlichkeit von Homonymen (Teekesselchen) mit agg. Worten (z.B. „box" und „hurt", ähnlich, wenn „box" = „schlagen", unähnlich, wenn „box" = Schachtel) (z.B. Anderson, Carnagey & Eubanks 2003)	Entscheidung für Ähnlichkeit zweideutiger Worte mit violenten Worten = erhöhte Zugänglichkeit agg. Gedanken.
Thought Listing Task	Notieren von spontanen Assoziationen mit einem Bewertungsobjekt (z.B. P. Fischer & Greitemeyer 2006)	Erhöhte Anzahl violenter Assoziationen = erhöhte Zugänglichkeit agg. Gedanken

Messmethode	Vorgehensweise	Interpretation
Gesichtserkennungstest	Erkennen des Zeitpunktes, zu dem sich ein neutraler Gesichtsausdruck in einen fröhlichen bzw. wütenden verändert (z.B. Kirsh, Mounts & Olczak 2006)	Da Menschen eine freundliche Mimik schneller erkennen als eine unfreundliche, ist beim Ausbleiben dieses „happy-face advantage" von einer Wahrnehmungsverzerrung zugunsten neg. Stimuli auszugehen.

Eine andere Möglichkeit der Erhebung kognitiver Effekte besteht in der Messung *violenter mentaler Modelle bzw. Verhaltensskripts* (Kap. 3.7), bei der sogenannte *Vignetten* zum Einsatz kommen. Hierbei handelt es sich um schriftliche oder bildliche Szenarien, zu denen die Befragten angeben sollen, was die Akteure in dieser Geschichte (oder die Probanden selbst in einer vergleichbaren Situation) denken, fühlen bzw. wie sie handeln werden. Diese Technik wird auch eingesetzt, um Erwartungen und Einstellungen zu messen. Ein zentrales Konzept in diesem Zusammenhang ist der *Hostile Attribution Bias*. Hiermit ist eine Wahrnehmungsverzerrung in dem Sinne gemeint, dass Individuen dazu neigen, anderen Personen feindselige Absichten zu unterstellen. Gemessen wird der Hostile Attribution Bias über ambivalente Szenarien, in denen die Intentionen der Akteure offen bleiben und von den Probanden interpretiert werden sollen (z.B. ein Kind wird auf dem Spielplatz von einem Ball in den Rücken getroffen; Möller & Krahé 2009).

Normative Einstellungen zur Angemessenheit und Legitimität individueller oder institutioneller Gewaltausübung können direkt erfragt werden; in einigen Studien werden aber auch indirekte Verfahren angewendet, indem die Probanden z.B. die Angemessenheit verschiedener Strafen für bestimmte Verbrechen beurteilen oder Sympathien bzw. Antipathien für Täter bzw. Opfer angeben sollen (z.B. Frindte & Geyer 2007; Krahé u.a. 2011).

Aggressive Gefühle

Auch *aggressive Gefühle* wie Wut, Feindseligkeit, Frustration, Angst, Sympathie bzw. Antipathie gegenüber Medienfiguren usw. können mittels eines Fragebogens erhoben werden. Dies setzt allerdings voraus, dass sich die Probanden ihrer Gefühle bewusst sind und diese benennen bzw. einschätzen können und wollen. Entsprechende Emotionen können zudem nur zu einem bestimmten Zeitpunkt und nicht kontinuierlich erhoben werden.

Diese Probleme umgehen Verfahren, die körperliche Reaktionen als Indikatoren für psychische Prozesse verwenden. Hierzu gehört z.B. eine Beobachtung des Gesichtsausdrucks, wobei Kodiersysteme oder die physiologische Messung der Gesichtsmuskelaktivität für objektive Einschätzungen sorgen sollen (z.B. Bothe 2009; Ravaja 2009; Read u.a. 2016). Weitaus gängiger ist die Messung von Erregung über die Erhebung von Herzfrequenz, Blutdruck, Hautleitfähigkeit (bei Stress wird die Haut feucht und leitet daher elektrischen Strom besser), Körpertemperatur oder auch Stresshormonen (z.B. Gentile, Bender & Anderson 2017). Allerdings stellen physiologische Messdaten alleine keine eindeutigen Indikatoren dar (so kann z.B. ein verringerter Puls für verringerte emotionale Erregung oder für erhöhte Aufmerksamkeit stehen; Kunczik & Zipfel 2010, 39–44). Bei der Verwendung physiologischer Messdaten ist es daher besonders wichtig, für kontrollierte Bedingungen zu sorgen, sodass die Reaktionen möglichst eindeutig auf eine bestimmte Stimuluseigenschaft zurückgeführt werden können. Zudem sollten immer mehrere physiologische Messdaten erhoben und ergänzend nicht-physiologische Messverfahren (z.B. Befragungen) durchgeführt werden, um aus dem Gesamtmuster der Befunde zuverlässigere Aussagen ableiten zu können. Wegen großer individueller Differenzen in den physiologischen Reaktionen empfiehlt Ravaja (2004) zudem für entsprechende Studien ein „Within-Subject-Design“ (d.h. Vorher-Nachher-Messung bei denselben Probanden).

Aggressives Verhalten

Auch *aggressives Verhalten* kann über *Selbstberichte* erhoben werden. Die Problematik sozialer Erwünschtheitseffekte ist hier allerdings besonders groß. Sollen Abstumpfungseffekte durch Mediengewalt (Kap. 3.3) nachgewiesen werden, sind Selbstangaben besonders ungeeignet, da sich der zu untersuchende Effekt darin möglicherweise bereits niederschlägt (d.h. desensibilisierte Probanden sehen ihr Verhalten nicht mehr als besonders violent an). Auch im Hinblick auf das violente Verhalten lässt sich die genannte Problematik dadurch abschwächen, dass die *Einschätzungen anderer Personen*, d.h. v.a. von Eltern, Lehrern und Mitschülern, eingeholt werden. Inwieweit diese Messungen aber zuverlässige Ergebnisse erbringen, ist ebenfalls umstritten (so können Einschätzungen Gleichaltriger z.B. eher Popularität von Kindern als Gewalt erheben; Henry & Metropolitan Area Child Study Research Group 2006; Ferguson & Savage 2012). Statt tatsächlich erfolgtem Verhalten werden in vielen Untersuchungen Verhaltens*absichten* auch mittels der schon beschriebenen Szenario-Technik erfragt (z.B. Krcmar & Lachlan 2009).

Zur Erhebung von Aggression als stabilem Persönlichkeitsmerkmal (*Trait Aggression*) existieren bewährte Skalen, von denen insbesondere die *Buss-Perry-Skala* (Buss & Perry 1992) in den Studien zur Wirkung von Mediengewalt Verwendung findet. Diese Skala besteht aus 29 Items, von denen 9 physische Aggression (z.B. „If somebody hits me, I hit back“), 5 verbale Aggression (z.B. „I can't help getting into arguments when people disagree with me“), 7 Wut (z.B. „I sometimes feel like a powder keg ready to explode“) und 8 Feindseligkeit (z.B. „I know that 'friends' talk about me behind my back“) messen. Anhand einer 7-stufigen Skala sollen die Probanden beurteilen, wie charakteristisch das in dem jeweiligen Statement beschriebene Verhalten für sie ist. Die Variable „Trait Aggression“ eignet sich nicht, um kurzfristige Veränderungen im Aggressionsverhalten aufgrund aggressiver Stimuli im Labor zu messen. Sie ist aber sinnvoll, um kumulative Effekte eines langfristigen Gebrauchs violenter Medien festzustellen bzw. um die Ausgangsaggression von Probanden in einem Laborexperiment zu kontrollieren. Zudem lassen sich entsprechende Skalen durch geringfügige Umformulierungen auch zur Messung eines kurzfristigen Aggressionszustandes (*State Aggression*) verwenden (Farrar & Krcmar 2006).

Eine weitere, insbesondere in Feldstudien angewandte Methode der Gewaltmessung besteht in der (möglichst unauffälligen) *Beobachtung des freien Spiels* von Kindern, bei der violente Interaktionen gezählt werden (z.B. Charlton, Gunter & Hannan 2002).

Eine besondere Herausforderung stellt die Messung von violentem Verhalten unter Laborbedingungen dar. Die realistische und damit valide Operationalisierung steht häufig in einem Zielkonflikt mit ihrer ethischen Vertretbarkeit (es muss sich um glaubwürdige Aggression handeln, die aber nicht zu echten Verletzungen führen darf).

Verfahren

Verfahren zur Messung von Verhaltenseffekten

Lernexperimente	Bestrafung eines (vermeintlichen) Mitspielers (z.B. mit angeblichen Elektroschocks), wenn dieser eine Aufgabe nicht richtig löst (vgl. dazu die bei Kunczik & Zipfel 2006, 171–173 dargestellten Experimente von Berkowitz)
Verabreichen scharfer Speisen	Menge an Chili-Sauce oder Wasabi-Paste, die Probanden für vermeintliche Teilnehmer eines Marketing-Experiments abfüllen, von denen bekannt ist, dass sie keine scharfen Speisen mögen (z.B. P. Fischer & Greitemeyer 2006)

Eintauchen einer Hand in Eiswasser	Dauer des Eintauchens der Hand eines Gegners / des Versuchsleiters (z.B. Hamby & Ballard 2006; Ferguson u.a. 2015)
Blutdruckmanschette	Aufpumpen bis zum (angeblich) schmerzhaften Bereich (z.B. Zillmann & Weaver 2007)
Voodoo-Puppe	Zahl der Nadeln, mit denen eine Voodoo-Puppe gespickt wird, die einen provokanten Interaktionspartner repräsentiert (z.B. McCarthy u.a. 2016).
Bobo Doll	Aggression gegenüber einer aufblasbaren, sich automatisch wieder aufrichtenden Clowns-Puppe (Kap. 3.6)
Gewaltverhalten während eines Computerspiels	Anzahl violenter Akte bzw. der violenten Kommunikation zwischen den Spielern (z.B. Eastin 2007)
Tangram-Puzzle	Gewählter Schwierigkeitsgrad eines Puzzles aus verschiedenen Formen (Tangram), das eine andere Person lösen muss (z.B. Saleem, Anderson & Barlett 2015)
Beurteilung des Versuchsleiters	Für dessen weitere Karriere angeblich relevante Bewertung eines Versuchsleiters, der die Probanden zuvor verärgert hat (z.B. Zillmann & Weaver 1999; Greitemeyer & McLatchie 2011)
Kooperationsspiele	Beobachtung des Verhaltens in Spielen, bei denen der Gewinn davon abhängt, ob sich der Proband für eine kooperative oder egoistische Strategie entscheidet (z.B. Brady & Matthews 2006).
Verringerung prosozialen Verhaltens / Erhöhung antisozialen Verhaltens	Messung der Häufigkeit bzw. der zeitlichen Verzögerung, mit welcher Probanden Menschen in einer (vermeintlichen) Notlage helfen (z.B. Bushman & Anderson 2009); Menge verteilter Süßigkeiten (z.B. Ballard & Lineberger 1999); Entwenden von Dingen im Labor (z.B. J. Fischer u.a. 2012; Happ, Melzer & Steffgen 2015)

Geräuschtest

Die derzeit gängigste Form der Gewaltmessung in Laborexperimenten stellt der sogenannte *Geräuschtest* (Competitive Reaction Time Task = CRTT) dar. Bei diesem Test spielen die Probanden ein Reaktionsspiel gegen einen vermeintlichen menschlichen Gegner, der sich angeblich in einem Nebenraum befindet (in Wirklichkeit aber nicht existiert). Die Teilnehmer werden darüber informiert, dass der Sieger des Reaktionsspiels den Verlierer mit einem unangenehmen Geräusch bestrafen darf, dessen Dauer und Intensität die Probanden vor jedem Durchgang des Tests frei bestimmen können. Tatsächlich wird das Ergebnis jedes der 25 Testdurchläufe nach einem standardisierten

Muster durch einen Computer gesteuert. Der erste Durchlauf endet stets mit einer Niederlage für den Probanden, um Aggression zu stimulieren. Trotz seiner häufigen Anwendung ist der Geräuschtest in mehrfacher Hinsicht methodisch problematisch (Ferguson & Rueda 2009):

- Elson u.a. (2014) zählten mindestens 13 verschiedene Berechnungs-Varianten von Aggressionsverhalten auf Basis dieses Tests (Berücksichtigung nur der Dauer oder nur der Intensität des Geräuschs bzw. beider Faktoren; Auswertung aller Versuchsdurchgänge oder nur des ersten, von der Reaktion des „Gegners“ unbeeinflussten Durchgangs etc.). Sie konnten zeigen, dass die verschiedenen Berechnungsweisen zu erheblichen Unterschieden in den festgestellten Effektstärken und Signifikanzniveaus führen.
- Es gibt keinen Konsens darüber, ab welcher Stärke oder Dauer des Geräuschs von aggressivem Verhalten auszugehen ist.
- Es ist fraglich, ob die Probanden Geräusche tatsächlich mit Gewalt assoziieren. Teilweise werden die Versuchsteilnehmer zwar darüber informiert, dass ein hohes Geräuschlevel dauerhafte Hörschäden auslösen könne. Dass solche Konsequenzen einer Laborstudie glaubwürdig sind, muss aber bezweifelt werden.
- Die gewählte Intensität und Dauer des Geräuschs muss nicht (alleine) mit Aggression zu tun haben; andere Motive wie die Abschreckung oder Beeinträchtigung des Gegners im Wettbewerb oder Aspekte der Reziprozität („Wie Du mir, so ich Dir“) können ebenfalls eine Rolle spielen.
- Der Gegner und negative Folgen ihres Handelns für das „Opfer“ sind für die Probanden nicht wahrnehmbar; anders als in der Realität ist Gewaltverhalten nicht mit Sanktionen belegt.
- Es gibt keine nicht-violente Verhaltensalternative, sodass sich auch nicht aggressive Individuen zumindest auf niedrigem Niveau „gewalttätig“ verhalten müssen.[3]

Einige dieser Kritikpunkte treffen auch auf andere der zuvor genannten Messmethoden zu. Wie schwierig es ist, ein valides Design zu entwerfen, verdeutlicht eine Aufstellung der Maßstäbe, die z.B. Ritter und Eslea (2005) als Kriterien für eine gelungene Operationalisierung von Gewalt formuliert haben:

3 Dass ein Design ohne neutrale Verhaltensoption Effekte überschätzt, zeigt Beier (2013).

Verfahren

Kriterien für eine valide Messung von Gewalt im Labor (Ritter & Eslea 2005):

1. Den Probanden steht eine *nicht-aggressive Verhaltensoption* zur Verfügung.
2. Sie bekommen nicht den Eindruck vermittelt, dass aggressive Reaktionen *erwartet oder ausdrücklich gebilligt* werden.
3. Sie haben *direkten Kontakt* zu ihrem „Opfer“, d.h. können dieses hören bzw. sehen.
4. Die Probanden glauben, mit ihrem Verhalten *echten Schaden* zu bewirken.
5. Die Art der Messung legt außer der Schädigungsintention keine anderen Motive für das Handeln nahe, wie z.B. den Spaßfaktor (Bobo-Doll-Experimente; Kap. 3.6), Wettbewerbsorientierung (Schaden für den Gegner verbessert die eigenen Siegchancen) oder den Glauben, ein hilfreiches Feedback bei schlechten Leistungen zu erteilen (Lernexperimente).
6. Es werden Überzeugungen, Wahrnehmungen, Gefühle und v.a. die *Handlungsmotive* der Probanden erhoben, um sicherzustellen, dass tatsächlich Gewalt gemessen wurde.

3. Wirkungstheorien im Überblick

3.1 Katharsis-These

Grundidee

Bei der Katharsis-These handelt es sich um den einzigen Ansatz der Medien-und-Gewalt-Forschung, der *positive* Effekte von Mediengewalt postuliert. Dieser These zufolge geben Medieninhalte dem Rezipienten die Möglichkeit, Gewaltakte an fiktiven Modellen zu beobachten und in der Phantasie intensiv mitzuvollziehen. Durch dieses Ausleben von Phantasieaggression verringere sich die Bereitschaft zu realem Gewaltverhalten, und Aggressionsneigungen würden unschädlich abgebaut.

Begriffe

Der Begriff *„Katharsis"* stammt aus dem Griechischen und bedeutet so viel wie „Reinigung". Der griechische Philosoph Aristoteles verstand darunter „die homöopathische Reinigung der Affekte" (1948, 1341b) durch die Tragödie auf dem Wege der „Erregung von Mitleid und Furcht" (1921, 1449b). Diese Formulierung kann so interpretiert werden, dass der Zuschauer durch das Zeigen negativer Konsequenzen von extremen Gefühlen geleiteter Handlungen geläutert und zu tugendhaftem Verhalten angeleitet werde (Gentile 2013).

Auch in die Psychoanalyse fand der Begriff Eingang. Bei Josef Breuer und Sigmund Freud (1991, zuerst 1895) bezeichnete er einen Mechanismus zur Bewältigung traumatischer Ereignisse durch das erneute Durchleben der mit diesen Erfahrungen verbundenen Gefühle.

Im Rahmen der Frustrations-Aggressions-Theorie (Dollard u.a. 1939) wurde der Begriff in dem Sinne verwendet, dass Provokation bzw. Frustration Aggression auslösen, eigenes aggressives Handeln jedoch aggressive Neigungen reduzieren könne (auch weil damit die Frustration, die aus dem Verzicht auf aggressives Handeln, z.B. aus Angst vor Strafe, resultiere, reduziert werde). Dabei müsse sich die Ausübung von Aggression nicht notwendigerweise gegen den Provokateur richten und könne verschiedene Formen annehmen, die auch Phantasieaggression impliziere.

Bei Konrad Lorenz (1963) wiederum findet sich der Gedanke, dass Aggression einer der wichtigsten menschlichen Triebe sei, der das Überleben sicherstelle. Der ständige Aufbau aggressiver Energie erreiche allerdings irgendwann eine Kapazitätsgrenze, die eine Entladung erfordere, in deren Folge weiteres aggressives Handeln unwahrscheinlicher werde.

Schon diese kurze Übersicht zeigt deutliche konzeptuelle Unterschiede bei der Begriffsverwendung. Während bei Aristoteles Katharsis aus der *Beobachtung* der Gefühle und Handlungen anderer resultierte und die *vorheri-*

ge Existenz eigener negativer Empfindungen *keine Voraussetzung* war, gehen spätere Ansätze davon aus, dass Katharsis durch *eigenes Handeln* und *im Anschluss* an die Entstehung negativer Gefühle stattfindet (Freitag & Zeitter 1999; Gentile 2013).

Kernsätze

„*Therefore, Aristotle did not mean catharsis as a reduction in aggressive feelings or behaviors, and even if he had, modern media violence are not constructed in the way to achieve it.*" (Gentile 2013, 499).

Obwohl sich die Medien-und-Gewalt-Forschung häufig auf das aristotelische Ursprungskonzept beruft, entspricht sie diesem nur sehr bedingt. Abgesehen von der bei Aristoteles noch nicht vorhandenen thematischen Verengung auf *violente* Affekte wird nur der Aspekt der *„Purgation"*, d.h. die erleichternde Entladung von Gefühlen im Sinne eines direkten, kurzfristigen Spannungsabbaus, betrachtet, nicht jedoch der Aspekt der *„Purifikation"*, der auch kognitive und emotionale Elemente umfasst und eine langfristige Läuterung der Affekte meint (Freitag & Zeitter 1999; Scheele & DuBois 2006). Darüber hinaus wird in der Regel nicht berücksichtigt, dass für Aristoteles ein bestimmter dramaturgischer Darstellungskontext bzw. bestimmte *Stilmittel* Voraussetzung der Katharsis waren (Freitag & Zeitter 1999; Gentile 2013): Beispielsweise müssen Mitleid und Furcht durch das unverdiente Unglück einer edlen, guten Person erregt werden; tragische Ereignisse müssen zwischen Freunden und aufgrund von Fehlern oder Unfällen, aber nicht aus feindseliger Absicht heraus stattfinden. Diese Voraussetzungen entsprechen keineswegs dem klassischen Muster heutiger medialer Gewaltdarstellungen (Gentile 2013).

Empirische Befunde

Für die Katharsis-These existieren zwar empirische Befunde, die eine Aggressionsreduktion durch die Rezeption von Mediengewalt zu belegen scheinen, bei genauerer Betrachtung weisen diese Untersuchungen allerdings zumeist deutliche methodische Mängel auf. Berücksichtigt man zudem, dass die überwältigende Mehrzahl der Studien zum Thema Mediengewalt statt einer Verringerung eine (wenn auch geringfügige) Steigerung der Gewaltneigung konstatieren, muss die Katharsis-These verworfen werden (im Überblick Kunczik & Zipfel 2006, 85–94, 303–305; 2010, 141–149; Brosius & Kriependorf 2012).

Schlüsselstudien

Seymour Feshbach (1961) zeigte männlichen College-Studenten, von denen die Hälfte zuvor beleidigt worden war, einen Preisboxkampf (aggressiver Stimulus) oder einen Film über die Konsequenzen der Verbreitung eines Gerüchts in einer Fabrik (neutraler Stimulus). Im Anschluss an die Rezeption wurde ein Wortassoziationstest durchgeführt und die Einstellung zum Versuchsleiter gemessen.

Die beleidigten Versuchspersonen, die den Preisboxkampf gesehen hatten, zeigten im Hinblick auf beide Indikatoren ein signifikant geringeres Aggressionsniveau als die beleidigten Probanden, die den Film über das Gerücht gesehen hatten. Bei den nicht beleidigten Versuchspersonen waren nach dem aggressiven Film mehr violente Wortassoziationen, aber eine weniger negative Bewertung des Versuchsleiters festzustellen als nach dem neutralen Film. Diese Befunde waren also uneinheitlich und zudem nicht signifikant.

Während die vermutete Gewaltsteigerung durch den violenten Film bei den nicht beleidigten Probanden nicht nachweisbar war, scheint diese Studie die Katharsis-These auf den ersten Blick zu bestätigen. Bei genauerem Hinsehen sind die Befunde aber in mehrfacher Hinsicht problematisch: Feshbach hat das Aggressionsniveau seiner Probanden vor der Filmrezeption nicht gemessen, sodass zweifelhaft ist, ob die Beleidigung wirklich zu einer stärkeren Verärgerung geführt hat. Durch die fehlenden Basiswerte ist zudem unklar, ob es bei den beleidigten Versuchspersonen, die den aggressiven Film gesehen haben, tatsächlich zu einer Aggressionsreduktion gekommen ist. Die Differenzen zwischen den Filmbedingungen könnten auch durch eine Aggressivitätssteigerung in der verärgerten Gruppe mit dem vermeintlich neutralen Film zustande gekommen sein. Dies wäre durchaus möglich, wenn man bedenkt, dass die Konsequenzen der Verbreitung eines Gerüchts in psychischer Gewalt bestehen und damit beim Betrachter aggressionsauslösend wirken könnten, wohingegen ein Preisboxkampf, bei dem Gewalt in sportlichem Kontext nach bestimmten Regeln stattfindet, von den Probanden unter Umständen nicht als aggressiv eingestuft wurde. Eine methodisch verbesserte Replikation des Feshbach-Experiments von Lukesch und Schauf (1990) fand keine kathartischen Effekte.

Selbst Seymour Feshbach als einer der Hauptvertreter der Katharsis-These kam schon Ende der 1980er Jahre zu dem Schluss: „Die Ergebnisse zeigen mir, dass die Bedingungen, unter denen eine Katharsis auftreten kann, nicht alltäglich sind, während die aggressionsfördernden Bedingungen sehr viel häufiger vorkommen." (Feshbach 1989, 71).

Suche nach Randbedingungen

Die Suche nach möglichen Randbedingungen, unter denen ein kathartischer Effekt eventuell doch nachweisbar sein könnte, prägt die Geschichte der Katharsis-Forschung bis heute. Eine entsprechende Konstellation wäre allerdings wahrscheinlich so speziell, dass sie in der Realität wenig Relevanz besitzen dürfte (Brosius & Kriependorf 2012, 590). Die folgenden Überlegungen sind bereits angestellt worden, ohne dass sie zu einem überzeugenden Nachweis geführt hätten:

1. *Der Rezipient muss emotional erregt sein oder sich gerade in einem aggressiven Zustand befinden.*

Dass Aggression nur abgebaut werden kann, wenn sie vorhanden ist, erscheint plausibel. Studien haben am ehesten kathartische Effekte gefunden, wenn die Probanden zuvor verärgert wurden (z.B. Unsworth, Devilly & Ward 2007). Methodische Probleme lassen die Aussagekraft diese Untersuchungen dennoch zweifelhaft erscheinen.

2. *Die Darstellung der violenten Handlung muss bestimmte Charakteristika aufweisen und insbesondere eine Identifikation mit den Opfern von Gewalt ermöglichen.*

Mit solchen Annahmen wird versucht, die Katharsis-These auf die ursprünglichen Überlegungen von Aristoteles zur Wirkung der Tragödie zurückzuführen. Uhrig und Kepplinger (2010) überprüften z.B., ob sich kathartische Effekte einstellen, wenn die gezeigte Handlung dramaturgisch aufgebaut ist und dem Rezipienten die Möglichkeit zur Identifikation mit der leidenden Hauptfigur gibt. Allerdings erwies sich der Film, der Aggression mindern sollte, als teilweise aggressionssteigernder als der Film, der sie erhöhen sollte (zur Methodenkritik Brosius & Kriependorf 2012, 585).

Einer weiteren Annahme zufolge setzt Katharsis voraus, dass *Konsequenzen für das Opfer* (Schmerzen, Verletzungen) ausführlich gezeigt werden (Kunczik & Zipfel 2006, 86). Eine so erzielte Aggressionsminderung wäre allerdings auch mit der sogenannten *Inhibitionsthese* erklärbar, der zufolge die Konfrontation mit den Konsequenzen von Gewalt *Angst* auslöst und dadurch die eigene Gewaltneigung hemmt.

Jürgen Grimm (1999; 2002) sieht in dieser angstinduzierten Aggressionshemmung nur *einen* von mehreren Wegen der Opferrezeption. Die Verarbeitung entsprechender Darstellungen hing in den von ihm durchgeführten Experimenten u.a. von der Art der Gewaltdarstellung ab. So bewirkte nicht die größte Brutalität die stärkste Aggressionsreduktion. Diese trat vielmehr ein, wenn nach der Darstellung illegitimer, mit drastischen Konsequenzen gezeigter Gewalt in einer Art Happy End (auch mit violenten Mitteln) geordnete Zustände wiederhergestellt wurden. Insbesondere bei identifikationsträchtigen Helden, deren Geschichte nicht gut ausgeht, könne es auch zu einer Aggressionsreduktion als Folge eines Abfindens mit unabänderlichen Tatsachen kommen („Tragik-Effekt"). Vor allem bei einem unbefriedigenden Handlungsausgang könne Angst, so Grimm, auch in Aggression gegen den (nicht bestraften) Täter umschlagen („Robespierre-Affekt", siehe Kap. 4.3.3.8), sodass Violenz nicht gemindert, sondern gefördert werde. Sofern Grimm eine Aggressionsreduktion feststellte, war sie seiner Interpretation nach nicht als Aggressionsabfuhr, sondern „als negatives Lernen im Rahmen eines komplexen Gewaltszenarios" (J. Grimm 1999, 723) zu deuten.

3. Katharsis-Effekte treten nur bei interaktiven Medien auf.

In jüngerer Zeit hat sich die Forschung auf die Frage konzentriert, ob die Katharsis-These zumindest für violente Computerspiele Gültigkeit besitzen könnte, da diese dem Rezipienten statt der bloßen Beobachtung von Aggression das Gefühl vermitteln, selbst Gewalt auszuüben. Die Befundlage ist allerdings auch hier nicht sehr überzeugend. Es zeigten sich inkonsistente Ergebnisse, es wurden keine Verhaltenseffekte gemessen, oder die mangelnde Berücksichtigung der Ausgangsaggression sowie des (potenziell aggressionsfördernden) Frustrationspotenzials der als Stimuli eingesetzten Spiele lassen Zweifel an der Aussagekraft der Befunde aufkommen (vgl. die Studien von Mahood 2008; Mahood & Cicchirillo 2008 und die Kritik bei Kunczik & Zipfel 2006, 87–89; 303–305; 2010, 141–149).

4. Katharsis-Effekte treten ein, wenn Computerspiele mit der Motivation gespielt werden, sich abzureagieren.

Die Forschung zu kathartischen Effekten von Computerspielen ist nicht zuletzt durch Aussagen von Spielern motiviert, die das Abreagieren negativer Emotionen als Nutzungsmotiv anführen (allerdings nur zum Teil auch entsprechende Wirkungserfahrungen bestätigen können; z.B. Ladas 2002; Ferguson & Olson 2013; Hilgard, Engelhardt & Bartholow 2013; Brändle, Cardaba & Rivera 2015).

Dass kathartische Effekte bei entsprechender Motivation möglich seien, erklären Denzler und Förster (2012) mit ihrem „Goal Model of Catharsis". Sie postulieren, nur Aggression, die der Erreichung eines konkreten Ziels diene, könne einen aggressiven Zustand reduzieren. Mit Erreichen des Ziels verliere Aggressivität ihre Funktion, und die bis dahin nützliche und daher erhöhte Zugänglichkeit violenter Konzepte erlösche (zumindest kurzfristig) wieder. Diene Aggression hingegen nicht der Erreichung eines konkreten Ziels, komme es lediglich zu einer Aktivierung aggressionsbezogener gedanklicher Konstrukte (Priming, Kap. 3.5). Denzler, Häfner und Förster (2011) wandten diese Überlegungen auf Spieler violenter Computerspiele an, die mit der Intention spielten, Wut abzubauen. Diese zeigten tatsächlich eine geringere Aktivierung violenter kognitiver Konstrukte als Spieler, die dieses Ziel nicht verfolgten. Allerdings verbesserte sich die Stimmung der Rezipienten durch das Spiel nicht, was Zweifel daran aufkommen lässt, ob die für die Studie zentrale Bedingung der Zielerreichung überhaupt gegeben war. Zudem fanden Bonus, Peebles und Riddle (2015) sowohl bei frustrierten als auch bei nicht frustrierten Spielern eine erhöhte Zugänglichkeit aggressiver Kognitionen – unabhängig vom ursprünglichen emotionalen Zustand und der Neigung sich abzureagieren. Frustrierte Spieler spielten erfolgreicher und bauten Frustration ab, der erhöhte Spielgenuss ging bei violenten Spielen aber auch mit einem höheren Hostile Attribution Bias einher.

Die Gefahr kontraproduktiver Effekte kathartisch motivierter Beschäftigungen dokumentieren auch weitere Studien wie die von Gentile u.a. (2004; ergänzend Gentile 2013, 505), die bei Probanden, die Computerspiele mit der Motivation des Wut-Abbaus spielten, eine höhere Wahrscheinlichkeit physischer Auseinandersetzungen fanden. Eine Forschungsgruppe um Bushman (Bushman, Baumeister & Stack 1999; Bushman, Baumeister & Phillips 2001; Bushman 2002; Bushman & Whitaker 2010) konstatierte, dass der *Glaube* an die Existenz kathartischer Effekte zu einer bevorzugten Auswahl violenter Beschäftigungen führt (z.B. Einschlagen auf einen Sandsack, Spielen violenter Computerspiele). Kathartische Wirkungen traten allerdings nicht ein; im Gegenteil fand sogar eine Aggressionssteigerung statt, die die Autoren dahingehend erklären, dass die erhoffte aggressionslösende Wirkung der Gewaltausübung ausbleibe und diese frustrierende Erfahrung Violenz begünstige.

Hier schließt sich der Kreis zur ersten diskutierten Randbedingung: Kathartische Effekte sind auch unter Frustrationsbedingungen nicht überzeugend nachweisbar und treten nicht einmal dann ein, wenn der Rezipient von ihnen überzeugt ist oder sie anstrebt. Im Gegenteil besteht das Risiko einer zusätzlichen (durch weitere Frustration emotional vermittelten oder durch weitere Aktivierung violenter Konzepte kognitiv bedingten) Aggressionssteigerung.

3.2 Suggestion, Imitation, Ansteckung

Immer wieder vorkommende Berichte über Gewalttaten, die in ihrem Ablauf den teils sehr speziellen Szenarien realer oder fiktiver Medieninhalte ähneln, legen den Schluss nahe, dass von der medialen Berichterstattung ein *Nachahmungs- bzw. Ansteckungseffekt* ausgehen könnte. Diese in der öffentlichen Debatte populäre Vorstellung wurde von der Wissenschaft im Rahmen der sogenannten *„Suggestionsthese"* aufgegriffen. Auch diese konstatiert jedoch eher ein Phänomen, als einen konkreten Wirkungsmechanismus zu beschreiben (Q. Cheng u.a. 2014; Notredame u.a. 2017). Sie basiert letztlich auf einem simplen Reiz-Reaktions-Schema, das in seiner ursprünglichen Form nicht zu erklären vermag, weshalb die Nachahmung medial gezeigter Gewalttaten offensichtlich eine seltene Ausnahmeerscheinung darstellt. Mittlerweile haben allerdings diverse Differenzierungen in die Forschung zu Ansteckungseffekten Einzug gehalten, die auch Anknüpfungspunkte zu anderen Wirkungsansätzen aufweisen.

Empirische Studien haben sich insbesondere auf die Nachahmung von Suiziden fokussiert, sodass zunächst der Kenntnisstand in diesem Bereich dargestellt werden soll, bevor eine Ergänzung um Befunde zur Nachahmung von Gewalttaten gegen andere Personen erfolgt.

3.2.1 Nachahmungseffekte bei Selbstmorden

Begriffe

Für das Phänomen, dass die Berichterstattung über Selbstmorde zusätzliche Suizide auslöst, die ansonsten nicht stattgefunden hätten, hat sich der Begriff des *„Werther-Effekts"* etabliert. Benannt wurde der Effekt nach Goethes Roman „Die Leiden des jungen Werther", der im 18. Jh. für eine Reihe von Nachahmungssuiziden verantwortlich gewesen sein soll und daher in verschiedenen Ländern von den Behörden verboten wurde (Jack 2014).

Nachdem einige Untersuchungen unter speziellen Bedingungen auf einen „umgekehrten Werther-Effekt" (Ruddigkeit 2010), d.h. eine Verringerung von Suizidzahlen nach medialen Selbstmordberichten, gestoßen sind, hat der sogenannte *„Papageno-Effekt"* (Niederkrotenthaler u.a. 2010; Niederkrotenthaler 2017) Einzug in die Literatur gehalten. Dieser verdankt seinen Namen der bekannten Figur aus Mozarts Oper „Die Zauberflöte". Papageno sieht darin vom geplanten Selbstmord ab, nachdem ihn drei Knaben daran erinnern, dass er seine verloren geglaubte, geliebte Papagena mithilfe eines verzauberten Glockenspiels doch noch für sich gewinnen kann.

Schlüsselstudien

In den 70er und 80er Jahren publizierte der Pionier der Forschung zum Werther-Effekt, der amerikanische Soziologie David P. Phillips, verschiedene Studien zur Nachahmungseffekten sowohl von Zeitungsberichten über reale Suizide als auch von fiktiven Suiziden im Unterhaltungsprogramm (im Überblick Kinkel & Josef 1991; Kunczik & Zipfel 2006, 94–96).

Den Anfang machte eine viel beachtete Untersuchung der Auswirkungen von Suizidberichten auf der Titelseite US-amerikanischer und britischer Tageszeitungen (1947 bis 1968). Die Zahl der realen Suizide im Erscheinungsmonat wurde dafür mit den auf Basis des Vor- und des Folgejahres zu erwartenden Suiziden verglichen. Phillips (1974) fand für die Mehrzahl der Monate einen Anstieg der Suizide, die mit der Reichweite des Mediums und der geografischen Nähe zusammenhing.

In anderen Studien untersuchte Phillips tödliche Autounfälle oder Flugzeugabstürze, die er (zumindest zum Teil) als versteckte (erweiterte) Suizide interpretierte. Seine Forschung erstreckte sich auch auf Fernseh-Übertragungen von Preisboxkämpfen, die seinen Befunden zufolge die Zahl der Morde erhöhte.

Die Untersuchungen von Phillips haben diverse Replikationen und Reanalysen ausgelöst, wie auch Phillips seinerseits Studien anderer Forscher auf den Prüfstand stellte (im Überblick Kinkel & Josef 1991). Diese Forschungsdebatte führte zu Verbesserungen in der Methodik und bestätigte die Relevanz z.T. bereits von Phillips identifizierter Drittvariablen. (z.B. Intensität der Berichterstattung, regionale Nähe, Alter, Geschlecht).

Anekdoten

Mehrere Forscher haben versucht, die Studien von Phillips als Artefakte zu entlarven (z.B. Baron und Reiss 1985). Tatsächlich bestätigt hat sich diese Vermutung in Bezug auf eine Untersuchung, in der Phillips (1982) einen Zusammenhang zwischen der Ausstrahlung von Suiziden in Seifenopern und einem Anstieg der Suizidrate in der Bevölkerung konstatierte. Es stellte sich heraus, dass Phillips nicht den tatsächlichen Ausstrahlungszeitpunkt der Sendungen verwendet, sondern sich auf in Zeitungen veröffentlichte Zusammenfassungen des jeweiligen Plots gestützt hatte. Diese bezogen sich aber auf einen anderen Ausstrahlungszeitraum als von Phillips angenommen, sodass es zu einer Fehldatierung von 8 der 13 untersuchten Seifenopern gekommen war. Eine mit korrigierten Daten vorgenommene Reanalyse von Kessler und Stipp (1984) fand keinerlei Ansteckungseffekte mehr.

Methodik: Aggregatstudien

Die geschilderte Anekdote lenkt den Blick auf grundsätzliche methodische Probleme bei der Erforschung von Nachahmungseffekten: Die vorliegenden Studien bedienen sich überwiegend einer korrelativen Analyse auf Aggregatdatenniveau, bei der die Entwicklung der Selbstmordzahlen nach einem medial berichteten Schlüsselereignis mit den (aufgrund der Werte direkt vor dem Ereignis bzw. des Vorjahres) zu erwartenden Selbstmordzahlen verglichen wird. Bei dieser Vorgehensweise ist die Beachtung folgender Aspekte wichtig:

- Kontrolle anderer Einflussfaktoren auf die Entwicklung der Selbstmordstatistik (z.B. Saisonalität, Wochentage, wirtschaftliche Entwicklung, Arbeitslosenzahlen usw.).
- Analyse von Verlauf und Charakteristika der Medienberichterstattung als wichtiges Element in der vermuteten Wirkungskette.
- Analyse der Selbstmordstatistik über die vermutete „Ansteckungsphase“ hinaus: Nur, wenn es im Anschluss an einen Suizidanstieg nicht zu einem über den üblichen Durchschnitt der Suizidzahlen hinausgehenden Abfall in der Zahl der Selbstmorde kommt, kann davon ausgegangen werden, dass die Medienberichterstattung *zusätzliche* Selbstmorde provoziert hat und nicht ohnehin geplante Suizide vorgezogen wurden.
- Differenzierte Analyse der Entwicklung verschiedener Suizidmethoden: Bei Studien, die Nachahmung spezifischer Selbstmordmethoden in den Blick nehmen, sollte eine Kontrolle der

Anzahl von Suiziden mit anderer Methode erfolgen, um sicherzustellen, dass es nicht bei konstanter Gesamtzahl von Selbstmorden lediglich zu einer Verschiebung in der Durchführung des Selbstmords gekommen ist.

- Berücksichtigung von Effekt-Überlagerungen früherer bzw. späterer Suizidfälle: Bei isolierter Analyse eines einzelnen Schlüsselereignisses gerät leicht aus dem Blick, dass v.a. in Phasen mit mehreren aufeinanderfolgenden prominenten Selbstmordfällen ein vermeintlicher Rückgang in der Suizidzahl nach dem betrachteten Einzel-Ereignis eigentlich auf einen *„Displacement-Effekt"* zurückzuführen ist (d.h. beabsichtigte Selbstmorde sind bereits durch ein vorgelagertes Ereignis ausgelöst worden). Ebenso kann ein vermeintlicher Anstieg in der Selbstmordzahl nicht (allein) auf das untersuchte Ereignis zurückgehen, sondern das Ergebnis eines *„Carryover-Effekts"* sein (d.h. der Anstieg wurde durch einen kurz zuvor stattgefundenen Selbstmord (mit)verursacht) (Fu & Chan 2013). In diesem Zusammenhang stellt sich die Frage, wie lange Ansteckungseffekte wirksam sein können. Die meisten Nachweise beziehen sich auf eine Zeitspanne von wenigen Tagen (im Überblick Scherr 2016, 21) – offenbar können Ansteckungswirkungen aber auch mehrere Wochen bzw. (v.a. in Gestalt von Selbstmordgedanken) auch noch deutlich länger (z.B. bis hin zu einem Jahr) anhalten (Fu & Yip 2007) – ein Effekt, der durch die langfristige Verfügbarkeit von Berichten über das Internet möglicherweise noch gefördert wird (Sisak & Värnik 2012).

Gefahr ökologischer Fehlschlüsse

Mit Ausnahme der (zumindest teilweisen) Kontrolle von Störvariablen werden diese Desiderata in den vorliegenden Studien eher selten berücksichtigt. Selbst wenn dies der Fall ist, lässt sich die Gefahr eines sogenannten *ökologischen Fehlschlusses* nicht gänzlich eliminieren. Dieser kann beim Schluss von Zusammenhängen im Aggregat auf die Individual-Ebene entstehen, d.h. auch wenn sich der Werther-Effekt auf Aggregatebene bestätigt, ist nicht sichergestellt, dass der Suizid(versuch) eines einzelnen Rezipienten tatsächlich auf die Berichterstattung über ein Schlüsselereignis zurückgeht.

Methodische Alternativen

Vermeiden lässt sich diese Problematik nur durch Studien, die sicherstellen, dass Personen, die einen Selbstmordversuch unternommen haben, tatsächlich zuvor in Kontakt mit der Medienberichterstattung gekommen sind. Solche Untersuchungen sind jedoch entweder undurchführbar (im Falle vollendeter Suizide) oder mit erheblichen ethischen Problemen behaftet. In einzelnen Befragungs- und Experimentalstudien wurde dieser Weg dennoch beschritten. So liegen einige Untersuchungen vor, in denen entweder zufällig ausgewählte Personen schriftlich (z.B. Fu & Yip 2007; Fu, Chan & Yip 2009; Pouliot, Mishara & Labelle 2011; Stack, Kral & Borowski 2014) oder gezielt eine besonders vulnerable Bevölkerungsgruppe (z.B. depressive Patienten bzw. solche, die einen Selbstmordversuch verübt haben, z.B. Zahl & Hawton 2004; A. Cheng u.a. 2007a; 2007b; Chen u.a. 2010; Tsai u.a. 2011) in persönlichen Interviews nach ihrem Medienkonsum und ggf. dem Kontakt mit Suiziddarstellungen und ihren Reaktionen darauf befragt wurden. Auch Kombinationen von Aggregatstudie mit qualitativen Befragungen kommen zum Einsatz (z.B. Hawton u.a. 1999). Die Verlässlichkeit von Befragungsstudien leidet allerdings unter der mangelnden externen Überprüfbarkeit der Angaben und möglichen sozialen Erwünschtheitseffekten oder Ex-post-facto-Rationalisierungen des eigenen Verhaltens.

Experimentalstudien beschränken sich aus ethischen Gründen bei der Wahl ihrer Probanden zumeist auf nicht ernsthaft selbstmordgefährdete Personen, bei denen ein Nachweis negativer Effekte allerdings auch am wenigsten zu erwarten ist (z.B. Biblarz u.a. 1991; Till u.a. 2013a; 2013b; 2015). Die Entscheidung über Einbeziehung oder Ausschluss der Versuchspersonen ist dabei eine schwierige Gratwanderung.

Fallbeispiele

Ethisch bedenklich ist z.B. eine Untersuchung von Anestis u.a. (2015), die Studierende entweder mit einem realen Selbstmordbericht, der gegen mehrere Empfehlungen gängiger Guidelines verstieß, einem Artikel, der diese Verstöße nicht enthielt, oder einem Artikel über das Thema Krebstod konfrontierten. Die Forscher erhoben die Veränderung des Gefühlszustandes vor und nach der Lektüre und fragten die Probanden, wie sich der Artikel auf die Wahrscheinlichkeit auswirke, dass sie in einer entsprechenden Situation einen Selbstmordversuch unternehmen würden. Vier Wochen später wurden die Versuchspersonen nach der zwischenzeitlichen Entwicklung ihrer Gefühlslage und Selbstmordgedanken oder -vorbereitungen befragt. Es zeigten sich keine suizidfördernden Effekte des gegen die Richtlinien verstoßenden Artikels, die Studie war durch die erforderlichen Kommissionen freigegeben worden, und die Probanden erhielten nach dem ersten Termin eine Liste mit Informationen und Ansprechpartnern zur Selbstmordverhütung. Angesichts der Tatsache, dass 37% der Befragten vor dem Experiment schon einmal über Selbstmord nachgedacht, knapp 9% konkretere Pläne dafür entwickelt, 5,6% schon einen Selbstmordversuch unternommen, mehr als 5% in der Woche vor dem Experiment Selbstmordgedanken gehegt hatten und 16,5% der Teilnehmer zum zweitem Befragungstermin nicht mehr erschienen, stellt sich dennoch die Frage, ob Forscher Probanden mit einem bekannten erhöhten Suizidrisiko Stimulusmaterial aussetzen dürfen, von dem aus anderen Studien anzunehmen ist, dass es die Selbstmordneigung erhöhen kann.[4]

Betrachtet man die auf unterschiedlichen Wegen ermittelten Befunde, so lässt sich feststellen, dass die Wahrscheinlichkeit für das Auftreten eines Werther-Effekts von verschiedenen medien- und rezipientenbezogenen Faktoren abhängt. Die Ergebnisse lassen sich folgendermaßen bilanzieren (im Überblick Stack 2003; 2005; 2009; Kunczik & Zipfel 2006, 94–105; 2010, 151–171; Pirkis & Blood 2010a; 2010b; Sisak & Värnik 2012; Scherr 2013; 2016, 13–36):[5]

Medienbezogene Einflussfaktoren

In der Forschung liegen sowohl für Berichte über *tatsächlich stattgefundene* Selbstmorde als auch für *fiktive* Selbstmorddarstellungen Hinweise auf einen Werther-Effekt vor. Zu letzteren existieren allerdings deutlich weniger Studien, die auch zu heterogeneren Ergebnissen gelangen.

Das Wirkungsrisiko steigt mit der *Reichweite* des untersuchten Mediums bzw. generell mit *Umfang* und *Dauer* der Berichterstattung über einen Suizid, d.h. mit einer erhöhten Wahrscheinlichkeit und Häufigkeit des Kontakts mit der Handlungsvorlage (z.B. Etzersdorfer, Voracek & Sonneck 2004; Niederkrotenthaler u.a. 2010; Suh, Chang & Kim 2015).

Fernsehinhalte ziehen (vermutlich aufgrund der höheren Flüchtigkeit des Mediums) schwächere Effekte nach sich als *Zeitungsberichte*. Die Vielfalt suizidbezogener Inhalte und Kommunikationsmöglichkeiten des *Internets* (z.B. Pro-Suizid-Seiten, Suizid-Foren, Soziale Medien) ist erst in Ansätzen erforscht. Es werden sowohl Bedenken hinsichtlich der Normalisierung von Suizidgedanken, dem Austausch über Suizidmethoden oder der Verabredung zum Suizid geäußert als auch Chancen für soziale Unterstützung, Problembewältigung und Verhin-

4 Ähnlich bedenklich ist eine Studie von Doron u.a. (1998), die bei Psychiatrie-Patienten, die z.T. eine Suizidhistorie aufwiesen, Reaktionen auf einen Film mit Selbstmordinhalt maßen.

5 Wegen der Vielzahl der Studien werden Einzelbelege nur angeführt, wenn es sich um besonders grundlegende Studien handelt oder um solche, die in den genannten Überblicksdarstellungen nicht aufgeführt sind.

derung von Suiziden beschrieben (z.B. Daine u.a. 2013; Robinson u.a. 2016; Marchant u.a. 2017; Niederkrotenthaler 2017; Pirkis, Mok & Robinson 2017; Carlyle u.a. 2018). Ueda u.a. (2017) konstatierten in Bezug auf Prominentensuizide in Japan, dass die Fälle, die intensive Medienberichterstattung auslösten, nicht unbedingt die waren, die auch auf Twitter zu intensiven User-Reaktionen führten, bei letzteren aber stärkere Zusammenhänge mit der Suizidrate in der Bevölkerung bestanden.

Besonders *prominente* Berichte (z.B. auf der Titelseite, mit Bildern, mit Nennung des Wortes „Suizid“ in der Schlagzeile) erhöhen das Nachahmungsrisiko (z.B. Gould u.a. 2014; Hagihara u.a. 2014). Beobachtet wurde der Werther-Effekt insbesondere nach Berichten über Suizide *bekannter und beliebter Persönlichkeiten*, z.B. aus Politik und Unterhaltung (z.B. Niederkrotenthaler u.a. 2012; Fu & Chan 2013; Schäfer & Quiring 2013b; 2015; Ueda, Mori & Matsubayshi 2014; Jang u.a. 2016; Park u.a. 2016). Neben Aufmerksamkeitseffekten dürften hier vertikale Identifikationsprozesse mit (bewunderten) Prominenten eine Rolle spielen (Notredame u.a. 2017).

Diese können auch auftreten, wenn *Ähnlichkeiten* zwischen medialem Modell und Suizidant vorliegen (horizontale Identifikation; Notredame u.a. 2017). Nachgewiesen wurde dieser Effekt v.a. im Hinblick auf *Alter* und *Geschlecht* (z.B. Ji u.a. 2014; Jang u.a. 2016; Park u.a. 2016). Gefördert werden solche Identifikationsprozesse durch *detailreiche Darstellungen* der Person des Suizidanten bzw. der näheren Umstände des Selbstmords, wobei ausführliche Schilderungen der Selbstmordmethode zusätzlich Handlungsvorlagen liefern können (z.B. Gould u.a. 2014).

Relativ konsistent wurde festgestellt, dass Berichte über eine *bestimmte (z.T. sehr spezielle bzw. „neue") Selbstmordmethode* besonders Suizide nach sich ziehen, die sich derselben Methode bedienen (z.B. Nakamura u.a. 2012; Chen u.a. 2014; 2016; Ji u.a. 2014; A.-R. Lee u.a. 2014 sowie Chang u.a. 2015 zum Beitrag des Internets an dieser Entwicklung). Hier stellt sich allerdings die Frage, ob wirklich die Ähnlichkeit in der beabsichtigten Selbstmordmethode für den Ansteckungseffekt verantwortlich ist oder nicht vielmehr die Darstellung einer bestimmten Methode dazu führt, dass sich Personen mit ohnehin bestehender Selbstmordabsicht dieses Vorgehens bedienen.

Zu den potenziell relevanten Details einer Suizidschilderung gehört auch die Darstellung von *Ursachen und Motiven* für die Tat (z.B. Niederkrotenthaler u.a. 2010; Mueller 2017), die genauso wie eine *Verklärung und Glorifizierung* des Suizidanten für den Rezipienten legitimierende, mögliche Hemmungen zur Ausführung eines Verhaltens verringernde und damit nachahmungsfördernde Effekte haben kann. Werden Selbstmorde hingegen *negativ* dargestellt (z.B. im Zusammenhang mit Skandalen bzw. mit der Schädigung weiterer Personen), wirkt das dem Werther-Effekt offenbar entgegen (z.B. Stack 2005; Niederkrotenthaler 2009; Fu & Chan 2013).

Fallbeispiele

Ein Beispiel für einen Werther-Effekt nach dem Selbstmord einer prominenten Persönlichkeit ist der Suizid des deutschen Fußball-Nationaltorwarts *Robert Enke*, der sich 2009 an einem Bahnübergang das Leben nahm. Mehrere Studien weisen darauf hin, dass die in diverser Hinsicht gegen Empfehlungen zu einer angemessenen Suiziddarstellung verstoßende, umfangreiche Berichterstattung (Schäfer & Quiring 2013a; Teismann, Schwidder & Willutzki 2013) Nachahmungseffekte auslöste. Schäfer und Quiring (2013a; 2013b; 2015) konstatierten im Vergleich zur Woche vor dem Suizid sowie zum vorangegangenen und zum Folgejahr einen Anstieg um 133 generelle und 40 mit ähnlicher Methode durchgeführte Suizide. Ladwig u.a. (2012) wiesen nach, dass sich die Zahl der Eisenbahnsuizide in den auf das Ereignis folgenden ca. sechs Wochen im Vergleich mit den auf denselben Zeitraum bezogenen Werten der drei Vorjahre um 81% erhöhte. Im Vergleich mit dem Monat vor dem Suizid stieg die Zahl der Schienensuizide im Monat nach Enkes Tod um 117%. Da es in den ersten drei Monaten des Folgejahres nicht zu einem Rückgang der Eisenbahnsuizide kam, folgern die Autoren, dass Enkes Selbstmord tatsächlich zusätzliche Eisenbahnsuizide ausgelöst und nicht ohnehin geplante früher habe stattfinden lassen. Ob es lediglich zu einer Verschiebung in der Selbstmordmethode gekommen ist, können die Autoren auf Basis ihrer Daten allerdings nicht beurteilen. Wetter-Effekte wurden durch Kontrolle des Einflusses der Tagestemperatur berücksichtigt, weitere mögliche Drittvariablen jedoch nicht einbezogen.

In einer Untersuchung langfristiger Effekte fanden Hegerl u.a. (2013) im Vergleich der beiden Jahre vor und nach dem Selbstmord Enkes einen Anstieg der Eisenbahnsuizide um knapp 19%, der nicht durch einen generellen Anstieg der Selbstmorde und auch nicht durch Veränderungen in den Arbeitslosenzahlen erklärt werden konnte.

Auch Ausstrahlungseffekte in andere europäische Länder sind Gegenstand der Untersuchung geworden. Koburger u.a. (2015) fanden zwar einen signifikanten Anstieg für die Gesamtheit der vier untersuchten Länder (Österreich, Niederlande, Ungarn, Slowenien) – für die einzelnen Staaten fielen die Ergebnisse jedoch sehr heterogen aus.

Rezipientenbezogene Einflussfaktoren

Auch eine prinzipiell nachahmungsfördernde Berichterstattung löst allerdings keinen Werther-Effekt aus, wenn der Rezipient nicht entsprechende *Prädispositionen* mitbringt. Wenn *geschlechtsspezifische* Effekte festgestellt werden, deuten sie darauf hin, dass Frauen eher von einem Werther-Effekt betroffen sind als Männer. Eine höhere Anfälligkeit wurde zudem eher bei *jüngeren Personen und Senioren* beobachtet – möglicherweise deshalb, weil Personen im mittleren Lebensalter von anderen Risikofaktoren für Suizidalität (z.B. Krankheit, finanzielle Sorgen, soziale Isolation) tendenziell weniger betroffen sind (Stack 2005; Romer, Jamieson & Jamieson 2006; A. Cheng u.a. 2007b). Insbesondere aber steigert offenbar eine bereits vorhandene *Selbstmordneigung* bzw. *depressive Erkrankung* das Nachahmungsrisiko (im Überblick Pouliot, Mishara & Labelle 2011; Scherr 2016).

Zusammenwirken der Einflussfaktoren

Obwohl eine isolierte Betrachtung einzelner Kontextfaktoren sinnvoll ist, um besonders risikoreiche Medieninhalte bzw. gefährdete Rezipienten zu bestimmen, ignoriert diese Art der Übersicht die Tatsache, dass die verschiedenen Faktoren nicht unabhängig voneinander sind.[6] So ist z.B. davon auszugehen, dass über Prominentensuizide auch besonders intensiv und auffällig berichtet wird. Eine umfangreichere Berichterstattung kann Resultat einer verschärften Konkurrenzsituation auf dem Medienmarkt sein (Yip u.a. 2013) und geht daher möglicherweise mit einem sensationalistischeren Berichterstattungsstil einher. Persönlichkeitseigenschaften beeinflussen die Medienrezeption. So ist denkbar, dass bereits vorhandene Selbstmordgedanken die Aufmerksamkeit gegenüber entsprechenden Medieninhalten erhöhen und die Identifikation mit den Protagonisten fördern (A. Cheng 2007a; 2007b; Fu, Chan & Yip 2009; Till u. a. 2015). Bisherige Befunde deuten darauf hin, dass depressive Menschen verschiedenen Wahrnehmungsverzerrungen unterliegen, ohne dass bereits abschließend geklärt wäre, welche Auswirkungen dies auf die Rezeption von Suizidmodellen hat (Pouliot, Mishara & La-

6 Einen anderen Weg beschreiten z.B. Niederkrotenthaler u.a. 2010 oder Ruddigkeit 2010, die auf Basis von Inhaltsanalysen mittels strukturentdeckender Verfahren durch eine Kombination von Berichterstattungs-Elementen gekennzeichnete Artikel-Typen identifizieren und diese auf ihre Nachahmungswirkung untersuchen.

belle 2011; Scherr & Reinemann 2011; Till u.a. 2013a; 2013b; Scherr 2016).

Richtlinien für Journalisten

Auf Basis der bisher vorliegenden Erkenntnisse haben zahlreiche nationale und internationale Regierungen, Medien und NGOs Richtlinien für Journalisten zur Suizidberichterstattung herausgegeben (z.B. WHO; Deutsche Gesellschaft für Suizidprävention; Deutscher Presserat; Bohanna & Wang 2012; Schäfer & Quiring 2013a; 2015; Maloney u.a. 2014; Scherr 2016, 27–30). Zur Vermeidung eines Werther-Effekts empfehlen diese eine in Umfang und Stil zurückhaltende Berichterstattung, die auf Details zu Tat und Täter und insbesondere eine sensationalistische bzw. glorifizierende Beschreibung verzichtet, über Ursachen für Suizide aufklärt sowie Informationen über Hilfsangebote für selbstmordgefährdete Personen anbietet.

Befunde von Inhaltsanalysen

Wie zahlreiche Inhaltsanalysen belegen, entspricht die tatsächliche Suizidberichterstattung diesen Empfehlungen meist nur unzureichend (z.B. Fu, Chan & Yip 2010; Eisenwort u.a. 2012; Schäfer & Quiring 2013a; 2015; Chiang u.a. 2016; etwas positiver Creed & Whitley 2017). Auch zeichnet sie in der Regel kein realitätsgetreues Bild, sondern ist an „suizidspezifischen Nachrichtenfaktoren" (Ruddigkeit 2010, 260f.) orientiert, was zu einer Überrepräsentation von Inhalten mit besonderem Nachahmungsrisiko führt (Machlin, Pirkis & Spittal 2013 sowie im Überblick Sisak & Värnik 2012 und Scherr 2013).

Reduktion von Nachahmungseffekten

Es gibt aber auch Belege für eine Verbesserung der Berichterstattung durch die Einführung entsprechender Richtlinien sowie für eine Reduktion von Nachahmungssuiziden durch deren Einhaltung (im Überblick Kunczik & Zipfel 2006, 104f.; 2010, 167f.; Niederkrotenthaler & Sonneck 2007; Bohanna & Wang 2012; Sisak & Värnik 2012). Zudem hat die Forschung zum sogenannten „Papageno-Effekt" inzwischen Hinweise auf Berichterstattungselemente gefunden, die Suizid-Tendenzen entgegenwirken können (Ruddigkeit 2010). Interessant ist v.a. der Befund, dass Artikel über Selbstmordgedanken bzw. fiktive Darstellungen auswegloser Situationen, die *nicht* mit Selbstmordversuchen einhergehen, das Selbstmordrisiko senken können (Niederkrotenthaler u.a. 2010; Till u.a. 2015). Möglicherweise steht hinter diesem Effekt eine hohe Identifikation mit Personen, die sich trotz Selbstmorderwägungen bewusst für das Weiterleben entschieden und damit positive Bewältigungsstrategien einer Krise entwickelt haben.

Offene Fragen

Zusammenfassend ist festzustellen, dass eine gegen die genannten Kriterien verstoßende Medienberichterstattung, Aufmerksamkeitsprozesse (Aufmachung), Identifikationsprozesse (Details von Täter und Tat) und Motivations- bzw. Enthemmungsprozesse (Rechtfertigung bzw. Idealisierung von Täter und Tat) begünstigen und damit Einfluss auf Suizidhandlungen nehmen kann. Allerdings müssen hierfür auch entsprechende Prädispositionen auf Seiten der Rezipienten vorliegen, deren umfangreichere Identifikation noch der weiteren Forschung bedarf. Hierzu gehört z.B. auch die Bedeutung des sozialen Kontextes (z.B. in Gestalt von Werten, die im Umfeld dominieren, bzw. interpersonalen Kommunikationsprozessen; Mueller 2017). Die konzeptionell diffuse „Suggestionstheorie" vermag die differenzierte empirische Befundlage nicht angemessen zu erklären.[7] Die sozial-kognitive Lerntheorie (Kap. 3.6) stellt einen deutlich geeigneteren Ansatz zur Erklärung von Nachahmungsphänomenen und zur Konkretisierung der Bedingungen für ihr Zustandekommen dar (Blood & Pirkis 2001; Schäfer & Quiring 2013a; 2015; Lake & Gould 2014; vgl. auch die Studie von Fu, Chan & Yip 2009). Auch in der von diesem Ansatz inspirierten Forschung bleiben allerdings noch diverse Fragen offen. Wie Reinemann und Scherr (2011; auch Scherr 2013; 2016, 36–41) herausstellen, wäre sowohl im Hinblick auf die unabhängige als auch im Hinblick auf die abhängige Variable eine Ausweitung des Betrachtungshorizonts sinnvoll. So ist davon auszugehen, dass nicht nur Selbstmordberichte, sondern auch andere Inhalte (z.B. Unfälle, Kriege, Katastrophen, psychische Krankheiten, individuelle Schicksalsschläge) Suizidgedanken fördern und Suiziddarstellungen neben Nachahmungstaten auch diesen ggf. vorgelagerte kognitive und emotionale Prozesse bewirken. Zu denken wäre hier auch an Kultivierungseffekte, die langfristig die Vorstellung von der Angemessenheit und Verbreitung von Suiziden als Problemlösungsoptionen beeinflussen können (Scherr 2013; Stack, Kral & Borokowski 2014).[8] Es wäre folglich wünschenswert, verschiedene Formen von Medienwirkungen gemeinsam zu bedenken und dabei auch rezipientenspezifischen Wahrnehmungsprozessen sowie den neuen Bedingungen der Online-Kommunikation mehr Aufmerksamkeit zu widmen.

---

7 Zur Diskussion verschiedener Erklärungsansätze vgl. auch Haw u.a. 2013; Scherr 2016, 99–120; Notredame u.a. 2017. Hierzu gehören Priming-Effekte (Tousignant u.a. 2005) und die Kultivierungsthese (Stack, Kral & Borokowski 2014), die aber als alleinige Erklärung zu kurzlebig bzw. zu indirekt sind.

8 Ein Modell, das soziale (z.B. strukturelle Bedingungen) und psychologische Faktoren (z.B. individuelle Empfänglichkeit) sowie kognitive, emotionale und identifikationsbezogene Mechanismen der direkten bzw. zeitverzögerten Nachahmung medial dargestellter Suizide integriert, präsentieren Notredame u.a. 2017, 153.

3.2.2 Nachahmungseffekte bei Verbrechen

Nachahmungseffekte aufgrund der Medienberichterstattung über Verbrechen sind weit weniger erforscht als der Werther-Effekt.[9] Annahmen zu deren Existenz stützen sich oft auf anekdotische Berichte (z.B. Coleman 2004; Robertz 2004; Helfgott 2008; 2015; Lambie, Randell & McDowell 2014; Langman 2018). Darüber hinaus liegen einzelne Aggregatstudien vor, die Hinweise auf medienbedingte Ansteckungswirkungen bei verschiedenen Kategorien von Verbrechen erbracht haben (im Überblick Kunczik & Zipfel 2006, 105–113; 2010, 171–173; Sitzer 2013), z.B. bei Morden (Vives-Cases, Torrubiano-Domínguez & Álvarez-Dardet 2009), Massenmorden, Amokläufen und School Shootings (Kostinsky, Bixler & Kettl 2001; Schmidtke u.a. 2002; Towers u.a. 2015; Kissner 2016; auch Lankford & Tomek 2017 und im Überblick Gould & Olivares 2017), fremdenfeindlichen Straftaten (Brosius & Esser 1995a; 1995b; 1996; Esser, Brosius & Scheufele 2002) oder terroristischen Anschlägen (Brosius & Weimann 1991; Weimann & Winn 1994, 211–234; Jetter 2014; Nacos 2014).

Erklärungen

Auch bei Verbrechen ist davon auszugehen, dass keine reflexhafte Umsetzung medialer in reale Gewalt stattfindet, sondern Ansteckungseffekten komplexe Prozesse zugrunde liegen. So gehen z.B. Esser, Scheufele und Brosius (2002) in ihrem „Eskalationsmodell“ zur Entstehung fremdenfeindlicher Gewalt davon aus, dass es hierfür neben einem intensiv berichteten Schlüsselereignis eines Nährbodens bedürfe, der in dem von ihnen betrachteten Zeitraum (90er Jahre) aus einer Wechselwirkung zwischen veränderten Zuwanderungsbedingungen, von der Bevölkerung wahrgenommener Dringlichkeit der Problemlösung, der Berichterstattung über Zuwanderung und Fremdenfeindlichkeit sowie Gewaltbereitschaft gesellschaftlicher Problemgruppen entstanden sei.

Modell

Surette (2013b; 2015, 86–92) hat ein auf die Gesellschafts- und ein auf die Individualebene bezogenes Erklärungsmodell entwickelt. Ersteres nimmt an, dass die Berichterstattung über erfolgreiche kriminelle Akte auf einen Pool dafür empfänglicher potenzieller Nachahmungstäter treffe, dessen Größe auch von externen Faktoren wie dem Mediensystem, sozialen Umständen (z.B. gesellschaftlichen Normen und Konflikten), Gelegenheitsstrukturen für Verbrechen usw. abhänge. Mediale Aufmerksamkeit für

9 Zur Operationalisierung von Nachahmungstaten mittels eindeutiger Kriterien vgl. Surette 2016.

tatsächlich erfolgte Nachahmungstaten steigere die Wahrscheinlichkeit weiterer solcher Verbrechen, wobei eine Perpetuierung dieses Prozesses für violente Taten wegen ihres hohen Nachrichtenwerts besonders wahrscheinlich sei.

In Bezug auf individuelle Informationsverarbeitungsprozesse bei der Entstehung von Nachahmungseffekten fußt Surettes Modell auf diversen früheren theoretischen Konzepten (z.B. Lerntheorie, Priming, Skript-Theorie; Kap. 3.5, 3.6, 3.7) und folgt der Logik des General Aggression Models (Kap. 3.8). Innovative Überlegungen enthält es im Hinblick auf die Wege, über die die Mediennutzung von Menschen, deren kriminelle Assoziationen, Schemata und Selbstkonzepte einen bestimmten Schwellwert überschreiten, die Wahrscheinlichkeit erhöht, dass latentes Wissen über die erfolgreiche Ausführung eines Verbrechens tatsächlich Anwendung findet. Welcher von drei möglichen Pfaden dabei eingeschlagen wird, hängt davon ab, ob ein Rezipient von den Medien Informationen und Problemlösungen oder Unterhaltung erwartet. Im ersten Fall wird eine Route *„rhetorischer Überzeugung"* beschritten, die den Überlegungen des Elaboration-Likelihood-Modells (Petty & Cacioppo 1986; Klimmt 2011) entspricht. Sind Motivation und Fähigkeit zur Informationsverarbeitung stark ausgeprägt, werden demnach alle verfügbaren Information sorgfältig rezipiert und geprüft und zu einer gut abgewogenen Entscheidungsfindung herangezogen (*zentraler bzw. systematischer Weg*), sind sie gering ausgeprägt, werden nur leicht zugängliche Informationen verarbeitet, die in eher spontanen und unreflektierten Entscheidungen resultieren (*peripherer bzw. heuristischer Weg*). Surette zufolge bezieht sich der zentrale Weg v.a. auf instrumentelle (d.h. z.B. auf Profit oder Prestige abzielende), der periphere hingegen v.a. auf gefühlsinduzierte (z.B. aus Wut oder Rache begangene) Verbrechen. Der dritte Pfad (der den beiden erstgenannten auch vorausgehen kann), ist der Pfad der *„narrativen Persuasion"*. Hier sucht der Rezipient nicht nach Instruktionen, sondern nach einer interessanten Geschichte, in die er eintauchen kann. Er lässt sich umso mehr auf den Inhalt ein, je stärker seine Bedürfnisse (z.B. nach parasozialen Beziehungen, Zerstreuung usw.) erfüllt werden. Empathie-Entwicklung und Identifikation mit Medienfiguren aufgrund immersiver Prozesse sind wesentliche Bestandteile dieses Verarbeitungsweges, der dazu führen kann, dass Rezipienten für Einstellungen und Verhaltensweisen zugänglich werden, auch wenn diese ihnen ansonsten eigentlich fernliegen.

Einflussfaktoren

Surette betont, dass sowohl beim Erlernen als auch bei der Entscheidung für eine Ausführung des Modellverhaltens neben Eigenschaften des Medieninhalts diverse Persönlichkeitsfaktoren und Einflüsse des sozialen Umfelds eine wichtige Rolle spielen und diese miteinander interagieren (Doley, Ferguson & Surette 2013; Surette & Maze 2015). Auf Seiten der Person seien dabei v.a. eigene kriminelle Erfahrung und die Überzeugung, ein Verbrechen erfolgreich ausführen zu können, zu nennen.

Während manche dieser Risikofaktoren universeller Natur sind, dürften andere für bestimmte Formen von Nachahmungs-Verbrechen spezifisch sein. Doley, Ferguson und Surette (2013) haben eine Typologie von Nachahmungstaten entwickelt, deren Kern aus den drei dichotomen Kriterien *Verbrechenstyp* (instrumentell / gefühlsbedingt), *Rolle der Medien* (Auslöser eines Verbrechens / Einflussfaktor für die Art der Durchführung eines ohnehin stattfindenden Verbrechens) und *Motivation des Verbrechers* (unentdeckt bleiben vs. Erzeugen möglichst großer (medialer) Aufmerksamkeit) besteht. Die von den Autoren vorgenommene typspezifische Zuordnung von Risikofaktoren beruht im Wesentlichen auf begründeten Vermutungen. Es liegen allerdings inzwischen auch erste Studien vor, die eine empirische Prüfung der Risikofaktoren speziell bei Nachahmungstaten durchgeführt haben. Lindberg, Sailas und Kaltiala-Heino (2012) konstatierten z.B. in Interviews mit 77 finnischen Schülern, die u.a. aufgrund der Androhung eines School Shootings einer psychiatrischen Untersuchung unterzogen wurden, dass ein hoher Anteil mentale Störungen bzw. Verhaltensstörungen aufwies. Surette selbst (Surette 2013a; 2013b; 2014; Surette & Maze 2015) hat in mehreren Studien inhaftierte Straftäter befragt. Etwa ein Viertel berichtete von (einzelnen) Nachahmungstaten. Diese waren häufiger bei Männern als bei Frauen und häufiger bei Tätern mit langem Strafregister als mit kurzem, wobei sie v.a. zu Beginn der kriminellen Karriere vorkamen und mit dem Wunsch einhergingen, neue Wege der Kriminalität auszuprobieren. Bestätigung fand die Vermutung, dass ein immersiver Medienumgang, Interesse an Kriminalitätsinhalten und die Überzeugung von deren instrumenteller Nützlichkeit für die Verbrechensplanung positiv mit Nachahmungstaten zusammenhingen. Die Vermutung, dass auch der Konsum von Computerspielen eine Rolle spielt, bestätigte sich nicht. Allerdings waren die Ergebnisse der verschiedenen Studien in mancher Hinsicht auch sehr heterogen – v.a. in Bezug auf die Bedeutung realer Verhaltensvorbilder.

Surette weist darauf hin, dass seine Befunde noch der weiteren Überprüfung und insbesondere der Kontrastierung mit nicht straffälligen Bevölkerungsgruppen bedürfen. Einen ersten Schritt in dieser Richtung unternahmen Chadee u.a. (2017) mit einer Befragung Jugendlicher aus Jugendstrafanstalten sowie aus Schulen in Bezirken mit hoher bzw. niedriger Kriminalität in Trinidad. Die durch Selbstangaben gemessene Wahrscheinlichkeit einer künftigen Nachahmungstat wurde in dieser Studie v.a. durch das entsprechende soziale Umfeld beeinflusst – gefolgt von der früheren Motivation zu Nachahmungstaten, wobei letztere wiederum schwache, aber signifikante Zusammenhänge mit geringerer Empathie, immersiver Mediennutzung und der Identifikation mit Medienfiguren aufwies.

3.3 Habitualisierungs- / Desensibilisierungsthese

Ein weiterer Ansatz der Medien- und Gewalt-Forschung geht davon aus, dass Mediengewalt Abstumpfungs- bzw. Gewöhnungseffekte auslösen kann. In diesem Zusammenhang wird sowohl der Begriff der *Habitualisierung* als auch der der *Desensibilisierung* gebraucht. Beiden gemeinsam ist die Tatsache, dass es sich um einen langfristigen, kumulativen Prozess handelt, an dessen Ende Gewalt ihren üblicherweise abschreckenden Charakter zumindest teilweise eingebüßt hat.

Begriffe

In der Literatur zur Habitualisierung bzw. Desensibilisierung durch Mediengewalt herrscht ein sehr heterogenes und inkonsistentes Begriffsverständnis. Um eine saubere Abgrenzung bemüht hat sich Steven Kirsh (2012, 218–221), dessen terminologischer Systematisierung hier gefolgt werden soll. Kirsh versteht unter *Habitualisierung* eine Gewöhnung an *Mediengewalt selbst*. Dieses durchaus funktionale Phänomen kann als *Nachlassen einer Orientierungsreaktion* verstanden werden, d.h. die Aktivierung und Reaktionsbereitschaft, die neuartige und potenziell gefährliche Reize anfänglich auslösen, bleibt mit der Zeit aus, wenn sich der Reiz als harmlos erwiesen hat. Es wird diskutiert, ob dieser Prozess sowohl auf individueller als auch auf gesellschaftlicher Ebene eine *Spirale der Reizüberflutung* auslösen kann, bei der Medieninhalte immer erregender und violenter werden müssen, um beim Rezipienten noch auf Interesse zu stoßen (Kunczik & Zipfel 2006, 116).

Unter *Desensibilisierung* ist nach Kirsh eine abnehmende Reaktion auf *reale Gewalt* zu verstehen. Damit ist eine *nachlassende Reagibilität* gegenüber Gewalt im wirklichen Leben gemeint, die sich in einer erhöhten Wahrnehmungsschwelle (violente Handlungen werden nicht mehr als violent eingeschätzt) und einer stärkeren Billigung entsprechenden Verhaltens niederschlagen und schließlich auch die Hemmschwelle zur eigenen Gewaltausübung senken könnte. Es wird argumentiert, dass die Gewöhnung an Mediengewalt einem Konditionierungsprozess vergleichbar ist und einer ähnlichen Logik folgt wie die verhaltenstherapeutische Methode der *systematischen Desensibilisierung*. Diese wird zur Behandlung von Phobien eingesetzt und basiert auf dem Prinzip, konditionierte Angstreize von der Angstreaktion zu trennen und stattdessen mit einem Entspannungsgefühl zu koppeln. Auch bei der Medienrezeption, so die Argumentation, werde eine zunächst angsterzeugende Gewaltszene mit einer konkurrierenden Reaktion (Entspannung, Nahrungsaufnahme usw.) verbunden. Die Verknüpfung der Beobachtung violenter Verhaltensweisen mit angenehmen Erfahrungen könne Lernprozesse fördern und die Übernahme der gezeigten Verhaltensweisen begünstigen (Kunczik & Zipfel 2006, 115f.).

Sowohl in Bezug auf die Habitualisierung als auch auf die Desensibilisierung lassen sich vier Formen unterscheiden:[10]

Tabelle 2: Formen von Habitualisierung bzw. Desensibilisierung

	Konsequenzen	**Habitualisierung**	**Desensibilisierung**
physiologisch	verringerte körperliche Erregung …	bei der Rezeption von Mediengewalt	beim Anblick realer Gewalt
kognitiv	verringerte Erinnerung an / weniger negative Beurteilung von …	Mediengewalt	reale(r) Gewalt
emotional	nachlassende Betroffenheit bzw. Angst gegenüber / geringere Empathie mit den Opfern von …	Mediengewalt	realer Gewalt
verhaltensbezogen	höhere Aggressionsbereitschaft / reduzierte Hilfsbereitschaft …	im Computerspiel / Nutzung immer violenterer Inhalte	in realen Situationen

Eine Unterscheidung von Habitualisierung und Desensibilisierung ist deshalb wichtig, weil von einer Gewöhnung an bestimmte Medi-

10 Kirsh (2012, 220f.) nimmt diese Unterscheidung nur in Bezug auf die Desensibilisierung vor – sie lasst sich aber auch auf das Habitualisierungskonzept ubertragen.

eninhalte noch keineswegs auf Abstumpfungseffekte gegenüber Gewalt im wirklichen Leben und schon gar nicht auf verhaltensrelevante Wirkungen geschlossen werden darf – auch wenn dies in der Medien-und-Gewalt-Literatur implizit oder explizit häufig geschieht. Ein Modell für die möglichen Zusammenhänge zwischen Habitualisierung und Desensibilisierung in ihren verschiedenen Varianten haben Carnagey, Anderson und Bushman (2007) als Konkretisierung des General Aggression Models (GAM; Kap. 3.8) vorgelegt.

Modell

Abbildung 1: Habitualisierungs- und Desensibilisierungsprozesse im General Aggression Model

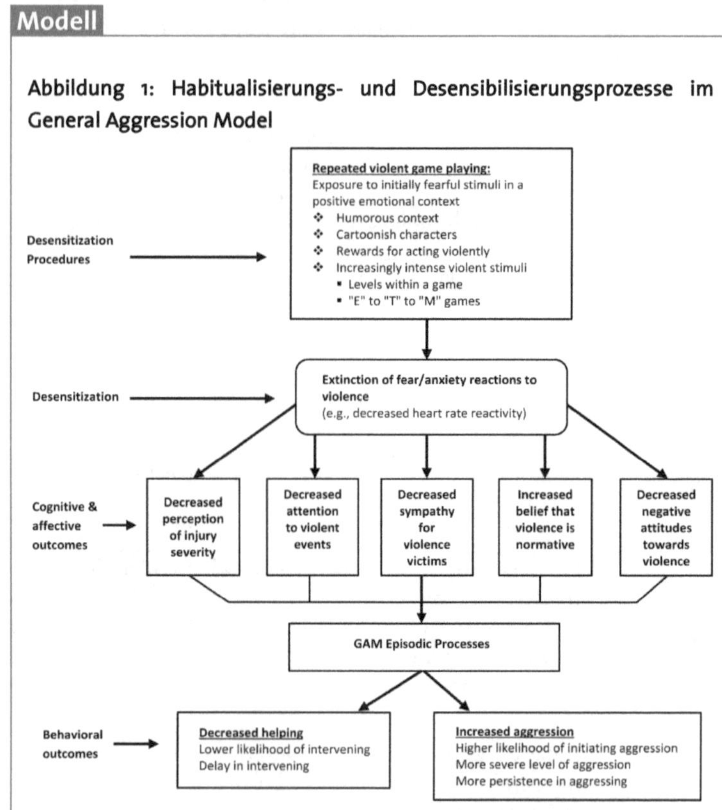

Quelle: Eigene Erstellung nach Carnagey, Anderson & Bushman 2007, 491

Im Rahmen sogenannter „Desensitization Procedures“ (die Autoren unterscheiden nicht zwischen Habitualisierung und Desensibilisierung) werden demnach ursprünglich vorhandene Anspannungs- und Angstreaktionen auf violente Medieninhalte dadurch verringert, dass diese in einem positiven emotionalen Kontext präsentiert werden (z.B. durch Humor, Soundeffekte, Zeichentrickfiguren, Belohnung des Gewaltverhaltens in Computerspielen usw.). Die Intensität der violenten Stimuli steigere sich im Zuge der wiederholten Rezeption im Rahmen der verschiedenen Level eines Spiels bzw. der Zuwendung zu immer gewalthaltigeren Spielen. Der Abstumpfungseffekt äußere sich in einer Löschung von Angstreaktionen gegenüber Mediengewalt, der an einer Verringerung der physiologischen Reaktionen abzulesen sei. Er ziehe Konsequenzen in der kognitiven und emotionalen Verarbeitung realer Gewalt nach sich. Violenten Ereignissen werde weniger Aufmerksamkeit entgegengebracht, Verletzungen würden als weniger schwer wahrgenommen, negative Einstellungen zu Gewalt gingen zurück, die Welt werde verstärkt als gefährlicher Ort wahrgenommen, und die Empathie mit Gewaltopfern lasse nach. Diese kognitiven und emotionalen Wahrnehmungsveränderungen wiederum wirkten sich auf Handlungsentscheidungen aus und führten zu einer verringerten Wahrscheinlichkeit bzw. einer zeitlichen Verzögerung des Hilfeverhaltens sowie zu einer höheren Wahrscheinlichkeit, einer stärkeren Intensität und größeren Ausdauer (bei) der Ausübung von Gewalt.

Empirische Befunde

In seiner Gesamtheit überprüft wurde dieses Modell allerdings noch nicht. Im Folgenden wird dargestellt, welche Ergebnisse die aktuelle Forschung in Bezug auf die verschiedenen Formen der Habitualisierung und Desensibilisierung erbracht hat (Kunczik & Zipfel 2004, 84–88; 262–268; Kunczik & Zipfel 2006, 113–119; 305–310; 2010, 177–189 zu älteren Befunden; Funk Brockmyer 2015 für einen methodischen Überblick):

Physiologische Habitualisierung

Zahlreiche Studien konnten mittels *physiologischer Messdaten* (und z.T. mit Selbstangaben) die Annahme bestätigen, dass Erregungsreaktionen mit der Häufigkeit bzw. Dauer der Nutzung von Mediengewalt abnehmen. Dies gilt sowohl langfristig (Vergleich von Vielspielern bzw. -Sehern mit Wenigspielern bzw. -Sehern; Krahé u.a. 2011; Lang u.a. 2012) als auch für eine Betrachtung im Verlauf einiger Wochen (Ballard u.a. 2006) bzw. Tage (Grizzard u.a. 2015) oder einer einzelnen Sitzung (Lang u.a. 2012).[11]

Physiologische Desensibilisierung

Eine Übertragung dieser Effekte auf die Realität wurde zumeist anhand der Reaktionen auf Bilder oder Filme mit realen Gewaltszenen untersucht. Hierbei ergab sich ein widersprüchliches Bild (Carnagey, Anderson & Bushman 2007 und Strenziok u.a. 2011 mit bestätigenden, Staude-Müller, Bliesener & Luthman 2008 und Mrug u.a. 2015 mit heterogenen und Bowen & Spaniol 2011 mit negativen Befunden). Keine Anhaltspunkte für eine physiologische Desensibilisierung

11 Keine bzw. keine eindeutig interpretierbaren physiologischen Habitualisierungseffekte fanden z.B. Ravaja u.a. 2008; Chittaro & Sioni 2012 und Mrug u.a. 2015.

fanden auch Read u.a. (2016), die in einer sehr sorgfältig durchgeführten Untersuchung anhand der Aktivität der Augenbrauenmuskulatur, Herzfrequenz und Selbstberichten zu Emotionen und Erregung die Reaktionen auf aggressive, erfreuliche und neutrale Bilder nach der 20-minütigen Nutzung eines violenten bzw. nicht-violenten Computerspiels maßen.

Kognitive Habitualisierung

Im Hinblick auf *kognitive* Habitualisierungseffekte wurde festgestellt, dass ein hoher Mediengewaltkonsum zu einem geringeren wahrgenommenen Gewaltgehalt violenter Medien bzw. zu Empfehlungen für eine niedrigere Altersfreigabe für violente Filme führen kann. Dieser Effekt war sowohl kurzfristig (d.h. direkt nach der Rezeption) als auch langfristig (bei generell hohem Konsum entsprechender Medien) festzustellen (Farrar, Krcmar & McGloin 2013; Breuer, Scharkow & Quandt 2014; Romer u.a. 2014).

Kognitive Desensibilisierung

Eine Übertragung von Habitualisierungseffekten auf reale Situationen setzt voraus, dass die (kognitive) Unterscheidungsfähigkeit zwischen Fiktion und Realität bei Vielnutzern entsprechender Inhalte beeinträchtigt ist. Hierfür konnten Regenbogen, Herrmann und Fehr (2010) im Rahmen einer Hirnforschungsstudie keine Hinweise finden. Auch die wenigen Studien, die sich mit konkreten kognitiven Desensibilisierungseffekten beschäftigt haben, konnten nicht nachweisen, dass das regelmäßige Spielen violenter Spiele die Erinnerung an negative Stimuli (Fotos realer Situationen) verschlechtert (Bowen & Spaniol 2011). Allerdings wurde eine ausgeprägtere Billigung aggressiver Verhaltensweisen bei Kindern gefunden, die häufig gewalthaltige Spiele und Filme nutzen (Funk u.a. 2004). Für Erwachsene wurden kurzfristige Effekte nachgewiesen. Sie stuften verschiedene antisoziale Verhaltensweisen (wenn sie von ihnen selbst, nicht, wenn sie von anderen ausgeübt wurden) als weniger violent ein (Greitemeyer 2014b) bzw. beurteilten reale Verbrecher, ihre Verbrechen und die angemessene Strafe milder als Probanden, die kein bzw. ein neutrales Spiel gespielt hatten (K. Lee, Peng & Klein 2010).

Kognitive vs. emotionale Effekte

Kognitive und *emotionale* Habitualisierungs- bzw. Desensibilisierungseffekte lassen sich nur schwer sauber voneinander abgrenzen. So findet sich insbesondere in Hirnforschungsstudien die Überlegung, dass der Konsum violenter Medieninhalte die kognitive Verarbeitung von Emotionen beeinflusst. Dies könne beispielsweise der Fall sein, wenn Spieler ihre Gefühle zugunsten des Spielerfolgs unterdrücken und auf diese Weise mentale Schemata entwickelten, die dann auch auf andere emotionale Stimuli angewandt würden (Gentile u.a. 2016, 48). Dass Mediengewalt die kognitiven Ressourcen reduziert, die zur

Verarbeitung emotionaler Stimuli eingesetzt werden, folgern Stockdale u.a. (2015) aus der Auswertung der EEG-Daten einer Studie, in der Probanden nach der Rezeption eines violenten bzw. nicht-violenten Filmausschnitts das Geschlecht einer ängstlich bzw. glücklich aussehenden Person auf einem Bild beurteilen sollten. Dass die (generell langsamere) Reaktionsgeschwindigkeit bei ängstlichen Gesichtern durch einen violenten Film zusätzlich verlängert wurde, ist allerdings mit einem Abstumpfungseffekt nicht kompatibel (zur Methode der Gesichtserkennung vgl. Kap. 2.2.2). Dass das Zusammenspiel kognitiver und emotionaler Prozesse in diesem Kontext der weiteren Klärung bedarf, zeigt auch die fMRT-Studie[12] von Montag u.a. (2012), in der Vielspieler von Ego-Shootern beim Betrachten unangenehmer realer Bilder (im Vergleich zu Nicht-Spielern) eine Abschwächung kognitiver Verteidigungsmechanismen gegen negative Emotionen zeigten, die nach Ansicht der Autoren sowohl aus einer reduzierten Aufmerksamkeit gegenüber solchen Stimuli als auch aus reduzierter Empathie resultiert sein könnte (auch Strenziok u.a. 2011).

Emotionale Habitualisierung und Desensibilisierung

Emotionale Abstumpfungseffekte sind sowohl allgemein als auch im Hinblick auf verschiedene konkrete Gefühle untersucht worden. In Bezug auf generelle emotionale Effekte konstatierten Gentile u.a. (2016) in einer fMRT-Studie, dass bei gewohnheitsmäßigen Spielern violenter Spiele für emotionale Reaktionen zuständige Hirnregionen bei der Beschäftigung mit gewalthaltigen Spielen unterdrückt werden. Szycik u.a. (2017a) fanden ebenfalls in einer fMRT-Untersuchung keine Unterschiede in der Reaktion exzessiver Spieler und einer Kontrollgruppe auf emotionale Bilder. Bei Read u.a. (2016) empfanden diejenigen, die zuvor ein violentes Spiel gespielt hatten, violente Bilder als nicht weniger abstoßend als Spieler eines nicht-violenten Spiels.

Was *spezifische Emotionen* betrifft, wurden Habitualisierungseffekte im Hinblick auf *Wut* (Devilly, Callahan & Armitage 2012) oder *Schuldgefühle* bei der eigenen Gewaltausübung innerhalb eines Spiels (Grizzard 2017b) gefunden. Die meisten Studien haben sich aber mit Auswirkungen auf die *Empathiegefühle* der Rezipienten befasst.[13]

12 Die funktionelle Magnetresonanztomographie (fMRT) ist ein bildgebendes Verfahren, bei dem die Durchblutung bestimmter Hirnareale als Hinweis auf deren neuronale Aktivität gemessen wird.

13 Vossen, Piotrowski und Valkenburg (2017) kritisieren die mangelnde Unterscheidung zwischen kognitiver und affektiver Empathie (Verstehen vs. Teilen der Gefühle anderer) sowie zwischen Empathie und Mitgefühl (Empfinden derselben Gefühle wie jemand anders vs. Sorgen um eine Person mit negativem Gefühlszustand). In ihrer eigenen Längsschnittstudie wurde nur das Mitgefühl durch den Mediengewaltkonsum beeinflusst.

Die wenigen *Habitualisierungsstudien* in diesem Bereich kommen zu heterogenen Befunden (Fanti 2009; Mrug u.a. 2015). Ähnliches gilt für die etwas zahlreicheren Untersuchungen zu *Desensibilisierungseffekten.*[14] *Kurzfristige Effekte* fanden z.B. Arriaga u.a. (2015), welche die Pupillenerweiterung der Probanden bei der Betrachtung von Gewaltopfer-Bildern als Indikator verwendeten, während Ramos u.a. (2013) keine Wirkungen violenter Stimuli auf Empathie- bzw. Stressreaktionen gegenüber realen oder fiktionalen Gewaltvideos feststellen konnten. Guo u.a. (2013) konfrontierten Versuchspersonen mit Bildern eines Fingers und eines Ohrs, die mit einem Werkzeug verletzt wurden (schmerzhaft) bzw. neben denen das Werkzeug nur zu sehen war (nicht schmerzhaft). Diejenigen, die zuvor einen violenten Film-Clip gesehen hatten, bewerteten den Grad des Schmerzes geringer als diejenigen, die einen neutralen Clip gesehen hatten, und zeigen auch eine verminderte Aktivität in Hirnregionen, die für die Entschlüsselung der emotionalen Dimension von Schmerz bei anderen verantwortlich sind. In Bezug auf den *langfristigen* Konsum violenter Spiele konnten Gao u.a. (2017b) in einer ähnlich angelegten Studie allerdings keinen Beleg für veränderte Hirnreaktionen finden. Auch Szycik u.a. (2017b) stellten zwischen exzessiven Spielern und einer Kontrollgruppe keine Unterschiede in der Aktivität empathiebezogener Hirnregionen bei der Betrachtung emotionaler Bilder fest. Diesen Befunden stehen allerdings auch Studien gegenüber, die Hinweise auf eine Empathiereduktion durch den längerfristigen Konsum von Mediengewalt fanden (z.B. Funk u.a. 2004; Krahé & Möller 2010; Vieira & Krcmar 2011; Mößle 2012; Mößle, Kliem & Rehbein 2014; Gabbiadini u.a. 2016; Stucki & Squillaci 2016).

Desensibilisierung auf Verhaltensebene

Die Frage, ob Abstumpfungseffekte sich auch auf das *Verhalten* der Rezipienten beziehen, ist für die Beurteilung der Desensibilisierungsthese von besonderem Interesse, wurde bislang aber nur selten untersucht. Es gibt allerdings ein Untersuchungsdesign, das in leichter Variation mehrfach Verwendung gefunden hat:

Schlüsselstudien

In einer Serie von Experimenten ließen Drabman und Thomas (1975; 1976) Kinder eine vermeintliche „Live-Übertragung" von Bildern aus einem benachbarten Raum schauen. Sie sollten Hilfe rufen, wenn die beiden Kinder im Nebenraum beginnen

14 In der Meta-Analyse von Anderson u.a. (2010) wird nicht differenziert, ob es sich bei der festgestellten kurzfristigen Empathiereduktion um Habitualisierung oder Desensibilisierung handelt.

würden, miteinander zu kämpfen. Die Zeit, die verstrich, bevor die Versuchsteilnehmer tatsächlich Hilfe holten, wurde als Maß für den Desensibilisierungseffekt verwendet. Es zeigte sich, dass Kinder, die zuvor violentes Stimulusmaterial gesehen hatten, langsamer reagierten als Kinder mit neutralem oder gar keinem Stimulusmaterial.

An diesem Design ist zu kritisieren, dass die Versuchsbedingungen keine gute Vergleichsbasis herstellten (Verzicht auf Filmmaterial in der Kontrollgruppe bzw. mangelnde Kontrolle des Erregungspotenzials von violentem (Krimi) und neutralem (Baseballspiel) Ausschnitt), Kinder das Zeigen von Violenz durch die Versuchsleiter als Billigung eines entsprechenden Verhaltens missverstanden haben könnten (Sponsor-Effekt) und die Messung von Hilfeverhalten für eine Laborsituation sehr unrealistisch und mit hohem Aufforderungscharakter verbunden war (Ramos u.a. 2013). Studien, die diese Untersuchungen zu replizieren versuchten, kamen zu heterogenen Ergebnissen (im Überblick Kirsh 2012, 220).

In jüngerer Zeit wurde das beschriebene Design in abgewandelter Form von Bushman und Anderson (2009) wieder aufgegriffen. In ihrer Studie hörten Studierende beim Ausfüllen eines Fragebogens nach dem Spielen eines violenten bzw. nicht-violenten Spiels vor der Tür ihres Raumes einen lautstarken, bis zur physischen Gewalt eskalierenden Streit. Diese Szene wurde von einem Band abgespielt, wobei die realistische Anmutung in einem Pretest überprüft und durch das Umwerfen eines Stuhls und Tritte gegen die Tür unterstützt wurde. Die Szene endete mit Schmerzenslauten des Opfers und dem Verschwinden des Täters. Zwischen der Gruppe der Spieler des violenten und des nicht-violenten Spiels zeigte sich kein signifikanter Unterschied im Anteil derer, die dem vermeintlichen Opfer zu Hilfe kamen (21% vs. 25%). Unter Probanden, deren Lieblingsspiel Kampfszenen beinhaltete, halfen signifikant weniger Personen (11% vs. 26%). Wenn sich Spieler des violenten Spiels zum Helfen entschieden, benötigten sie dafür signifikant länger als die Spieler des nicht-violenten Spiels (durchschnittlich 73 vs. 16 Sekunden). Unter den Spielern des violenten Spiels waren auch signifikant weniger Personen bereit, dem Versuchsleiter vom Stattfinden der Auseinandersetzung zu berichten, die von ihnen zudem als weniger ernst eingestuft wurde. Auch an diesem Design ist der hohe Aufforderungscharakter in einer unrealistischen Labor-Situation zu kritisieren.

Diese Kritikpunkte vermieden Bushman und Anderson (2009) in einem Feldexperiment mit Besuchern eines violenten bzw. nicht-violenten Kinofilms. Ein außer Sicht befindlicher Beobachter stoppte die Zeit, die verging, bis die Kinogänger einer jungen Frau mit verbundenem Knöchel halfen, ihre heruntergefallenen Krücken wieder aufzuheben. In jeweils der Hälfte der Fälle wurde dieser Test vor bzw. nach der Vorführung durchgeführt; kontrolliert wurden auch Effekte des Geschlechts des Helfenden und der Zahl potenzieller anderer Helfer in der Umgebung. Das Experiment ergab, dass Personen, die gerade einen violenten Film gesehen hatten, mit einer Verzögerung von knapp 7 Sekunden 26% länger brauchten und damit signifikant später halfen als die Probanden in den anderen drei Bedingungen. Da sich zwischen den Besuchern des violenten und des nicht-violenten Films, die die Szene *vor* dem Film vorgespielt bekamen, keine signifikanten Unterschiede zeigten, schlossen die Forscher aus, dass Personen mit Interesse an violenten Filmen generell weniger hilfsbereit sind.

Noch interessanter als Studien, die Verhaltenseffekte untersuchen, sind solche, die durch Einbeziehung weiterer Variablen versucht haben, den Mechanismen von Habitualisierung und Desensibilisierung auf den Grund zu gehen. So liegen Hinweise dafür vor, dass eine Steigerung aggressiven bzw. eine Verringerung prosozialen Verhaltens durch physiologische (z.B. Bartholow, Bushman & Sestir 2006; Engelhardt u.a. 2011), emotionale (z.B. Arriaga, Monteiro & Esteves 2011; Fraser u.a. 2012; Prot u.a. 2014; Arriaga u.a. 2015) bzw. kognitive (Greitemeyer 2014b) Desensibilisierungsprozesse vermittelt wird.

Bilanz

Insgesamt ist der Forschungsstand zu Abstumpfungseffekten durch Mediengewalt noch immer sehr widersprüchlich. Die Designs vorliegender Studien sind heterogen und nicht selten problematisch, z.B. wenn ihrem Wesen nach langfristige und kumulative Gewöhnungseffekte mit Methoden zur Feststellung kurzfristiger Effekte (Laborexperimente) analysiert werden. Wenn langfristige Effekte untersucht werden, dann geschieht dies häufig durch die Messung von Unterschieden in den Reaktionen von Viel- und Wenignutzern violenter Medien, wobei der Einfluss von Drittfaktoren schwer auszuschließen und der Gewöhnungsprozess selbst nicht nachzuzeichnen ist. Neurophysiologische Messungen bergen die Schwierigkeit, dass sich hinter vermeintlich festgestellten Abstumpfungseffekten auch Langeweile oder mangelndes Interesse verbergen können (Breuer, Scharkow & Quandt 2014). Ein weiteres Problem besteht im Einsatz medial präsentierter Bilder realer Gewalt zur Identifikation von Desensibilisierungseffekten, was die Frage aufwirft, ob hier nicht eigentlich Habitualisierungseffekte gemessen werden.

Diese Problematik ist symptomatisch für das uneinheitliche und häufig unpräzise Begriffsverständnis in diesem Forschungsbereich. Die mangelnde Differenzierung zwischen Habitualisierung und Desensibilisierung begünstigt unzulässige Kurzschlüsse von Abstumpfungseffekten gegenüber medialen Gewaltdarstellungen auf negative Auswirkungen im Umgang mit realer Gewalt. Hiermit einher geht ein Mangel an theoretischen Überlegungen zu den Mechanismen, über die sich Habitualisierung in Desensibilisierung niederschlagen könnte und über die physiologische, kognitive, emotionale und konative Abstumpfungswirkungen miteinander zusammenhängen. Zwar liegt im Rahmen des General Aggression Models hierzu ein erster Vorschlag vor, dieser bedürfte aber der weiteren Elaboration. Auch besitzen Untersuchungen, die zumindest versuchen, mehrere im GAM enthaltene Etappen der Gewöhnung an Mediengewalt und ihrer Folgen einzubeziehen, noch Seltenheitswert.

Versucht man den Forschungsstand zum jetzigen Zeitpunkt zusammenzufassen, so lässt sich festhalten, dass Habitualisierungseffekte, insbesondere im Hinblick auf physiologische Reaktionen, besser belegt sind als Desensibilisierungseffekte, bei denen v.a. in dem besonders relevanten Bereich der Verhaltenswirkungen nur wenige Studien vorliegen. Es ist folglich möglich, dass es zur Senkung der Hemmschwelle für eigene Gewaltausübung kommt, die Befundlage ist allerdings noch zu dünn, um derart weitreichende Schlussfolgerungen zu ziehen. Zugleich ist zu fragen, inwieweit Habitualisierungsprozesse nicht als durchaus funktionaler Anpassungsmechanismus zu betrachten sind, die emotionale Fehlreaktionen reduzieren und die Handlungsfähigkeit, z.B. auch in Bezug auf Hilfeleistungen, sogar verbessern könnten (J. Grimm 1999, 179; Prot & Gentile 2014).

3.4 Excitation-Transfer-These

Grundidee

Im Fokus der Excitation-Transfer-Theorie (z.B. Zillmann 1983; 2008; im Überblick Wang 2013) steht die Auslösung von Erregung durch Medieninhalte. Eine nach dem Ansehen violenter Medieninhalte beobachtete kurzfristige Aggressivitätssteigerung wird nicht (allein) als Folge der dargestellten Gewalt interpretiert, sondern als Resultat allgemeiner Erregung angesehen. Solche unspezifischen Erregungszustände fungieren lediglich als „Triebpotenzial", das die Intensität nachfolgender emotionaler Reaktionen und Verhaltensweisen erhöht, da sich durch Medienstimuli ausgelöste und noch nicht abgebaute (d.h. residuale) Erregung und die durch neue Situationen ausgelösten Erregungsreaktionen addieren. Welche Emotionen bzw. Verhaltensweisen auf diesem Weg intensiviert werden, hängt von der Situation ab und steht mit der Qualität der gesehenen Inhalte in keinerlei Zusammenhang. Bei einer entsprechenden situationsbedingten Motivation könnten erotische Medieninhalte ebenso gewalttätiges Verhalten fördern, wie violente Inhalte in der Lage wären, prosoziale Handlungen zu intensivieren. Entscheidend für das Auftreten von Gewaltverhalten ist ein aggressionsauslösender situativer Reiz, wie z.B. eine Provokation, die vom Rezipienten als Ursache seiner Erregung fehlattribuiert wird.

Kernsätze

Zillmann (2008, 1627) macht deutlich, dass der Auslöser wie auch die Wirkung von Erregungstransferprozessen sowohl im Bereich durch Medieninhalte ausgelöster als auch durch soziale Interaktionen generierter Emotionen zu finden sein können: *„Excitation transfer may be created by emotions from message exposure and affect emotions in social interactions, be created by emotions from social interactions and affect emotions from message exposure, and be both created by and affect emotions from message exposure."* Die beiden letztgenannten Varianten der Excitation-Transfer-These eignen sich auch, um die Motivation für den Konsum violenter Medieninhalte zu erklären (Kunczik & Zipfel 2010, 129).

Erregungstransfer bei Computerspielen

Die Excitation-Transfer-Theorie ist insbesondere im Hinblick auf die Wirkung violenter Computerspiele interessant, denen aufgrund ihres interaktiven Charakters eine besonders starke Erregungswirkung zugeschrieben wird. Krcmar und Lachlan (2009) fanden Hinweise darauf, dass ein kurzfristiger Anstieg verbaler und physischer Aggression durch Excitation-Transfer-Prozesse zustande kommen könne. Wie andere Studien (im Überblick Kunczik & Zipfel 2010, 360f.) zeigte auch diese, dass Erregungseffekte allerdings recht kurzfristiger Natur sind und schon nach 15 Minuten Spieldauer wieder nachlassen. Langfristige Aggressionssteigerungen lassen sich mit diesem Ansatz folglich nicht erklären. Abgesehen davon ist anzunehmen, dass der Einfluss medienbewirkter Erregung bei der Entstehung von Aggression nicht unabhängig von inhaltlichen Aspekten betrachtet werden kann.

Mittlerweile tendiert die Forschung zudem dazu, die Valenz eines erregenden Stimulus zu berücksichtigen, und geht davon aus, dass Medieninhalte sowohl das appetitive, d.h. auf Zuwendung ausgerichtete, als auch das aversive, d.h. auf Vermeidung ausgerichtete Motivationssystem des Rezipienten aktivieren können.[15] Welche Reaktion überwiegt, muss nicht alleine vom Stimulus abhängen. Vielmehr können sich Individuen auch generell in ihren motivationalen Aktivierungsmustern unterscheiden und je nach Persönlichkeit die durch violente Inhalte erzeugte Erregung als angenehm oder unangenehm empfinden. Auf Basis dieser Überlegungen konstatierten Krcmar u.a. (2015), dass Probanden, bei denen die aversive Reaktion auf violente Computerspiele dominierte („risk avoiders"), die geringste Aggressionsneigung aufwiesen.

Valenz des Stimulus

3.5 Stimulationsthese und Priming-Konzept

Stimulationsthese

Die frühe Forschung ging im Rahmen der Frustrations-Aggressions-These (Dollard u.a. 1939) davon aus, dass jede Aggression Frustration voraussetze und umgekehrt jede Frustration Aggression verursache. Leonard Berkowitz (1969; 1970) hingegen formulierte die auch als *„Stimulationsthese"* bezeichnete Annahme, dass ein durch Frustration bewirkter Zustand emotionaler Erregung lediglich eine Disposition für Aggression schaffe, die v.a. dann manifest werde, wenn geeignete Auslöser vorhanden seien. Hierbei könne es sich um Reize handeln, die mit der Ursache des gegenwärtigen Ärgernisses oder mit vergangenen Erlebnissen assoziierte werden (d.h. z.B. auch Medieninhalte). Ferner geht Berkowitz (1968) davon aus, dass es auch Hinweisreize gebe, die generell aggressionsauslösend seien. Hierzu gehörten z.B. Waffen (*Waffen-Effekt*; Berkowitz & Le Page 1967).

Im Rahmen seines *Cognitive Neoassociationist Model* beschreibt Berkowitz (1989; 1990; 1993), wie aus einem (z.B. durch Frustration, aber auch Schmerz usw. bewirkten) Zustand eher unspezifischer (negativer) Erregung im Zuge kognitiver Verarbeitungsprozesse eine spezifische Emotion wie etwa Wut (oder auch Angst) entsteht. Der als unangenehm empfundene Zustand aktiviert automatisch physiologische und motorische Reaktionen, Gedanken, Erinnerungen und Gefühle, die mit Flucht- sowie Aggressionstendenzen verbunden sind und im Gehirn der Rezipienten in einer engen assoziativen Beziehung miteinander stehen. Hieraus resultieren rudimentäre Gefühle von Wut bzw. Angst. Im Zuge weiterer kognitiver Verarbeitungsprozesse

15 Entsprechende Überlegungen basieren auf dem Limited Capacity Model of Motivated Mediated Message Processing (Lang 2006). Zur Übertragung auf den Excitation-Transfer-Ansatz vgl. Wang & Lang 2012.

werden die Gefühle konkretisiert. Diese Prozesse umfassen Ursachenzuschreibungen und andere Situationseinschätzungen, die Berücksichtigung sozialer Normen und erwarteter Konsequenzen, aus denen schließlich der als angemessen betrachtete Gefühlszustand und adäquate Reaktionen auf den aversiven Stimulus abgeleitet werden.

Priming-Konzept

Das von Berkowitz beschriebene assoziative Netzwerk, das die Entwicklung von konkreteren Gefühlen aus dem als aversiv erlebten Zustand vermittelt, bildet den Kern des sogenannten *Priming-Konzepts*.[16]

Der Priming-Ansatz (Berkowitz 1984; Jo & Berkowitz 1994; auch Roskos-Ewoldsen, Roskos-Ewoldsen & Dillmann Carpentier 2008) beschäftigt sich ganz allgemein mit der Frage, welchen Einfluss ein Stimulus auf die Reaktionen gegenüber späteren Stimuli besitzen kann. Auf die Medienwirkung bezogen bedeutet dies, dass Effekte von Medieninhalten auf Einstellungen bzw. Verhaltensweisen beschrieben werden, die mit dem entsprechenden Medieninhalt in Beziehung stehen. Dabei beschäftigt sich das Priming-Konzept grundsätzlich mit Wirkungen, die äußert kurzfristig, d.h. direkt im Anschluss an die Rezeption des Stimulus auftreten.

Die Grundidee des aus der Kognitionspsychologie stammenden Priming-Konzepts besteht darin, dass das Gedächtnis netzwerkartig organisiert ist und aus miteinander verbundenen „Knoten" besteht, die jeweils ein bestimmtes Konzept repräsentieren. Diese Knoten sind miteinander durch assoziative Pfade verbunden. Wird ein Knoten durch einen Stimulus angeregt (Priming), dann kann diese Aktivierung auf die mit ihm verbundenen Knoten „ausstrahlen" und deren Aktivitätsniveau ebenfalls (kurzfristig) erhöhen. Bestimmte, im Gedächtnis gespeicherte Konzepte werden auf diese Weise kurzfristig leichter zugänglich. Dieser Prozess wird als spontan und automatisch ablaufend verstanden. Dabei wird es für möglich gehalten, dass bestimmte Konstrukte durch wiederholte Anregung schließlich „chronisch" aktiviert bzw. zugänglich werden, was auch langfristige Wirkungen erklären könnte (z.B. Zillmann & Weaver 1999; Huesmann & Kirwil 2007, 549).

Empirische Befunde zum Priming

Priming-Effekte sind im Rahmen der Medien-und-Gewalt-Forschung in Gestalt einer leichteren Zugänglichkeit aggressiver Kognitionen sowie eine Aktivierung feindseliger Gefühlszustände häufig nachge-

16 Berkowitz (2008, 127) sieht trotz diverser Überschneidungen einen Unterschied zwischen seinem Ansatz und einigen Auslegungen des Priming-Konzepts darin, dass seiner Auffassung nach die Bestandteile des assoziativen Netzwerks auch automatisch, d.h. ohne Vergegenwärtigung der Bedeutung eines Stimulus, sondern lediglich aufgrund seiner Ähnlichkeit mit einer früheren Erfahrung aktiviert werden können.

wiesen worden (im Überblick Kunczik & Zipfel 2006, 175–176; Roskos-Ewoldsen, Roskos-Ewoldsen & Dillman Carpentier 2008, 75f.; zu jüngeren Studien Coyne u.a. 2012b; Buchanan 2015; Pieschl & Fegers 2016; Q. Zhang u.a. 2016). In einer Meta-Analyse, in welche 18 Experimente eingingen, stellten Roskos-Ewoldsen, Klinger und Roskos-Ewoldsen (2007) eine Zusammenhangsstärke von r =.30 für die Beziehung zwischen Mediengewalt und kognitiven und affektiven Priming-Wirkungen fest.

Probleme

Die Aussagekraft der Priming-Forschung wird allerdings durch folgende Probleme begrenzt:

1. „Priming" ist im Wesentlichen eine Metapher für im Gehirn des Rezipienten ablaufende Prozesse, deren neurobiologische Grundlagen trotz der bisherigen Erkenntnisse der Hirnforschung noch in vieler Hinsicht ungeklärt sind.
2. Die Vorstellungen über die beim Priming stattfindenden Mechanismen sind dementsprechend heterogen. In jüngerer Zeit wurden beispielsweise sogar die Auswirkungen des Konsums violenter Medien auf entsprechende Träume unter dem Priming-Begriff subsummiert (Van den Bulck u.a. 2016).
3. Es bleibt unklar, welche Relevanz Priming-Prozessen für die Wirkung von Mediengewalt tatsächlich zugeschrieben werden kann. In einer Studie von Glock und Kneer (2009) genügte die bloße Erwähnung violenter Spiele, um aggressionsbezogene Konstrukte zu aktivieren, und dieser Effekt war stärker als der des violenten Computerspiels selbst. Dieses Ergebnis wirft die Frage auf, ob Experimente, in denen Priming-Effekte festgestellt wurden, tatsächlich eine Wirkung der eigenen Ausführung von Computerspielgewalt oder lediglich die gedankliche Nähe verschiedener kognitiver Konstrukte gemessen haben.[17]
4. Hieran schließt sich die Frage nach verhaltensbezogenen Konsequenzen kognitiver und affektiver Priming-Effekte an. Auch wenn sich in Laborexperimenten gelegentlich Auswirkungen violenter Primes auf das Verhalten der Probanden gezeigt haben (z.B. Bartholow u.a. 2005), stellt sich doch die Frage, ob entsprechende Effekte überhaupt so lange anhalten, dass sie in der Realität von Bedeutung sind. Bushman und Gibson (2011) stellten fest, dass Probanden, die nach 20 Minuten violentem Computer-

17 Zendle u.a. (2018) konnten nicht einmal solche Effekte nachweisen. Sie fanden einen negativen Priming-Effekt, d.h. möglicherweise werden Assoziationen mit Spielinhalten gehemmt, weil Spieler diese zugunsten einer Konzentration auf die zentralen Spielmechanismen bewusst ausblenden.

spielen über Verbesserungen ihrer Spieltaktik nachdenken sollten, im Geräuschtest am folgenden Tag mehr violentes Verhalten zeigten als Spieler, die nicht zum Nachdenken aufgefordert worden waren. Die Autoren behaupten, der Denkprozess habe violente Gedanken, Gefühle und Verhaltenstendenzen im semantischen Gedächtnis aktiv gehalten. Da aber weder violente Kognitionen noch Emotionen gemessen wurden noch eine Erhebung der Aggression direkt nach dem Spiel stattfand, erscheint diese Aussage recht gewagt.

5. Die Vorstellung, dass bestimmte Schlüsselreize über die Aktivierung miteinander verbundener Gedächtnisstrukturen mehr oder weniger automatisch zu entsprechendem Verhalten führen, ist einer simplen Stimulus-Response-Annahme verhaftet, die die Bedeutung zahlreicher anderer Einflussfaktoren ausklammert. Die Frage, welche spezifischen Schlüsselreize es sind, die Priming-Effekte auslösen, ist bislang ungeklärt. Die Forschung zum „Waffen-Effekt“ sowie zum „Proteus-Effekt“ (Kap. 4.3.3.5, 4.3.3.11) bietet hier nur erste Hinweise. Die in jüngeren Studien untersuchten Inhalte sind teilweise sehr speziell und ermöglichen noch kein schlüssiges Gesamtbild (z.B. Coyne u.a. 2012b zu physisch bzw. relational aggressiven Primes; Buchanan 2015 zum Priming durch violente Anzeigen auf Facebook-Seiten; Pieschl & Fegers 2016 zum Priming durch violente Liedtexte). Offensichtlich sind es jedenfalls keineswegs nur violente Stimuli, die ein Priming von Aggression bewirken können – so stellten Subra u.a. (2010) entsprechende Effekte auch für alkoholbezogene Worte und Bilder fest, bei Mange u.a. (2016) bewirkten neutrale, aber mit einer als bedrohlich wahrgenommenen Outgroup (Araber) assoziierte Begriffe ein gesteigertes Aggressionsverhalten, und bei Busching und Krahé (2013) wurden neutrale Begriffe durch ihre Verbindung mit violenten Spielen selbst aggressiv „aufgeladen“. Vermutlich werden Priming-Effekte auch von personenbezogenen Eigenschaften moderiert. So zeigten sich z.B. bei Meier, Robinson und Wilkowski (2006) bei Personen mit einer starken Ausprägung des Charakterzugs der „Verträglichkeit“ („Agreeableness“) keine Effekte aggressiver Primes auf das Verhalten – möglicherweise, weil solche Personen über selbstregulierende bzw. hemmende Mechanismen verfügten, die die Aktivierung aggressiven Verhaltens durch aggressive Gedanken verhinderten.

3.6 Sozial-kognitive Lerntheorie

Ein zentrales Merkmal der sozial-kognitiven Lerntheorie nach Albert Bandura (z.B. 1979a; 1979b; 2009) ist die Annahme, dass Menschen zugleich Gestalter ihrer Umwelt sind und von dieser geprägt werden. Es erfolge eine ständige Wechselwirkung zwischen Persönlichkeitsfaktoren (biologisch, kognitiv und affektiv), Umweltfaktoren und Verhaltensweisen.

Prämissen

Nach Bandura (2009, 95–98) zeichnen sich Menschen durch folgende besondere Eigenschaften aus: Sie besitzen die *Fähigkeit zur Symbolisierung*, d.h. zur kognitiven Verarbeitung von Erfahrungen, aus denen Beurteilungs- und Handlungsprinzipien abgeleitet werden. Aufgrund ihrer *Fähigkeit zur Selbstregulierung* können sie sich Ziele setzen bzw. nach der Erfüllung selbst gesetzter Standards streben und ihre Handlungen nach den erwarteten (und erwünschten) künftigen Konsequenzen ausrichten. Hiermit hängt die *Fähigkeit zur Selbstreflexion* zusammen, d.h. Menschen sind in der Lage, durch einen Abgleich mit Realitätsindikatoren (z.B. den Folgen eines Verhaltens) die Angemessenheit ihre Gedanken und Handlungen zu bewerten. Von besonderer Bedeutung für die Wirkung von Medieninhalten ist Banduras vierte Annahme, der zufolge Menschen nicht nur durch eigene Erfahrung lernen, sondern sich Wissen, Fähigkeiten, Handlungsmuster usw. auch dadurch aneignen können, dass sie das Verhalten anderer Personen beobachten („Lernen am Modell“). Diese *stellvertretende Sammlung von Erfahrungen* kann sowohl über die Beobachtung realer Modelle als auch über die Massenmedien erfolgen.[18]

Ablauf des Beobachtungslernens

Der Ablauf des Beobachtungslernens lässt sich nach Bandura in vier Prozesse aufgliedern. Im Rahmen der *Aufmerksamkeitsprozesse* wird entschieden, was überhaupt wahrgenommen wird und welche Informationen auf welche Weise weiterverarbeitet werden. Hierfür sind sowohl Eigenschaften des Modells bzw. Merkmale des Medieninhalts als auch der Persönlichkeit entscheidend. In Bezug auf die inhaltlichen Gesichtspunkte medialer Gewalt wären z.B. die Komplexität und der Realismus der Darstellung, die Häufigkeit, Deutlichkeit und der Stellenwert violenter Akte, wahrgenommene Ähnlichkeiten mit dem violenten Protagonisten, die Konsequenzen der dargestellten Gewalt, d.h. ihr funktionaler Wert (Zielerreichung, Bestrafung usw.),

18 Neben dem Erlernen neuer Verhaltensweisen kann die Beobachtung eines Modells nach Bandura (1986) auch dazu führen, dass ein schon bekanntes Verhaltensmuster ausgelöst, enthemmt oder gehemmt wird bzw. dass Aufmerksamkeit auf bestimmte Aspekte gelenkt, die Realitätsauffassung beeinflusst wird oder es zu einer Übertragung emotionaler Erregung kommt.

oder ihre Präsentation als legitim bzw. illegitim von Bedeutung. In Bezug auf die Person des Rezipienten wären seine z.B. von Alter und intellektuellen Fähigkeiten abhängigen Wahrnehmungs- und Verarbeitungskapazitäten, Persönlichkeitsmerkmale wie Selbstsicherheit, Introversion usw., gegenwärtige Stimmungen, wie z.B. Ärger oder Frustration, aber auch schon vorhandene Präferenzen und soziale Normen, die wiederum von der sozialen Umwelt geprägt werden, zu nennen.

Im Zuge von *Behaltensprozessen* kommt es zu einer symbolischen Kodierung und kognitiven Organisation, bei der aus den wahrgenommenen Informationen Regeln und Konzepte abstrahiert und im Gedächtnis gespeichert werden. In diesem Prozess erfolgt ein Verstehen von Handlungsmotivationen, eine Zuschreibung von Verantwortung und eine Verallgemeinerung von Urteilen bzw. Herausbildung von Einstellungen (z.B. „Gewalt lohnt sich"). Behaltensprozesse werden durch symbolische Nachbildung (z.B. Nachvollziehen eines violenten Aktes in der Phantasie) gefördert. Auch hier sind Persönlichkeitseigenschaften in Form kognitiver Fähigkeiten und bereits vorliegender kognitiver Strukturen sowie affektiver Zustände von Bedeutung.

Im Prozess der *Verhaltensproduktion* greifen Individuen auf die im Behaltensprozess generierten symbolischen Repräsentationen zurück und übersetzen diese in konkretes Handeln. Erlernte Verhaltensmuster werden aktiviert, auf ihre Angemessenheit überprüft und ggf. angepasst und variiert. Dabei erfolgt auch eine Beurteilung und ggf. Korrektur der konkreten Ausführung des Verhaltens. Vonseiten des Individuums sind hierbei z.B. physische Fähigkeiten bei der Umsetzung des Verhaltens zentral.

Motivationsprozesse entscheiden darüber, ob erlerntes Verhalten wirklich in die Tat umgesetzt wird. Bandura unterscheidet zwischen *externer* Regulierung (materieller oder sozialer Erfolg bzw. Misserfolg / Belohnung bzw. Bestrafung), *stellvertretender* Bekräftigung bzw. Hemmung (Beobachtung von Handlungsfolgen bei anderen) und *selbstgenerierten* Motivationsfaktoren (z.B. schlechtes Gewissen). Die verschiedenen Regulatoren können in dieselbe oder in unterschiedliche Richtungen wirken. Entsprechen Verhaltensweisen den eigenen Standards und werden auch noch sozial gebilligt, werden sich die jeweiligen Handlungsmuster in besonderer Weise verfestigen. Sie können auch komplementär wirken, indem z.B. soziale Konsequenzen einen Ersatz für gering ausgeprägte eigene Verhaltensprinzipien darstellen. Es kann jedoch auch zu Konflikten zwischen den

Motivationsfaktoren aus verschiedenen Quellen kommen, wenn z.B. sozialer Druck für Verhaltensweisen besteht, die den eigenen moralischen Prinzipien widersprechen. Konsistenzen bzw. Inkonsistenzen zwischen den Motivationsfaktoren eignen sich gut zur Erklärung individuell unterschiedlicher Wirkung violenter Medieninhalte. Trifft eine positive mediale Darstellung von Gewalt auf stabile moralische Verhaltensstandards bzw. wird entsprechendes Verhalten extern negativ sanktioniert, wird es vermutlich nicht manifest. Erweist es sich hingegen auch in anderen Situationen als lohnend, besteht eine höhere Wahrscheinlichkeit, dass es in der Realität angewandt wird. Dies gilt auch beim Ausbleiben einer Bestrafung, die nach Bandura ähnlich wie eine Belohnung als Bekräftigung wirkt.

Wie Rezipienten Konflikte zwischen verschiedenen Regulierungsinstanzen lösen, ist von individuellen Faktoren (z.B. Präferenzen, soziale Vergleiche, Art interner Standards) abhängig. Bandura (2009, 105) nimmt darüber hinaus an, dass Individuen in der Lage sind, verschiedene kognitive Strategien zu entwickeln, um Mechanismen der Selbstsanktionierung außer Kraft zu setzen, und dass solche Rechtfertigungsstrategien auch aus den Medien abgleitet werden können (Kap. 4.3.3.6 zur Bedeutung solcher Faktoren bei der Wirkung von Mediengewalt).

Begriffe

Faktoren des „Moral Disengagement" nach Bandura (2002; 2009)

Verhaltensbezogene Strategien: Moralische Rechtfertigung (z.B. mit höheren Zielen wie Gerechtigkeit), beschönigender Vergleich (z.B. Verhinderung schlimmeren Leidens), euphemistische Bezeichnungen.

Auf Konsequenzen bezogene Strategien: Minimieren, Ignorieren, Bestreiten der Folgen violenten Verhaltens.

Zusammenhänge zwischen Tat und Folgen betreffende Strategien: Abschiebung bzw. Verteilung von Verantwortung (z.B. Verweis auf äußere Umstände wie soziale Bedingungen, „die Medien", externe Anweisungen).

Opferbezogene Strategien: Dehumanisierung des Opfers, Zuweisung von (Mit-)Schuld an das Opfer (z.B. provozierendes Verhalten).

Erwerb vs. Ausführung von Verhaltensmodellen

Insgesamt besteht die zentrale Aussage der sozial-kognitiven Lerntheorie darin, dass Menschen Verhaltensweisen erlernen können, diese aber nicht unbedingt auch in die Tat umsetzen müssen, d.h. es wird zwischen Erwerb und Ausführung bestimmter Verhaltensmuster unterschieden. Die Ausübung von Aggression wird normalerweise durch internalisierte Normen, Furcht vor Bestrafung und Vergeltung, Schuldgefühle und Angst verhindert. Ob aus den latenten Handlungsmodellen dennoch manifestes Verhalten resultiert, hängt von verschiedenen Faktoren ab. Die größte Bedeutung kommt dabei den *Konsequenzen* eines solchen Verhaltens (Erfolg bzw. Misserfolg, Belohnung bzw. Bestrafung) sowohl für das Modell als auch für den Beobachter zu.[19]

Einflussfaktoren

Insgesamt werden im Rahmen der Lerntheorie neben den Merkmalen von *Medieninhalten* (z.B. Stellenwert, Deutlichkeit, Nachvollziehbarkeit von Gewalt, Effizienz, Rechtfertigung, Belohnung von Gewalt) die *Eigenschaften des Beobachters* (z.B. Wahrnehmungsfähigkeiten, Erregungsniveau, Charaktereigenschaften, Interessen, frühere Erfahrungen, wie z.B. Bekräftigung erworbener Verhaltensmuster) sowie die *situativen Bedingungen* (z.B. Sozialisation, Normen und Verhaltensvorbilder in der Familie und in den Peer-Groups) als Einflussfaktoren bei der Wirkung von Mediengewalt einbezogen. Die sozialkognitive Lerntheorie eignet sich daher gut, um zu erklären, weshalb nicht alle Medieninhalte und Rezipienten gleich gefährlich bzw. gefährdet sind, bzw. weshalb violente Darstellungen in den Medien nur einen von vielen Faktoren bei der Entstehung von Gewaltverhalten bilden.

Schlüsselstudien

Von den diversen Experimenten, die Albert Bandura durchgeführt hat, sind insbesondere die sogenannten *Bobo-Doll-Experimente* berühmt geworden. Bei der Bobo Doll handelt es sich um eine aufblasbare, clownsähnliche Puppe, die sich von selbst wieder aufrichtet, wenn sie umgestoßen wird. Die violente Beschäftigung eines Erwachsenen mit dieser Puppe diente als Modellverhalten, dessen Imitation durch Kindergartenkinder Bandura und seine Kollegen untersuchten. In einer 1961 veröffentlichten Studie (Bandura, Ross & Ross 1961) sahen durchschnittlich 52 Monate alte Kindern entweder einem Erwachsenen zu, der sich in aggressiver Weise (schlagen, treten, mit einem Hammer traktieren usw.) mit der Bobo Doll beschäftigte oder der sich neben der Bobo Doll friedlich mit anderem Spielzeug befasste. Eine

19 Eine wichtige Rolle spielt nach Bandura (1997) auch das Konzept der Selbstwirksamkeit, d.h. die subjektive Überzeugung einer Person, ein Verhalten erfolgreich ausführen zu können. Erwartungen positiver Konsequenzen werden demnach dennoch nicht zur Ausführung eines Verhaltens führen, wenn die wahrgenommene Selbstwirksamkeit gering ist.

Kontrollgruppe hatte keinerlei Kontakt mit einem erwachsenen Modell. Im Anschluss daran wurden die Kinder frustriert, indem ihnen attraktives Spielzeug wieder weggenommen wurde. Dann wurden sie in einen Raum geführt, der neben der Bobo Doll verschiedenes Spielzeug enthielt, das sich für violentes bzw. friedliches Spielen eignete. Bei ihrer Beobachtung des Spielverhaltens konstatierten die Forscher, dass Kinder, die das violente Modell beobachtet hatten, signifikant mehr imitatives und nicht-imitatives aggressives Verhalten an den Tag legten als Kinder in den beiden anderen Gruppen.

In einer weiteren Studie (Bandura, Ross & Ross 1963) nach vergleichbarem Muster zeigte sich, dass dieses violente Modellverhalten auch nachgeahmt wurde, wenn es im Film gezeigt wurde (sowohl bei einem normalen erwachsenen Modell als auch bei einem Erwachsenen im Katzenkostüm, der eine Cartoonfigur simulieren sollte). In einer dritten Studie zeigte Bandura (1965), dass Kinder violentes Verhalten eher nachahmten, wenn das Modell im Film belohnt worden war oder keine Konsequenzen erfahren hatte, als wenn es eine Strafe erhalten hatte. Dies galt insbesondere für die Mädchen, und es gab keine signifikanten Unterschiede zwischen belohntem und gänzlich folgenlosem Verhalten. Wurde den Kindern selbst aber eine Belohnung für die Imitation des Gesehenen versprochen, verschwanden die Unterschiede zwischen den Experimentalgruppen, und die zwischen den Geschlechtern wurde erheblich reduziert. Bandura konnte damit zeigen, dass zwar die Ausführung, nicht aber das Erlernen eines Verhaltens von dessen (erwarteten) Konsequenzen abhängt.

Allerdings ist an den Bobo-Doll-Experimenten auch methodische Kritik angebracht. So provoziert eine Stehauf-Puppe das von den Forschern als aggressiv eingestufte Verhalten, zumal davon auszugehen ist, dass die teilnehmenden Kinder noch keinen hinreichend entwickelten Wertmaßstab besaßen, um ihr Handeln als moralisch verwerflich einzustufen. Dies gilt umso mehr, als sich der Versuchsleiter neutral verhielt, was die Kinder in der Annahme bestärkt haben dürfte, ihr (aggressives) Verhalten sei in Ordnung. Hinzu kommt, dass unbekannte Situationen (wie die hier vorliegende Experimentalsituation) die Orientierung an Modellen und damit Imitationsverhalten begünstigen (zu empirischen Belegen für die genannten Kritikpunkte Kunczik & Zipfel 2006, 155).

Empirische Bestätigung

Eine Vielzahl von Untersuchungen zu inhaltlichen und personenbezogenen Einflussfaktoren im Wirkungsprozess liefert eine indirekte Bestätigung und Weiterentwicklung von Annahmen der Lerntheorie (Kap. 4.3.3). Neuere Studien, die sich explizit eine Überprüfung dieses Ansatzes zum Ziel setzen, sind allerdings eher rar (z.B. Krcmar, Farrar & McGloin 2011). Häufiger sind mittlerweile Verweise auf das General Aggression Model (Kap. 3.8). In einer Gegenüberstellung beider Ansätze konstatierten Sauer, Drummond und Nova (2015), dass sich eine Belohnung bzw. Bestrafung violenten Verhaltens innerhalb eines Computerspiels zwar auf die Anwendung von Gewalt innerhalb des Spiels, nicht aber auf das Aggressionsverhalten außerhalb des Spiels auswirkte, während es sich mit der Art der Spielfigur (Held vs. Bösewicht) umgekehrt verhielt. Die Forscher sehen diesen Befund als Beleg für Banduras Annahme, dass Rezipienten reflektieren, welches Handeln in welchem Kontext adäquat ist.

Kritik und offene Fragen

Auch die Lerntheorie lässt Fragen offen. So wird der kognitive Ablauf von Lernprozessen nicht detailliert erläutert (Jonas & Brömer 2002, 294). Die dargestellten Schritte könnten auch in anderer Reihenfolge ablaufen, und das Modell erweckt den unzutreffenden Eindruck, dass alle vier Prozesse gleichrangig seien, obwohl Motivationsprozesse insofern eine Sonderrolle spielen, als sie alle anderen Prozesse innerhalb des Modells beeinflussen können (Bauer 1999, 363). Wünschenswert wäre auch eine Konkretisierung individueller Unterschiede in der Rezeption von Medienmodellen und eine Differenzierung zwischen objektiven und subjektiv wahrgenommenen Modelleigenschaften (Bördlein 2001, 140–142).

Angemahnt wird zudem eine Präzisierung der Umstände, unter denen Modellverhalten *keinen* Eingang in das Verhaltensrepertoire eines Rezipienten findet. Nabi und Clark (2008) hinterfragten z.B. die Annahme, dass die Darstellung negativer Folgen einer Handlung der Übernahme dieses Verhaltens entgegenwirke. Sie nehmen vielmehr an, dass Rezipienten aufgrund ihrer Kenntnis üblicher Programmschemata negativen Erfahrungen von beliebten Hauptfiguren keine große Bedeutung beimessen, da sich diese üblicherweise von solchen Rückschlägen schnell wieder erholen. Darüber hinaus sind offenbar auch situationale Faktoren relevant. So zeigten He u.a. (2013), dass verärgerte Kinder ihre Aufmerksamkeit stärker auf Belohnungs- als auf Bestrafungsreize richten, und Carré u.a. (2010) stellten fest, dass Gewaltverhalten, das nach einer Provokation eine Rachefunktion erfüllt, als so intrinsisch belohnend empfunden wird, dass es auch ausgeübt wird, wenn es einer extrinsischen Belohnung entgegensteht.

Zu bedenken ist zudem das Phänomen der *Modellreaktanz*. Hiermit ist gemeint, dass Menschen ein Verhalten nicht nur nicht nachahmen, sondern sich bewusst für das Gegenteil dessen entscheiden, was das Modell nahelegt. Bördlein (2001) nimmt an, dass Modellreaktanz dann auftrete, wenn eine Person feststelle, dass ihre inneren Standards denen des Modells entgegengesetzt seien, aber eine größere Bedeutung besäßen. In diesem Kontext ist auch von „negativem Lernen" die Rede. Nach Jürgen Grimm (1999; 2002) setzt dieses dann ein, wenn Rezipienten (z.B. wegen der deutlichen Darstellung negativer Konsequenzen von Gewalt) den Standpunkt des Gewaltopfers einnähmen und Gewaltanwendung aus diesem Grund kritisch reflektierten. Grimm (2002, 175) plädiert daher dafür, die dominierende „täterfixierte Ausformung" der Theorie des Lernens am Modell durch die Opferperspektive zu erweitern.

3.7 Skript-Theorie

Ein weiteres, für die Erklärung der Wirkungen von Mediengewalt relevantes Modell der Informationsverarbeitung ist die Skript-Theorie, die insbesondere von L. Rowell Huesmann (1998) entwickelt worden ist und Elemente des Priming-Ansatzes und der Lerntheorie vereint (Gilbert & Daffern 2017).

Begriffe

Skripts werden als mentale Routinen oder „Programme" verstanden, die Informationen über typische Verhaltensabläufe und -resultate enthalten und automatisch herangezogen werden, um das Handeln zu steuern und Probleme zu lösen.

Huesmann nimmt an, dass Kinder, die viel Gewalt ausgesetzt sind, Skripts entwickeln, die aggressives Verhalten als Problemlösungsstrategie vorsehen. Skripts, die gerade kürzlich rezipiert wurden oder durch Erinnerung, Phantasietätigkeit oder Nachspielen häufiger nachvollzogen werden, sind im Gedächtnis besser zugänglich. Auch mit einer bestimmten Situation verbundene Schlüsselreize sind in der Lage, auf dem Wege des Primings solche gespeicherten Skripts zu aktivieren. Medieninhalte können dazu beitragen, Skripts zu entwickeln und bereits bestehende leichter zugänglich zu machen. Ob das in den Skripts nahe gelegte Verhalten tatsächlich ausgeführt wird, hängt allerdings davon ab, als wie normativ akzeptabel und wie erfolgversprechend es angesehen wird.

Modell

Im Rahmen seiner *Unified Information Processing Theory of Aggression* geht Huesmann von vier Schlüsselprozessen aus, die alle von der Interaktion von Emotionen, Schemata[20] und Situationsreizen beeinflusst werden:

1. Die *Wahrnehmung eines Schlüsselreizes und seine Bewertung* ist von individuellen Prädispositionen (z.B. früheren Lernerfahrungen, bereits vorhandenen Schemata und Überzeugungen) geprägt, wird aber auch vom gegenwärtigen Gefühlszustand beeinflusst. So kann eine Person auch eine harmlose Situation als bedrohlich wahrnehmen und mit einer Aktivierung aggressionsbezogener Gedächtnisstrukturen reagieren.
2. Für die *Aktivierung und das Wiederauffinden* von Skripts gilt, dass Personen, die über ausgedehntere und besser verbundene Netzwerke von aggressionsbezogenen Skripts verfügen, auf der Suche nach einer geeigneten Verhaltensantwort auch eher auf violente Verhaltensmuster stoßen. Auch eine bestimmte (z.B. wütende) Gefühlslage kann – unabhängig von der Situation selbst – das Auffinden entsprechender (z.B. mit Ärger) verbundener Skripts erleichtern.
3. Vor der Ausführung eines im Gedächtnis aufgefundenen Skripts erfolgt zunächst ein *Bewertungsprozess*, um festzustellen, ob das Verhalten angemessen ist und die erwünschten Ergebnisse erwarten lässt. Dieser Bewertungsvorgang ist ebenfalls individuell unterschiedlich und situationsabhängig (z.B. dadurch beeinflusst, welche normativen Überzeugungen durch einen Medieninhalt gerade aktiviert wurden). Es ist anzunehmen, dass aggressivere Personen auch eher aggressionsunterstützende normative Überzeugungen besitzen und daher mehr aggressive Skripts zur Anwendung bringen.
4. Der letzte Prozess besteht in der *Interpretation der Umweltreaktionen* auf das gewählte Verhalten. Dabei ist die tatsächliche Reaktion weniger wichtig als die Interpretation dieser Reaktion und deren Auswirkungen auf Schemata und Stimmungen. So kann eine Person eine negative Sanktionierung nicht als Strafe für aggressives Verhalten begreifen, sondern als Hinweis auf eine generelle Ablehnung interpretieren.

20 Unter einem Schema versteht Huesmann (1998, 79f., Hervorhebung im Original) „any macro knowledge structure encoded in memory that represents substantial knowledge about a concept, its attributes, and its relations to other concepts. [...] When a schema is formed that links together in a sequence many simpler event schemas representing expected events actions, that schema is called a script.".

Der schließlich erreichte emotionale Zustand und die aktivierten Schemata stellen den Input für den nächsten Informationsverarbeitungsprozess dar.

Kernsätze

Huesmann konstatiert zusammenfassend (1998, 102): *„In summary, from the social / cognitive perspective it is easy to see that once a child begins to perceive the world as hostile, to acquire scripts and schemas emphasizing aggression, and to believe that aggression is acceptable, the child enters a vicious circle that will be difficult to stop. Cognitions, behaviour, observations of others, and the responses of others all combine to promote aggression. If not interrupted, the cycle can be expected to continue into adulthood, maintaining aggressive behaviour throughout the life span.“*

Weiterentwicklung des Modells

Huesmann hat sein Skript-Modell mehrfach überarbeitet. In einer 2007 veröffentlichten Version (Huesmann & Kirwil 2007, 547–549) beschreibt das *Social-Cognitive Information-Processing Model* ebenfalls den Ablauf eines psychologischen Prozesses, der mit der Einschätzung einer sozialen Situation beginnt, über das Auffinden und die Bewertung eines Skripts zu dessen Anwendung führt und über die Bewertung der Handlungsfolgen eine Veränderung der kognitiven Strukturen zur Folge haben kann. Für die individuell unterschiedliche Reaktion auf eine Situation bzw. ein soziales Problem spielen neben Skripts v.a. drei weitere Faktoren eine Rolle:

1. *Schemata über die Welt* werden v.a. zur Bewertung von Situationen und zur Einschätzung der Intentionen anderer herangezogen und beeinflussen die Suche nach Verhaltensskripts. Personen, die die Welt als gemein und gefährlich betrachten, werden anderen eher feindselige Absichten unterstellen und daher auch eher auf aggressive Skripts zurückgreifen.
2. *Normative Überzeugungen* beeinflussen, welche Verhaltensweisen als angemessen zu betrachten sind.
3. *Emotionale Prädispositionen* beziehen sich auf Aspekte wie das allgemeine Erregungsniveau, die Tendenz, wütend zu werden, die Fähigkeit zur Emotionskontrolle und die Bezüge, die ein Individuum zwischen bestimmten Situationen und Emotionen herstellt. Der ursprüngliche emotionale Zustand einer Person in einer Entscheidungssituation wird durch die Situation selbst und die vorgenommene Bewertung dieser Situation modifiziert. Er beeinflusst

die Suche nach bzw. die Bewertung von Verhaltensskripts sowie die emotionalen Konsequenzen, die aus einem Verhalten resultieren und in die retrospektive Bewertung dieses Verhaltens einfließen. Eine Person, die leicht verärgert ist und über eine schlechte Impulskontrolle verfügt, wird z.B. eher aggressive Skripts aktivieren.

Während der Priming-Ansatz sich v.a. auf kurzfristige Effekte bezieht, ist die Skript-Theorie auf kurz- und langfristige Auswirkungen von Mediengewalt anwendbar. Bestätigung hat sie v.a. in Studien gefunden, die Entwicklung und Verhaltensrelevanz des „Hostile Attribution Bias" untersucht haben (Kap. 2.2.2).

3.8 General Aggression Model

Das von Craig A. Anderson und Brad J. Bushman entwickelte General Aggression Model (GAM) (Anderson & Bushman 2002; Anderson & Huesmann 2003; Anderson & Carnagey 2004; DeWall, Anderson & Bushman 2011; Allen & Anderson 2017; Anderson & Bushman 2018) erhebt – wie der Name bereits andeutet – den Anspruch, Aggressionsverhalten ganz grundsätzlich zu erklären. Es wurde nicht speziell für die Erklärung der Wirkungen von Mediengewalt entworfen, aber sowohl von seinen Autoren als auch einer Vielzahl anderer Wissenschaftler intensiv auf entsprechende Fragestellungen angewandt. Es stellt aktuell das am häufigsten verwendete Modell der Medien-und-Gewalt-Forschung dar.

Grundidee

Das GAM zeichnet sich dadurch aus, dass es sowohl kurz- als auch langfristige Wirkungen von Mediengewalt zu erklären versucht und die Schlüsselideen zahlreicher älterer Ansätze – darunter v.a. des Priming-Ansatzes, der Skript-Theorie, der sozial-kognitiven Lerntheorie, des Excitation-Transfer-Modells sowie der Habitualisierungsthese – integriert. Das GAM enthält zwar auch emotionale und erregungsabhängige Wirkungspfade, stellt jedoch kognitive Effekte von Mediengewalt in den Mittelpunkt. Zentral für das Modell ist die Annahme, dass die Ausübung von Gewalt v.a. auf dem Lernen, der Aktivierung und der Anwendung aggressionsbezogener, im Gedächtnis gespeicherter Wissensstrukturen basiert.

Im Rahmen des Modells werden Variablen und Prozesse unterschieden, die unmittelbar wirksam werden, d.h. sich auf die *gegenwärtige Situation* beziehen (hellgrau unterlegt), und solche, die mittelbar bzw. *langfristig* (weiß bzw. dunkelgrau unterlegt) zur Geltung kommen.

Modell

Abbildung 2: Das General Aggression Model

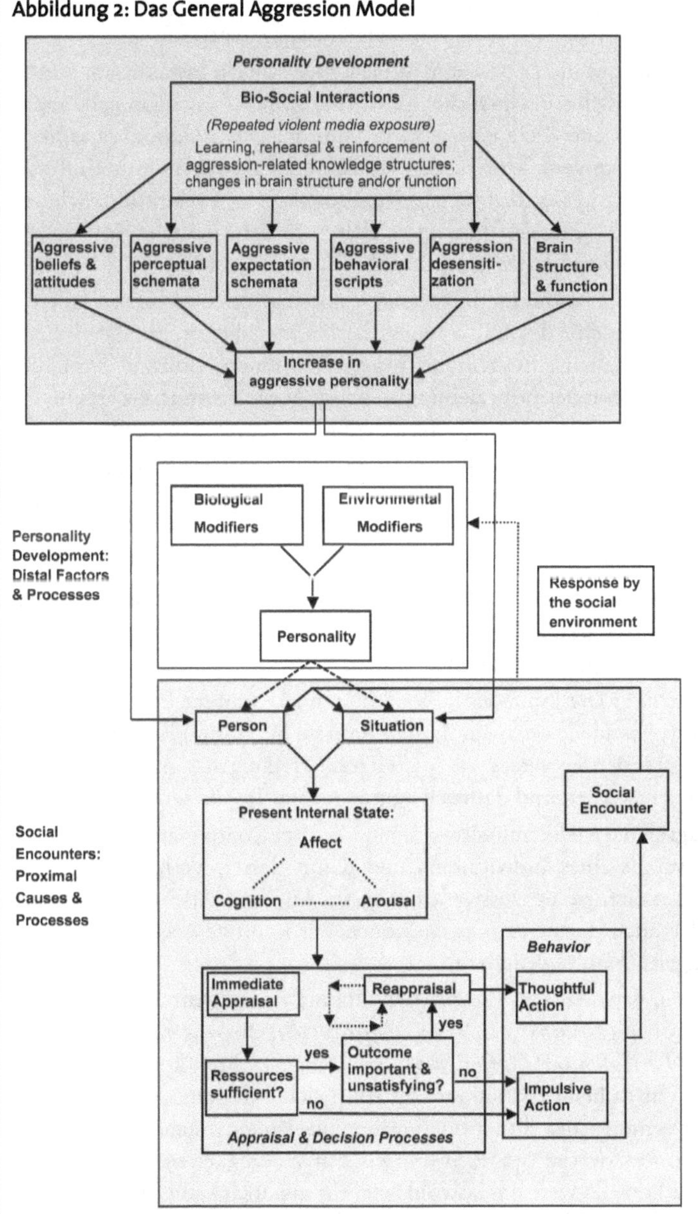

Quelle: Eigene (zusammenfassende) Erststellung nach Anderson & Carnagey 2004, 179, 183 und Anderson & Bushman 2018, 389, 392f.

Violente Episode

Das Modell stellt zunächst die *unmittelbaren* Ursachen und Prozesse in Bezug auf eine *Episode* dar. Hiermit ist ein Zyklus einer sozialen Interaktion gemeint. Als (unmittelbare) Input-Variablen dieses Prozesses werden die *Person* sowie die *Situation* betrachtet.

In Bezug auf die *Person* sind Wesenszüge wie ein instabiles bzw. übersteigertes Selbstbewusstsein, gewaltbezogene Überzeugungen, aggressionsbezogene Ziele usw. von Bedeutung. Die *Situationsvariable* beinhaltet Umweltfaktoren, die das Handeln einer Person beeinflussen, wie z.B. aggressive Schlüsselreize, Provokation, Frustration, Schmerz, schlechte Laune usw. Hierunter fällt auch der kürzliche Konsum violenter Medieninhalte (Anderson & Bushman 2018).

Beide Input-Variablen interagieren miteinander und führen einen *inneren Zustand* des Individuums herbei, der die Situationsbewertung und Verhaltensentscheidung prägt. Der innere Zustand kann über drei miteinander in Beziehung stehende Wege verändert werden:

Kognitionen: Es kann zu einer Erhöhung der Zugänglichkeit aggressiver Konstrukte bzw. Skripts kommen. Werden diese wiederholt aktiviert, sinkt die Aktivationsschwelle, d.h. die entsprechenden Informationen bzw. Verhaltensmuster sind immer leichter und schließlich „chronisch“ zugänglich.

Affekte: Durch die Input-Variablen kann ein Zustand der Feindseligkeit hervorgerufen werden, der auch mit verschiedenen Persönlichkeitsvariablen in Zusammenhang steht.

Erregung: Die Input-Variablen können zu erhöhter Erregung führen, die vorhandene oder durch die konkrete Situation provozierte Handlungstendenzen verstärkt. Auch kann Erregung als unangenehm empfunden werden und dadurch aggressionsauslösend wirken.

Aggressive Medieninhalte können alle drei Komponenten des inneren Zustands eines Individuums und damit dessen Verhalten beeinflussen, indem sie aggressive Gedanken, Affekte und Erregung steigern oder auch die Erregungsreaktionen auf künftige Medienstimuli verringern (Habitualisierung).

Der innere Zustand eines Individuums beeinflusst den Ablauf von *Bewertungs- und Entscheidungsprozessen*, die – je nach Situation – zu *überlegten* oder *impulsiven* Handlungen führen können. Zunächst kommt es beim Individuum zu einer sich automatisch vollziehenden Bewertung einer Situation. Verfügt die Person hingegen über genügend Ressourcen (v.a. Zeit und kognitive Fähigkeiten) und ist die unmittelbare Bewertung sowohl wichtig als auch unbefriedigend, werden die Situation und ihre Bewertung erneut überdacht, sodass eine überlegte Handlung die Folge ist. Zwar ist davon auszugehen, dass impulsive Reaktionen eher aggressiven Charakter besitzen als überlegte – dies kann allerdings z.B. bei intensiver gedanklicher Beschäftigung mit violenten Medieninhalten oder erlittenen Provokationen auch anders sein (Bushman & Gibson 2011).

Eskalationszirkel

Anderson und Bushman (2018) betonen die schon früher formulierte Annahme (Anderson & Carnagey 2004, 177), dass diese Reaktionen konkretes Handeln bewirken und dieses im Zuge eines Feedback-Mechanismus' *Umweltreaktionen* nach sich zieht. Diese wiederum wirken sich auf die Input-Variablen aus. Violentes Handeln kann so dazu führen, dass eine Person wiederholt mit feindseligen Situationen konfrontiert wird. Hieraus kann ein sogenannter *Violence Escalation Cycle* (Abb. 3) resultieren (DeWall, Anderson & Bushman 2011), den Anderson, Buckley und Carnagey (2008, 464f.) wie folgt charakterisieren: „In short, one reason aggressive individuals are in so many hostile situations may be because their behavioural styles turn potential conflict situations into actively hostile ones."

Langfristige Prozesse

Ein weiterer Bestandteil des Modells beschreibt die *indirekten Ursachen und Prozesse* der Gewaltgenese genauer. Darin wird aufgezeigt, wie eine *aggressive Persönlichkeit* durch die additive oder interaktive Wirkung *biologischer* und *sozialer* Faktoren entsteht (Anderson & Carnagey 2004, 177 sprechen daher auch von einem „Developmental Cycle"). Zu den biologischen Faktoren gehören genetische Anlagen (z.B. Erregungsneigung, hormoneller Zustand, Veranlagung zur Aggression, Lernfähigkeit, Fähigkeit zur Ausführung eines Verhaltens), zu den Umweltfaktoren z.B. familiäre Einflüsse, Gewalterfahrungen im sozialen Umfeld und auch der wiederholte Konsum von Mediengewalt (Anderson & Bushman 2018). Wichtig ist die Annahme, dass biologische und soziale Faktoren bei der Entstehung aggressionsbezogener Wissensstrukturen miteinander interagieren.

Bei den Wegen, auf denen sich Lebenserfahrungen in der Persönlichkeitsentwicklung niederschlagen (dunkelgrau unterlegt), spielen verschiedene Formen aggressionsbezogener Wissensstrukturen eine zentrale Rolle. Das Modell unterscheidet zwischen aggressiven Überzeugungen und Einstellungen, aggressiven Wahrnehmungs- sowie Erwartungsschemata und aggressiven Verhaltensmustern und geht zudem davon aus, dass auch eine Desensibilisierung gegenüber Aggression zur Verfestigung einer aggressiven Persönlichkeit beiträgt (Kap. 3.3). In ihrer jüngsten Veröffentlichung haben Anderson und Bushman (2018) Strukturen und Funktionen des Gehirns als weiteren Faktor hinzugefügt, da ihnen inzwischen vorliegende Forschungsbefunde hierfür aussagekräftig genug erscheinen.

Die durch wiederholte Lern-, Aktivierungs- und Verstärkungsprozesse langfristig entstehende aggressive Persönlichkeit ist nicht nur über die Veränderung der Personenvariablen für künftiges Verhalten in sozialen Situationen relevant, sondern hat auch einen Effekt auf die Situation selbst, indem sie beeinflusst, mit welcher Art von Menschen sich eine Person umgibt und in welcher Form und unter welchen Umständen sie diesen begegnet.

Beurteilung des GAM

Insgesamt liegt die Stärke des GAM weniger in der Entwicklung neuer Zusammenhänge oder Wirkungsmechanismen als in der Zusammenführung verschiedener älterer Theorien im Rahmen eines einzigen Modells. Dieser umfassende Ansatz bringt allerdings auch das Problem mit sich, dass das Modell in seiner Gesamtheit kaum empirisch prüfbar ist. Stattdessen wird es oft herangezogen, um Befunde, die sich auf einen kleinen Ausschnitt des Modells beziehen, theoretisch einzuordnen. Dies ist durchaus legitim, die Tatsache, dass es Ergebnisse gibt, die einzelne im Rahmen des Modells postulierte Zusammenhänge bestätigen, sollte aber nicht dazu verleiten, den Gesamtprozess als nachgewiesen zu betrachten. Welche Probleme schon in Bezug auf einzelne Modellkomponenten bestehen, zeigt z.B. der Stand der Forschung zur Desensibilisierung durch Mediengewalt (Kap. 3.3).

Verschiedene Kritikpunkte am GAM sind auch Bestandteil einer grundsätzlichen Forschungskontroverse, die in Kap. 5.1.2 ausführlicher aufgegriffen wird. Ferguson und Dyck (2012) kritisieren neben Fragen der Methodik bei der Überprüfung des GAM, der Interpretation der gefundenen eher kleinen Effektstärken und ihrer Aussagekraft für ernsthaft schädigendes Gewaltverhalten v.a., dass das GAM im sozial-kognitiven Paradigma verhaftet sei. Dies gehe einerseits mit einer Überbetonung unbewusster, mechanistischer Abläufe und andererseits mit einer zu ausschließlichen Fokussierung auf kognitive Prozesse und einer Betrachtung von Gewalt als erlerntes Verhalten einher. Ferguson und Dyck (2012) konzedieren, dass das Modell auch bewusste Prozesse berücksichtige, halten diese aber für zu wenig elaboriert und sind der Ansicht, dass für die tatsächlich automatisch ablaufenden Prozesse nicht kognitive, sondern biologische und genetische Faktoren in ihrer Interaktion mit Umweltreizen zentral seien, so wie es das Katalysator-Modell (Kap. 3.9) postuliert.

Wie Sauer, Drummond und Nova (2015, 209) verdeutlichen, liegt die Problematik des GAM allerdings weniger in seiner Konzentration auf sozial-kognitive Prozesse als darin, dass viele Differenzierungen dieses Ansatzes nicht in das GAM übernommen wurden, wie z.B. die

Bedeutung des Kontextes, in dem die Modellierung von Aggressionsverhalten erfolgt, sowie generell motivationale Aspekte. Letzteres wäre jedoch relevant, weil Motivationstheorien nahelegen, dass zwischen instrumenteller und feinseliger Aggression unterschieden werden muss und etwa bei Computerspielen nicht davon auszugehen ist, dass für ein Spielziel nützliche Aggression auf reale Kontexte übertragen wird, in denen eine solche Motivation nicht vorliegt (auch Ferguson & Dyck 2012).

An einer mangelnden Konkretisierung der Zusammenhänge setzt auch andere Kritik am GAM an (z.B. Kirsh 2012, 62f.). Diese betrifft z.B. das Zusammenspiel von Kognitionen, Affekten und Erregung und den relativen Stellenwert der diversen genannten Einflussfaktoren auf die Entstehung von Gewaltverhalten bzw. die mögliche Rolle von Schutzfaktoren, die Erwerb bzw. die Ausführung violenter Verhaltenskonzepte verhindern.

Gemessen an der Tatsache, dass das GAM auch von Anderson u.a. selbst insbesondere zur Erklärung der Wirkung von *Mediengewalt* verwendet wird, bleibt auch die Bedeutung dieses Faktors eher unterbelichtet. Der Konsum von Mediengewalt wird den kurz- und langfristig wirksamen Situationsfaktoren zugeordnet, und es wird eine Interaktion mit der Person des Rezipienten postuliert, aber nicht weiter präzisiert (z.B. im Hinblick auf Selektionsprozesse oder Zuwendungsmotive). Desweiteren enthält das Modell keine Hinweise darauf, wie sich verschiedene Arten von Inhalten in ihrer (ggf. auch rezipienten- und situationsspezifischen) Wirkungsweise unterscheiden bzw. welche konkreten Aspekte von Mediengewalt für die angenommenen Konsequenzen verantwortlich sind.

Umstritten ist auch die Frage, ob mediale Darstellungen tatsächlich genauso verarbeitet werden wie reale Gewalterfahrungen (was die Verfasser des GAM postulieren, ihre Kritiker aber verneinen; Kap. 5.1.2). Selbst wenn dies der Fall sein sollte, bliebe zu klären, wie Menschen mit sich widersprechenden Schemata (z.B. aus Realität vs. Fiktion; Belohnung von Gewalt im Spiel, Bestrafung in der Realität usw.) umgehen. Auch hier entsteht der Eindruck, dass der Anspruch des Modells, Entstehungsprozesse von Gewalt grundsätzlich zu beschreiben, einer Berücksichtigung detaillierter Wirkungsbedingungen im Wege steht (auch Krcmar & Farrar 2009, 135).

Aktuelle Weiterentwicklung

In ihrer jüngsten Veröffentlichung bemühen sich Anderson und Bushman (2018) um eine Präzisierung der Wirkungsweise von Mediengewalt, indem sie psychologische Prozesse schildern, die kurz- und langfristigen Effekten zugrunde liegen können. Kurzfristige Effekte von Mediengewalt können demnach über das Priming violenter Wissensstrukturen, über reine Nachahmung aggressiven Verhaltens oder über physiologische Erregung zustande kommen. Langfristige Effekte ließen sich mit der sozial-kognitiven Lerntheorie und Desensibilisierungsmechanismen erklären. Neben diesen etablierten Ansätzen nennen die Verfasser weitere Wirkungspfade, die allerdings noch der genaueren Erforschung bedürften: 1. Interaktionseffekte zwischen Mediengewaltkonsum, aggressivem Verhalten, der Zurückweisung durch Gleichaltrige bzw. Veränderungen in der Gruppe der Peers (Sozialisationseffekte), 2. Wirkungen von Mediengewalt auf die Schulleistungen, deren Verschlechterung wiederum mit Gewaltverhalten zusammenhängen kann, 3. konkrete Eigenschaften des Inhalts bzw. der Darstellungsweise von Gewalt (die mit Eigenschaften des Rezipienten interagieren) sowie der soziale Nutzungskontext, 4. Veränderungen des Gehirns (Desensibilisierung, exekutive Funktionen, Impulskontrolle und Aufmerksamkeitsprobleme) sowie 5. Herausbildung von Vorurteilen über stereotype Medieninhalte, die zur Gewalt gegenüber Outgroups führen können. Auch bei dieser Darstellung bleibt jedoch unklar, unter welchen Umständen welche Prozesse ablaufen und wie sie ggf. zusammenwirken.

Konkretisiert haben Anderson und Bushman (2018) in ihrer jüngsten Veröffentlichung die Abläufe, die zu einem Eskalationszirkel und zur Stabilisierung einer aggressiven Persönlichkeit führen können. Sie nehmen an, dass die aktuelle oder wiederholte Rezeption von Mediengewalt über die Aktivierung bzw. Verfestigung aggressiver Kognitionen dazu führt, dass eine ambivalente Provokationssituation als feindseliger interpretiert wird, aggressive Verhaltensoptionen entwickelt und tatsächlich gewählt werden. Die Entscheidung für ein aggressives Verhalten wird zudem durch Abstumpfungsprozesse mit reduzierter Empathie und verringerter Angst vor Gewalt gefördert. Auf diesem Wege kommt es zu aggressiven Rachehandlungen, die sich zwar manchmal auszahlen, das Opfer aber auch zu eigener (weiterer) Aggression provozieren, was weitere feindselige Interpretationen auslöst und den Kreislauf von Neuem anheizt.

Modell

Abbildung 3: Der Eskalationszirkel im General Aggression Model

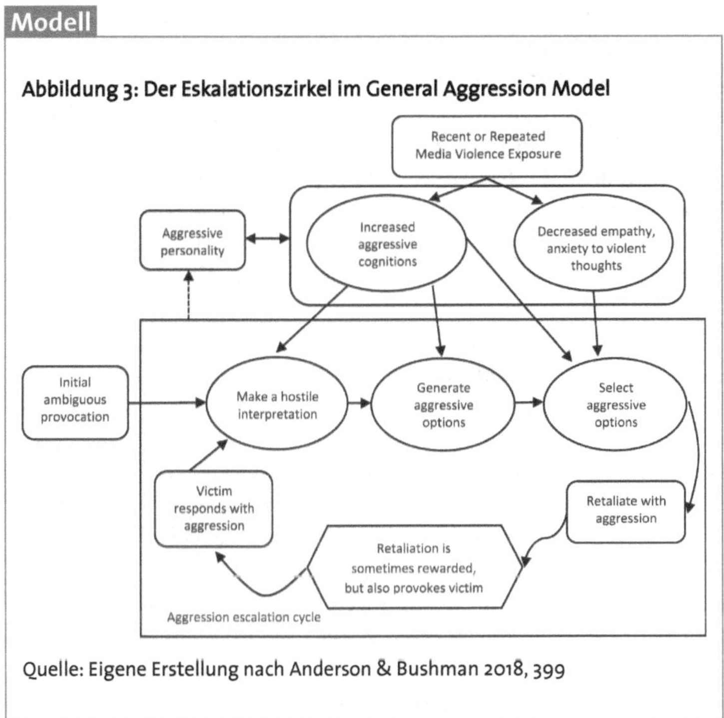

Quelle: Eigene Erstellung nach Anderson & Bushman 2018, 399

Abschließend ist festzuhalten, dass viele der genannten Kritikpunkte auch auf die Theorien zutreffen, die das GAM integriert. Gerade weil das GAM aber über diese früheren Ansätze hinauszugehen versucht, wäre eine weitere Konkretisierung von Zusammenhängen und Einflussfaktoren wünschenswert, damit das Modell mehr ist als ein grober Rahmen zur Einordnung heterogener Befunde und auch eine prognostische Leistung erbringen kann.

3.9 Katalysator-Modell

Grundidee

Das sogenannte *Katalysator-Modell* (*Catalyst Model*) wurde von Christopher J. Ferguson (2008; Ferguson & Beaver 2009) entwickelt, um die Entstehung violenten asozialen Verhaltens zu erklären. Es ist in das Paradigma der Diathese-Stress-Modelle einzuordnen, in dem die Entstehung psychischer Störungen durch ein Zusammenspiel von generellen Dispositionen und einer aktuellen Belastungssituation erklärt wird.

Genetische Faktoren und Umweltfaktoren

Das zentrale Charakteristikum des Katalysator-Modells besteht in der Betonung genetischer Faktoren, deren Bedeutung jedoch durch Umweltbedingungen moderiert wird. Ausgangspunkt ist die evolutionstheoretische Annahme, dass die genetische Verankerung von Aggression im menschlichen Verhaltensrepertoire auf einem im Verlauf der Menschheitsgeschichte vollzogenen Anpassungsprozess an die Erfordernisse des Überlebenskampfes beruhe. Dasselbe gelte jedoch auch für die ebenso funktionale Begrenzung aggressiven Verhaltens, z.B. durch die Fähigkeit zur Impulskontrolle. Für Aggression und für Impulskontrolle hätten sich zwei separate „Module" des Gehirns herausgebildet, die es ermöglichten, die angemessene Reaktion auf verschiedene Umweltreize (von Ferguson auch als *„Katalysatoren"* bezeichnet) zu wählen.

Entstehung asozialer Gewalt

Ferguson interessiert sich v.a. für das Zustandekommen asozialen Gewaltverhaltens[21] und postuliert, dass eine entsprechende Persönlichkeitsstruktur aus dem Zusammenspiel genetischer Veranlagung zu extremer Aggressivität und proximaler, d.h. direkt auf eine Person einwirkender Faktoren (v.a. familiäre Gewalterfahrungen) resultiere. Distale, d.h. von einer Person entferntere Faktoren (z.B. der Medienkonsum) könnten in ihrem Einfluss hingegen vernachlässigt werden.

Die Persönlichkeitsstruktur entscheide über das Verhaltensrepertoire, mit dem eine Person auf ihre Umwelt reagiere. Bei einer aggressiven Persönlichkeit könne die Konfrontation mit Stress als „motivationaler Katalysator" für die Anwendung von Gewalt wirken. Welcher Art diese situationalen Umweltfaktoren sein könnten, wird nicht spezifiziert; als Beispiele werden lediglich finanzielle und soziale Probleme (Scheidung, Konflikte mit dem Gesetz usw.) genannt. Menschen mit violenten asozialen Persönlichkeitszügen neigten dabei eher dazu, ambivalente Stimuli als bedrohlich einzustufen und mit Aggression zu beantworten. Während also biologische Ursachen und familiäre Gewalt die Neigung zur Aggression bestimmten, könne die Umwelt das unmittelbare Motiv für die Gewaltausübung liefern.[22] Zwischen den in Betracht gezogenen Verhaltensoptionen und dem tatsächlichen Verhalten stehe ein Prozess der Impulskontrolle, im Zuge dessen unter Abwägung von Kosten und Nutzen das als angemessen betrachtete Verhalten gewählt werde. Neben der genetischen und familiären Aggressionsdisposition stelle eine (z.B. durch genetische Defekte oder Verletzungen bewirkte) Beeinträchtigung der Impulskontrolle einen

21 In Abgrenzung zu nicht-pathologischem aggressivem Verhalten versteht Ferguson (2008, 326f.) darunter aggressives Verhalten, das in keinem Verhältnis mit einem provozierenden Stimulus stehe und unter Missachtung des Wohlergehens oder der Rechte anderer erfolge.

22 Der Grad der Belastung durch Umweltfaktoren muss bei aggressiven Personen weniger hoch sein, um Gewalt auszulösen. Auch weniger aggressive Personen können aber bei ungewöhnlicher Belastung (z.B. unter kriegsähnlichen Bedingungen) mit Gewalt reagieren (Ferguson 2008b, 315).

zweiten Weg dar, über den Gewaltverhalten zustande kommen kann. Dabei nimmt Ferguson an, dass eine aggressive Persönlichkeit v.a. zu instrumenteller Gewaltausübung führe, während eine mangelnde Impulskontrolle v.a. für reaktive Gewaltausübung verantwortlich sei.

Modell

Abbildung 4: Das Katalysatormodell – Allgemeines Modell

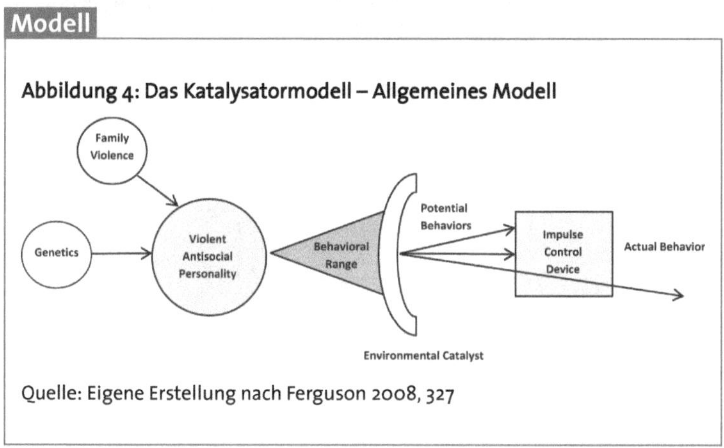

Quelle: Eigene Erstellung nach Ferguson 2008, 327

Kernsätze

Ferguson und Beaver (2009, 292) beschreiben das Katalysator-Modell in Kurzform folgendermaßen: *„In short, the Catalyst model suggests that personality is shaped by a combination of genetics and learning, in which family or care-giving influences are predominant. People under stress seek out solutions for relieving that stress. Violent personalities are more likely to turn to violent solutions. People with intact impulse control will filter out more violent solutions in favour of lower-risk solutions when appropriate. Extreme violence, then, stems from too much aggression drive, too little impulse control or both in combination.“*

Bedeutung von Mediengewalt

Mediengewalt kommt in diesem Modell kein kausaler Einfluss auf die Entstehung violenten Verhaltens zu. Ferguson (DeCamp & Ferguson 2017, 390) geht davon aus, dass auch schon sehr junge Rezipienten zwischen Realität und Fiktion unterscheiden könnten und dementsprechend mediale im Gegensatz zu realen Gewalterfahrungen in ihrer Bedeutung für die Herausbildung einer violenten Persönlichkeit zu vernachlässigen seien. Der Konsum von Mediengewalt könne lediglich als „stilistischer Katalysator“ wirken, d.h. die Art und Weise beeinflussen, in der Gewalt ausgeübt wird (Ferguson u.a.

2008b, 315).[23] Die Auswahl und die Verarbeitung von Medieninhalten wiederum erfolgt im Einklang mit dem inneren Motivationssystem. Eine zu Violenz neigende Person wird demnach eine Präferenz für violente Inhalte besitzen und sich auch v.a. violente Modelle als Vorbild wählen, selbst wenn sie die Gelegenheit zur Orientierung an anderen, nicht-violenten Modellen hätte.

Modell

Abbildung 5: Das Katalysator-Modell mit Berücksichtigung der Mediennutzung

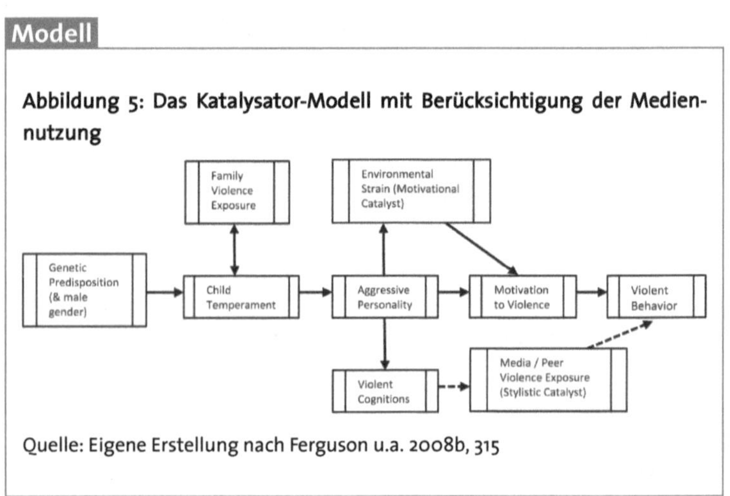

Quelle: Eigene Erstellung nach Ferguson u.a. 2008b, 315

Empirische Prüfung

Empirische Studien zur Prüfung des Katalysator-Modells stammen bislang ganz überwiegend von Ferguson selbst und seinem Forschungsteam (Ferguson u.a. 2008a; 2008b; 2014; Ferguson, San Miguel & Hartley 2009; Ferguson 2011a; Ferguson, Ivory & Beaver 2013; Negy u.a. 2013; Ferguson & Colwell 2016; DeCamp & Ferguson 2017; aber auch Sauter u.a. 2016; Surette 2013a; Surette & Maze 2015). Sie sind methodisch sehr heterogen und in ihren Befunden nicht immer eindeutig. Die Ergebnisse lassen sich aber dahingehend zusammenfassen, dass sich zwar Hinweise auf eine Präferenz für violente Medieninhalte bei Menschen mit aggressiver Persönlichkeitsstruktur fanden, der Mediengewaltkonsum allerdings nach Kontrolle anderer Faktoren zumeist keinen bzw. in einzelnen Studien nur einen verhältnismäßig geringen Einfluss auf das Violenz- bzw. Delinquenzverhalten besaß. Das (männliche) Geschlecht, Depressionen, genetische Einflüsse (z.B. durch Zwillings- bzw. Geschwisterstudien erhoben; Schwartz & Beaver 2016), verschiedene

23 Während Ferguson zunächst auch das Gewaltverhalten Gleichaltriger als „stilistischen Katalysator" betrachtete (Abb. 5), wird eine delinquente Peer-Group in jüngeren Publikationen (z.B. Ferguson, Ivory & Beaver 2013, 4) als proximaler sozialer Risikofaktor bezeichnet.

Formen selbst erfahrener oder beobachteter familiärer Gewalt und das Stress-Level erwiesen sich hingegen überwiegend als starke Prädiktoren für violentes Handeln; im Hinblick auf weitere, das Verhältnis zu Eltern und Freunden betreffende Faktoren (Interesse, Zuwendung, Unterstützung Konsequenz usw.) waren die Befunde gemischt.

Kritik

Auch wenn Fergusons eigene Untersuchungen Bestätigungen für seine Annahmen liefern, stehen sie doch im Widerspruch zu Studien, die sowohl Hinweise auf den Selektions- als auch auf den Wirkungspfad gefunden haben bzw. auch bei Kontrolle von Variablen wie Geschlecht, violenter Persönlichkeit und familiärer Gewalterfahrung noch Effekte medialer Gewalt feststellen konnten (Kap. 4.1). Hier sind weitere Untersuchungen und Konkretisierungen nötig. Diese könnten sich auch auf die Frage beziehen, ob dem Modell nicht ein Feedback-Mechanismus fehlt, der (wie z.B. im General Aggression Model) die Konsequenzen violenten Verhaltens auf Umweltfaktoren, Persönlichkeit und violente Kognitionen berücksichtigt. Auch ist fraglich, ob sich die Entstehungsfaktoren für eine aggressive Persönlichkeit tatsächlich auf genetische Prädispositionen und familiäre Erfahrungen reduzieren lassen. Die Verfechter des General Aggression Models (Bushman & Huesmann 2014) argumentieren etwa, dass biologische und genetische Faktoren bei der Herausbildung kognitiver Strukturen mit Lernprozessen interagierten.[24] Auch sei der angebliche hohe Stellenwert dieser Faktoren nicht mit den Befunden von Experimenten kompatibel, in denen sich trotz Zufallsverteilung der Probanden auf die Versuchsgruppen Effekte von Mediengewalt zeigten.

Im Gegensatz zum General Aggression Model hat sich das Katalysator-Modell als Grundlage für empirische Studien bislang noch nicht breiter durchgesetzt. Indem es Mediengewalt lediglich als abhängige Variable betrachtet bzw. ihr allenfalls einen „stilistischen" Einfluss auf die Gestaltung von Gewaltakten zubilligt, bereichert es die Medien-und-Gewalt-Debatte jedoch um eine andere Perspektive.

24 Zu einem ersten Versuch, das GAM und das Katalysator-Modell zu integrieren, vgl. Lamb u.a. 2018.

4. Zentrale empirische Befunde

4.1 Ergebnisse von Längsschnittuntersuchungen

Aggregatstudien

Untersuchungen, die über einen längeren Zeitraum hinweg kumulative Effekte von Mediengewalt in den Blick nehmen, versprechen realitätsnähere und damit validere Befunde als die in der Forschung gängigen Laborexperimente.[25] Auch bei Langzeitstudien hängt die Aussagekraft allerdings von der Güte der Methodik ab. Wie bereits erwähnt (Kap. 2.1), sind insbesondere *Aggregatstudien* problematisch, was im Folgenden am Beispiel einer vielzitierten Untersuchung von Brandon C. Centerwall illustriert werden soll.

Schlüsselstudien

Centerwall (1989; 1992) verglich für die USA, Kanada und die weiße Bevölkerung Südafrikas die Mordrate vor und 10 bis 15 Jahre nach Einführung des Fernsehens und kam zu folgenden Ergebnissen:

USA: + 93% (1945 bis 1974: Anstieg von 3 Morden auf 5,8 Morde / 100.000 Einwohner),

Kanada: + 92% (1945 bis 1974: Anstieg von 1,3 Morden auf 2,5 Morde / 100.000 Einwohner),

Südafrika: +130% (1974 bis 1987: Anstieg von 2,5 Morden auf 5,8 Morde / 100.000 weiße Einwohner).

Aus der ungefähren Verdopplung der Mordrate nach Einführung des Fernsehens folgert er, etwa die Hälfte aller Morde in den USA seien fernsehinduziert, und dies bedeute, dass es ohne dieses Medium in den USA jährlich 10.000 weniger Morde, 70.000 weniger Vergewaltigungen und 700.000 weniger Fälle von Körperverletzung gebe.

Diese Zahlen sind beeindruckend und werden von Verfechtern der Gefahren von Mediengewalt daher gerne ins Feld geführt (z.B. Spitzer 2007, 8f.). Dabei wird ignoriert, als wie hochgradig unseriös solche vermeintlich präzisen Zahlen zu beurteilen sind und dass diese Studie ein Paradebeispiel für die Gefahr ökologischer Fehlschlüsse darstellt (Kap. 2.1). Centerwall unterstellt, dass der Gewaltgehalt des Fernsehprogramms für seine Befunde verantwortlich zeichnet, verzichtet aber darauf, diesen zu erheben. Auch die Vielzahl möglicher Drittvariablen, die den festgestellten Zusammenhang als Scheinkorrelation entlarven könnten, bleibt unberücksichtigt (zur Kritik auch

25 Vereinzelt werden auch langfristige Experimente durchgeführt, bei denen die Probanden über mehrere Wochen hinweg ein bestimmtes (violentes) Spiel spielen sollen. D. Williams und Skoric (2005) und Kühn u.a. (2018) fanden keine Effekte, S. Teng u.a. (2011) lediglich einen geringfügigen Anstieg pro-violenter Einstellungen.

Kunczik & Zipfel 2006, 225–228). Dass es sich bei den Befunden um Scheinkorrelationen handelt, belegt etwa die Reanalyse von Gary F. Jensen (2001). Dieser konnte nachweisen,

- dass der Zeitpunkt der Untersuchung zu begrenzt gewählt war, da die Mordrate vor Einführung des Fernsehens sogar höher lag als danach,
- dass eine multivariate Analyse unter Einbeziehung weiterer Variablen keinen Einfluss des Fernsehens auf die Mordrate mehr zeigte und
- dass Scheidungsrate und Alkoholmissbrauch geeignetere Erklärungsfaktoren darstellten.

Andere Aggregatstudien spezifizieren die unabhängige Variable zumindest dahingehend, dass sie statt der Verbreitung des Fernsehens die Zuschauerzahlen violenter Kinofilme bzw. deren Gewaltgehalt oder die Nachfrage nach gewalthaltigen Computerspielen mit violenten Verbrechen in Beziehung setzen (Dahl & DellaVigna 2009; Ferguson 2015c; Markey, French & Markey 2015; Markey u.a. 2015; Cunningham, Engelstätter & Ward 2016). Auch beziehen sie z.T. Drittvariablen (z.B. Daten zu Bildung und Wirtschaftslage, Strafverfolgung etc.) ein. Abgesehen davon, dass die genannten Studien ganz überwiegend entweder keinen oder sogar einen negativen Zusammenhang zwischen Mediengewaltentwicklung bzw. -nutzung und Verbrechensrate konstatierten,[26] trifft die grundsätzliche Problematik von Aggregatstudien auch auf diese Untersuchungen zu. Dass in solchen Analysen lediglich Korrelationen festgestellt und keine Kausalitäten identifiziert werden, legt u.a. die Studie von Ferguson (2015c) nahe, in der der Zusammenhang zwischen Kinofilmgewalt und Mordrate in den USA zwischen 1920 bis 2005 vom jeweils betrachteten (Teil-)Zeitraum abhing, d.h. es lag offenbar keine allgemeine Gesetzmäßigkeit, sondern allenfalls eine temporäre zufällige Parallelität der Entwicklung vor.

Wirkungs- vs. Selektionsthese und Wechselwirkung

Aussagekräftigere Befunde ergeben *Panel-Studien*, in denen dieselben Probanden über einen längeren Zeitraum hinweg mehrfach befragt

26 Auch diese Studien versteigen sich z.T. zu abenteuerlichen Quantifizierungen, wie der, dass violente Computerspiele jährlich rund 2.000 Verbrechen (Cunningham, Engelstätter & Ward 2016) oder violente Filme an einem durchschnittlichen Wochenende 1.000 Überfälle und jährlich knapp 700 Mio. $ kriminalitätsbedingter Kosten (Dahl & Della Vigna 2009) verhinderten. Erklärt wird dies z.B. mit der reduzierten Gelegenheit zu violenten Aktivitäten in der Zeit, die mit Medienkonsum verbracht wird (auch McCaffree & Proctor 2018).

werden. Solche Untersuchungen lassen Aussagen über die Richtung des Zusammenhangs von Mediengewalt und Gewaltverhalten zu, d.h. sie können einen Beitrag zur Klärung der Frage leisten, ob mediale Gewalt aggressiv macht (*Wirkungsthese bzw. Sozialisationsthese*), oder ob es eher gewalttätige Individuen sind, die sich zu entsprechenden Inhalten hingezogen fühlen (*Selektionsthese*). Wenn es Hinweise für beide Wirkungsrichtungen gibt, spricht dies für einen *Wechselwirkungsprozess*.

Begriffe

Diesen Wechselwirkungsprozess hat Michael Slater (Slater u.a. 2003; 2004; Slater 2007) in seinem *Modell der Abwärtsspirale* (*Downward Spiral Model*) beschrieben. Demnach führt eine höhere Attraktivität und damit ein höherer Konsum von Mediengewalt zu einer gesteigerten Rezipientenaggression, die ihrerseits die Neigung zur Nutzung violenter Medieninhalte erhöht, was wiederum deren Wirkungspotenzial steigert, usw.

Empirische Befunde

Die überwiegende Zahl entsprechender Untersuchungen hat Belege für die *Wirkungs- bzw. Sozialisationsthese* gefunden (z.B. Anderson u.a. 2008; Möller & Krahé 2009; Mößle & Roth 2009; Krahé & Möller 2010; Lemmens, Valkenburg & Peter 2011; Willoughby, Adachi & Good 2012; Möller, Krahé & Busching 2013; Kanz 2014; Vossen, Piotrowski & Valkenburg 2017). Es gibt aber auch Untersuchungen, die lediglich die *Selektionsthese* nachweisen konnten (z.B. von Salisch, Kristen & Oppl 2007; von Salisch u.a. 2011). Eine Reihe von Studien wiederum fand Anhaltspunkte für *beide Wirkungsrichtungen* (z.B. Slater u.a. 2003; 2004; Anderson, Gentile & Buckley 2007; Gentile, Coyne & Walsh 2011; Mößle 2012; Mößle, Kliem & Rehbein 2014; Adachi & Willoughby 2013; 2016; Coyne 2016). Hierbei fallen die Zusammenhangsmaße für den Selektionspfad in der Regel *geringer* aus als die für den Wirkungspfad.[27]

Ein Vergleich der Studien und die Ableitung eindeutiger Aussagen ist – abgesehen von den methodischen Problemen einzelner Untersuchungen – aufgrund der Vielfalt im Design problematisch (im Überblick Kunczik & Zipfel 2010, 383–411; Kunczik 2013, 152–

27 Es gibt auch Studien, die gar keine bzw. nur eingeschränkte Effekte gefunden haben (z.B. Wallenius & Punamäki 2008; Ferguson 2011a; Staude-Müller 2011; Hirtenlehner & Strohmeier 2015). Andere untersuchen bzw. betonen entweder nur eine Wirkungsrichtung oder können den behaupteten Nachweise einer Wechselwirkung bei genauerem Hinsehen nur eingeschränkt erbringen (z.B. Ferguson u.a. 2013; Friedlander u.a. 2013; Gentile u.a. 2014; den Hamer & Konijn 2015; im Überblick auch Kunczik & Zipfel 2010, 383-411).

173; Gunter 2016, 101–108). Diese Heterogenität betrifft v.a. folgende Aspekte:

- Die Studien stammen aus unterschiedlichen kulturellen Kontexten.
- Das untersuchte Medienmenü unterscheidet sich. Teilweise werden nur einzelne Medien einbezogen, obwohl erst Untersuchungen, die den Konsum violenter Inhalte umfassend erheben und idealerweise auch mit dem nicht-violenten Medienkonsum in Beziehung setzen, zu wirklich aussagekräftigen Befunden gelangen können. Relativ wertlos sind Studien, die lediglich den Umfang, nicht aber den Inhalt des Medienkonsums erheben (S. Kim u.a. 2011; Janssen, Boyce & Pickett 2012; Schwartz & Beaver 2016).
- Neben physischer Aggression werden diverse andere Gewalt-Varianten untersucht, z.B. Sadismus (Greitemeyer & Sagioglou 2017), relationale Gewalt (Möller & Krahé 2010; Coyne 2016), Gewalt bei Dates (Ferguson u.a. 2012; Friedlander u.a. 2013); Cyberbullying (Schiller, Gradinger & Strohmeier 2014; den Hamer & Konijn 2015).
- Die Einbeziehung von Drittvariablen kann dazu führen, dass signifikante Zusammenhänge verschwinden (Hirtenlehner & Strohmeier 2015; Schwartz & Beaver 2016) – die einbezogenen Faktoren unterscheiden sich allerdings in Anzahl und Art erheblich.
- Die untersuchten Zeiträume und die Intervalle zwischen den Messungen variieren. Gängig sind halbjährliche bzw. jährliche Messungen in einem Zeitraum von einem Jahr bis zu drei Jahren, einzelne Studien decken aber auch kürzere oder längere Zeiträume ab. Damit Wechselwirkungsprozesse nachgewiesen werden können, sind mindestens drei Messzeitpunkte erforderlich (Abb. 6). Zahlreiche Studien erfüllen diese Bedingung nicht bzw. umfassen zwar die nötige Zahl an Messzeitpunkten, erheben aber nicht alle erforderlichen Variablen in gleicher Weise zu allen Zeitpunkten (Ostrov, Gentile & Crick 2006; Coyne & Padilla-Walker 2015; Rydell 2016), sodass es nicht möglich ist, Veränderungsprozesse sauber nachzuzeichnen.

Verfahren

Abbildung 6: Längsschnittdesign für die Untersuchung von Wechselwirkungsprozessen

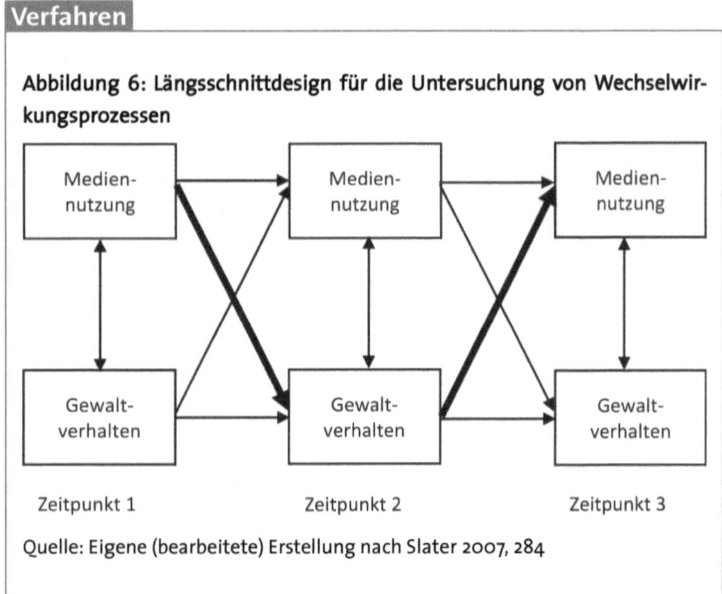

Quelle: Eigene (bearbeitete) Erstellung nach Slater 2007, 284

- Das Alter der untersuchten Rezipienten variiert. Ein Schwerpunkt liegt bei Jugendlichen zwischen ca. 12 und 18 Jahren, jüngere Kinder (Ostrov, Gentile & Crick 2006; Christakis & Zimmermann 2007; von Salisch u.a. 2011; Mößle 2012) oder Erwachsene (Greitemeyer & Sagioglou 2017) werden hingegen seltener einbezogen.

Kernsätze

„Therefore, the fact that one has longitudinal data is no guarantee that one can detect spiral processes if the measurement lags do not reflect a good understanding of the underlying processes." Mit diesem Satz bringt Slater (2007, 286) die Problematik auf den Punkt, dass Messungen in Abhängigkeit vom Alter der Probanden so terminiert werden müssen, dass sie stattfindende Veränderungsprozesse auch abbilden können.

Anlage von Längsschnittstudien

Von Salisch, Kristen und Oppl (2007, 128f.; auch Breuer, Festl & Quandt 2014) legen z.B. dar, dass es sinnvoll ist, Kinder in einem Alter zu untersuchen, in dem sich Präferenzen für bestimmte Medieninhalte gerade ausprägen, um den Beginn des möglichen Wechselwirkungsprozesses von inhaltlichen Vorlieben und den Auswirkungen entsprechender Inhalte begleiten zu können. Sie vermuten, dass die von ihnen untersuchten Grundschulkinder noch dabei waren, ihre

Computerspielpräferenzen auszubilden, und daher nur der Selektionspfad nachweisbar war, während bei älteren Probanden mediale Einflüsse schon mehrere Jahre wirksam gewesen sein könnten und zudem der elterliche Einfluss auf Mediennutzung und aggressives Verhalten zurückgegangen sei, sodass bei Studien mit Heranwachsenden bzw. Studierenden eher Effekte feststellbar sein könnten.

Darüber hinaus ist die Möglichkeit zu berücksichtigen, dass zwar beide Kausalitätsrichtungen zutreffen, aber unterschiedlich ausgeprägt sind, eine unterschiedliche Wirkungsdauer aufweisen (d.h. z.B. Selektionsprozesse kurzfristiger auftreten als Wirkungsprozesse), dass die Effekte unterschiedlich stabil sind und durch unterschiedliche Moderatorvariablen beeinflusst werden (Slater 2007, 287).

Schlüsselstudien

L. Rowell Huesmann u.a. (2003) führten zwischen 1977 und 1978 zwei Interviews mit Erst- (6 bis 7 Jahre) bzw. Drittklässlern (8 bis 9 Jahre) aus dem Großraum Chicago und konnten 329 dieser Probanden zwischen 1992 und 1995 ein drittes Mal befragen. Der Fernsehkonsum wurde über die Nennung von Lieblingssendungen und ihrer Sehhäufigkeit erhoben. In den 70er Jahren wurden zudem die Identifikation der Kinder mit aggressiven Fernsehfiguren und der subjektive Realitätsgehalt von Fernsehgewalt erhoben. Das Verhalten der Kinder wurde durch die Einstufung Gleichaltriger und Interviews mit den Eltern gemessen, im Erwachsenenalter wurden neben Selbstangaben und der Einschätzung einer den Probanden nahestehenden, aber nicht verwandten Person Kriminalitäts- und Verkehrsverstoßregister ausgewertet. Die Studie ergab, dass der Fernsehgewaltkonsum in der Kindheit, die Identifikation mit violenten Helden und die Wahrnehmung von Fernsehgewalt als realistisch in einem signifikanten Zusammenhang mit dem Aggressionsverhalten als Erwachsene stand. Dies galt in Bezug auf physische Aggression für beide Geschlechter, in Bezug auf indirekte Aggression nur für Frauen. Für diesen Zusammenhang zeichneten in erster Linie diejenigen verantwortlich, die in ihrer Kindheit Extremseher von Gewalt waren (die 20% der Probanden mit dem jeweils höchsten Gewaltkonsum, der stärksten Identifikation und der stärksten Realismuseinschätzung). Überraschenderweise blieb diese Beziehung nicht nur bei Kontrolle der Aggressivität in der Kindheit, Schichtzugehörigkeit und intellektuellen Fähigkeiten bestehen, sondern war auch unabhängig von verschiedenen elterlichen Einflüssen (z.B. Aggressivität, Fernsehverhalten, Erziehungsstil). Im Hinblick auf die Selektionsthese konnten die Autoren signifikante Zusammenhänge nur in der Kindheit finden, der Zusammenhang zwischen Aggressivität in der Kindheit und Fernsehkonsum im Erwachsenenalter war zwar positiv, aber nicht signifikant. Insgesamt erwies sich der Wirkungspfad als ungefähr doppelt so stark wie der Selektionspfad.

4.2 Ergebnisse von Meta-Analysen

Stärke des Zusammenhangs

Wie bereits dargelegt (Kap. 2.1), bieten Meta-Analysen die Möglichkeit, aus den Befunden einer Vielzahl von Einzelstudien mittels statistischer Verfahren eine Gesamtbilanz zu ziehen. Für die in Meta-Analysen zum Thema Mediengewalt ermittelten Durchschnittswerte gilt noch immer der Befund von Comstock (2004), demzufolge die Ergebnisse zwischen r =.11 (Hogben 1998) und r =.31 (Paik & Comstock 1994) streuen. In diesen Rahmen ordnen sich auch jüngere Befunde ein, wobei die Stärke des ermittelten Zusammenhangs selten an die genannten Extremwerte heranreicht. Die besten Vergleichsmöglichkeiten bieten die Werte für violentes Verhalten, die in den jüngeren Untersuchungen ziemlich konsistent zwischen r =.14 und r =.19 liegen (Tab. 3). Legt man den in der Literatur gängigen Maßstab von Cohen (1988) an, der dafür plädiert, Zusammenhänge von r =.10 als klein, von r =.30 als mittel und von r =.50 als groß anzusehen, so weisen die ermittelten Korrelationskoeffizienten auf einen kleinen bis maximal mittelstarken Zusammenhang hin. Quadriert man diese Werte, erhält man die Varianz, d.h. dass gut 2% bis maximal knapp 4% der Varianz in der Rezipientenaggression durch den Konsum von Mediengewalt erklärt werden (legt man das Maximum von r =.31 zugrunde, wären es höchstens 9%).

Differenzierungen

Bei einem Vergleich der Ergebnisse muss allerdings berücksichtigt werden, dass sich die Studien auf unterschiedliche Medien beziehen (in jüngerer Zeit überwiegend Computerspiele), auf einer unterschiedlichen Anzahl von Studien aus unterschiedlichen Zeiträumen basieren und sich auch ansonsten in ihrer Vorgehensweise unterscheiden können. Darüber hinaus sind die ermittelten Effektstärken Durchschnittswerte, d.h. für bestimmte Rezipienten, bestimmte Inhalte und auch eine bestimmte Art methodischen Vorgehens können sich deutlich höhere oder deutlich niedrigere Werte ergeben.[28] Einige solche Differenzierungen werden bei der Publikation von Meta-Analysen üblicherweise ausgewiesen.

Gängig sind beispielsweise Auswertungen

- *nach Art des Erhebungsverfahrens* (Laborexperimente ergeben zumeist stärkere Effekte als Aggregat-, Quer- oder Längsschnittstudien);
- *nach Art der abhängigen Variablen* (zumeist wird zwischen aggressiven Kognitionen, Affekten und (aggressiven bzw. prosozialen) Verhaltensweisen unterschieden, wobei die Werte für aggressives Verhalten häufig vergleichsweise gering ausfallen; z.T. werden auch Effekte wie Aufmerksamkeitsprobleme, Schulleistungen oder Depression (Ferguson 2015b) oder Empathie und Desensibilisierung (Anderson u.a. 2010) berücksichtigt;
- *nach Altersgruppe*;
- *nach Geschlecht.*

Seltener wird kontrolliert, ob sich im Hinblick auf weitere Variablen signifikante Unterschiede ergeben, wie z.B. der ethnischen Herkunft der Probanden (Ferguson 2015b), des Kulturkreises (Anderson u.a. 2010), des Publikationsjahrs einer Studie (Ferguson 2015b; Bushman 2016) oder inhaltlicher bzw. situationaler Aspekte der Gewaltrezeption (Anderson u.a. 2010 zu Spielperspektive und Ziel der Aggression und Sherry 2001 zur Spieldauer).

Kontroversen

Der Tatsache, dass die methodische Qualität der einbezogenen Studien die Güte der Befunde einer Meta-Analyse maßgeblich bestimmt, wird insbesondere in jüngeren Meta-Analysen durch weitere, methodenbezogene Differenzierungen Rechnung getragen. Diese haben allerdings auch z.T. mit großer Heftigkeit ausgetragene Forschungskontroversen provoziert (Kap. 5.1). Die Ursache hierfür liegt zum einen in unterschiedlichen Ansichten zur angemessenen Methodik begründet. Zum anderen führt die Berücksichtigung dieser Kriterien teilweise dazu, dass sich Zusammenhangsmaße nahe Null ergeben, was die grundsätzliche Frage aufwirft, ob negative Effekte von Mediengewalt überhaupt existieren. Gegenstand der Auseinandersetzung sind insbesondere die folgenden Überlegungen:

Methodische Qualität

Bereits Anderson (2004) unterschied im Update einer früheren Meta-Analyse (Anderson & Bushman 2001) die Befunde für Studien mit

28 Ferguson (2014a) kritisiert in diesem Zusammenhang einen „average effect size wins-approach“, d.h. signifikante Durchschnittswerte in Meta-Analysen verschleierten, dass es auch Studien gibt, die gar keinen Effekt gefunden haben.

hoher („Best-Practice“) bzw. *niedriger Qualität*, wobei diejenigen mit höherer Qualität stärkere Effekte fanden (vgl. auch die spätere Meta-Analyse von Anderson u.a. 2010). Im Gegensatz dazu ermittelte Ferguson (2007a) stärkere Effekte in methodisch problematischen Studien, wobei seine Kriterien für methodische Güte jedoch von denjenigen Andersons abwichen. Insbesondere gehörten zu den von Ferguson als methodisch problematisch eingestuften Untersuchungen auch solche, die den von der Forschergruppe um Anderson häufig verwendeten, nicht standardisierten „Geräuschtest“ (Kap. 2.2.2) zur Messung von Gewaltverhalten einsetzen. In seiner jüngsten Meta-Analyse (Ferguson 2015b; auch schon Ferguson & Kilburn 2009) ermittelte er für Studien mit standardisierten Gewaltmaßen insgesamt einen etwas kleineren Effekt als für unstandardisierte Messungen.

Berücksichtigung von Drittvariablen

Ferguson (2015b) ist darüber hinaus der Auffassung, dass nur Studien, die zumindest ein Minimum an *Drittvariablen* kontrollieren, als aussagekräftig betrachtet werden können. Daher vergleicht er in seiner Meta-Analyse die Befunde, die auf bivariaten Korrelationen basieren, mit solchen, bei denen eine Kontrolle von (verschiedenen) Drittvariablen vorgenommen wurde. Bei der letztgenannten Kategorie sind Effekte von Mediengewalt so gut wie nicht mehr existent. Während verschiedene Autoren (Boxer, Groves & Docherty 2015; Rothstein & Bushman 2015; Valkenburg 2015) Ferguson mit inhaltlichen und statistischen Argumenten ein fehlerhaftes Vorgehen bei seiner Meta-Analyse von Partialkorrelationen vorwerfen, weist Ferguson (2015d) dies zurück und erhält dabei Rückendeckung von anderen Autoren, die seine Befunde auf Basis anderer Berechnungsverfahren im Wesentlichen bestätigen (Furuya-Kanamori & Doi 2016).

Publication Bias

Ein dritter wesentlicher Diskussionspunkt ist schließlich die Existenz, Diagnose und Berücksichtigung eines sogenannten *„Publication Bias“*, d.h. einer möglichen Verzerrung der Forschungsbilanz durch eine selektive (zugunsten des Nachweises negativer Medieneffekte verzerrte) Veröffentlichungspraxis (Kap. 5.1.4). Es herrscht Uneinigkeit darüber, ob angesichts dieser Problematik nicht publizierte Studien in eine Meta-Analyse einbezogen werden sollten bzw. auf welche Weise eine entsprechende Recherche zu erfolgen habe.[29] Für die Identifikation eines möglichen Publication Bias existieren zudem di-

29 Ferguson und Kilburn (2010) werfen Anderson z.B. vor, dass seine Vorgehensweise für die eigenen Studien besser funktioniert habe als für die Studien der „Konkurrenz“, wohingegen Bushman und Huesmann (2014, 52) klarstellen, dass sie lediglich unpublizierte Daten zu veröffentlichten Studien recherchiert hätten, was Elson und Ferguson (2014a) wiederum als Widerspruch zum von den Autoren selbst empfohlenen Vorgehen kritisieren.

verse verschiedene (statistische) Verfahren, deren Vor- und Nachteile ebenso kontrovers diskutiert werden wie die Frage, ob eine Korrektur gefundener Ergebnisse um einen solchen „Verzerrungsfaktor" zulässig ist, und wenn ja, wie diese zu erfolgen habe (Bushman, Rothstein & Anderson 2010; Ferguson & Kilburn 2010; Ferguson & Brannick 2012; Ferguson 2015d; 2018; Rothstein & Bushman 2015; Furuya-Kanamori & Doi 2016; Hilgard, Engelhardt & Rouder 2017; Kepes, Bushman & Anderson 2017). Gefunden wurde ein Publication Bias fast ausschließlich in den Meta-Analysen von Ferguson. Die vorgenommenen Korrekturen der Effektgrößen führten erneut zu einer erheblichen Reduktion der Zusammenhangsmaße, was verdeutlicht, dass die Auseinandersetzung um diese Thematik für die Beurteilung des Forschungsstandes keineswegs trivial ist.

Schlussfolgerungen

Insgesamt zeigt sich also, dass auch die auf Anhieb vielversprechende Methode der Meta-Analyse keine eindeutige Einschätzung der Wirkungen von Mediengewalt erlaubt. Meta-analytische Befunde und ihre Interpretation erweisen sich letztlich als ähnlich widersprüchlich wie die Ergebnisse von Einzelstudien. Die Vergleichbarkeit der vorliegenden Meta-Analysen ist aufgrund ihrer Heterogenität beschränkt. Die Ergebnisse sind teils konträr, teils werden dieselben Effektstärken identifiziert, von den Forschern aber vollkommen gegensätzlich interpretiert. So finden die „Kontrahenten" Anderson und Ferguson beinahe identische (unkorrigierte) Effektstärken für den Einfluss violenter Spiele auf violentes Verhalten (Tab. 3), interpretieren ihre Befunde aber einmal als Bestätigung (Anderson) und einmal als Widerlegung (Ferguson) einer relevanten Wirkung von Mediengewalt. Festzuhalten bleibt jedoch, dass auch bei gering erscheinenden Zusammenhangsmaßen ein kleiner Effekt für den Durchschnitt eines Samples für bestimmte Probanden oder bestimmte Inhalte durchaus eine stärkere Gefährdung bedeuten kann. Dies verweist auf die Bedeutung der Identifikation moderierender Variablen, denen in den folgenden Kapiteln nachgegangen werden soll. Darüber hinaus ist zu bedenken, dass selbst ein geringer Anteil gefährdeter Personen angesichts der großen Verbreitung der Medien auf die Gesamtbevölkerung bezogen und in absoluten Zahlen betrachtet, ein ernstzunehmendes Problem darstellen kann (z.B. Huesmann & Taylor 2006, 408).

Tabelle 3: Befunde ausgewählter jüngerer Meta-Analysen

(zu einer ausführlicheren Darstellung auch Kunczik & Zipfel 2010, 411–422; Gunter 2016, 239–259)

Autoren	Medium	Physiol. Effekt / Erregung	Kognitionen	Affekt	agg. Verhalten	prosoz. Verhalten	Gesamt	Anmerkungen
Sherry 2001 / 2007	Spiele						.15	
Anderson & Bushman 2001	Spiele		.27	.18	.19	-.16		Vgl. auch das Update der Studie durch Anderson 2004
Bushman & Huesmann 2006	Medien insg.		.18	.27	.19	-.008		
Christensen & Wood 2007	Film / TV				.17			AV = durch Beobachtung gemessenes Verhalten
Ferguson 2007a	Spiele	.27	.25 /.13 (.11)		.29 (.15) /.15 (.06)	-.30 / -.13		Erste Angabe = experimentelle, zweite Angabe = nicht-experimentelle Studien; in Klammern um Publication Bias korrigierter Wert
Ferguson 2007b	Spiele				.14 (.04)			In Klammern um Publication Bias korrigierter Wert
Savage & Yancey 2008	Film / TV				.04 bis .16			Die Werte schwanken je nach Studiendesign. Verhalten = kriminelles violentes Handeln
Ferguson & Kilburn 2009	Medien insg.				.14 (.08)			In Klammern um Publication Bias korrigierter Wert

Autoren	Medium	Physiol. Effekt / Erregung	Kogni-tionen	Affekt	agg. Verhalten	prosoz. Verhalten	Gesamt	Anmerkungen
Greitemeyer & Mügge 2014	Medien insg.	.22	.25	.17	.19	-.11	.18	Untersucht wurden auch prosoziale Medieninhalte
Ferguson 2015b	Spiele				.17 (.06)	-.15 (.04)		Wert für Studien mit bivariaten, in Klammern für Studien mit auf Drittvariablen kontrollierten Effekten; Probanden = Kinder / Heranwachsende
Anderson u.a. 2010	Spiele	.14	.16	.14	.19	-.10		Werte für das Gesamtsample (zusätzlich werden Werte für verschiedene Designs, methodische Güte bzw. eine zusätzliche Bereinigung um Geschlechtseffekte ausgewiesen)
Bushman 2016	Medien insg.		.20					AV = „hostile appraisal“

4.3 Ergebnisse zur Bedeutung von Einflussfaktoren im Wirkungsprozess

4.3.1 Eigenschaften des Rezipienten und seines sozialen Umfelds

4.3.1.1 Alter

Entwicklungsprozesse

Die Frage, in welchem Alter Gewaltdarstellungen besonders gefährlich sind, lässt sich bislang nur eingeschränkt beantworten, weil Studien mit Rezipienten verschiedenen Alters methodisch meist nicht vergleichbar sind. Indirekte Hinweise auf das altersspezifische Gefährdungspotenzial ermöglicht die Betrachtung verschiedener Entwicklungsprozesse (Kunczik & Zipfel 2010, 254–258; M. Yang 2013; Wiedeman u.a. 2015, 194f.) wie der Herausbildung bzw. Veränderung von *Mediennutzungsgewohnheiten* und *Genrepräferenzen* (Mares & Sun 2010) sowie *kognitiver Verarbeitungsfähigkeiten* (z.B. Verbindung von Handlung und Konsequenz, Unterscheidung von Realität und Fiktion), der Fähigkeit zur *sozialen Perspektivübernahme* (Verständnis für Handlungsmotive und Empathie mit Opfern) und der *moralischen Urteilsfähigkeit,* die altersspezifische Relevanz bestimmter *Entwicklungsthemen* ebenso wie das Erlernen von *Strategien der Emotionsregulierung und Impulskontrolle* sowie die generelle altersabhängige Veränderung der *Violenz.*

Annahmen

Aus der Betrachtung solcher Faktoren können unterschiedliche Annahmen zum Zusammenhang zwischen Alter und Auswirkungen von Mediengewalt abgeleitet werden. Christensen und Wood (2007) zufolge muss dieser einen U-förmigen Verlauf nehmen. Gefährdet sind nach dieser Überlegung Personen in einer mittleren Altersgruppe, bei denen die kognitiven Fähigkeiten für das Verständnis solcher Inhalte (im Gegensatz zu jüngeren Kindern) zwar schon vorliegen, die Bewertungs- und Verhaltensmaßstäbe (im Gegensatz zu älteren Rezipienten) aber noch nicht so weit ausgebildet sind, dass sie eine kritische Reflexion ermöglichen und die Übernahme violenter Verhaltensweisen verhindern. Eine Meta-Analyse der Autoren bestätigte diese Überlegungen, d.h. die stärkste Wirkung von Mediengewalt zeigte sich in Studien mit Probanden zwischen 6 bis 10 Jahren, gefolgt von Vorschul- bzw. Kindergartenkindern und Jugendlichen.

Anders argumentiert z.B. Kirsh (2003; auch Krahé 2014a, 72), der Rezipienten in der frühen Adoleszenz für besonders gefährdet hält, weil diese sich in kognitiver, emotionaler, sozialer und neurobiologischer Hinsicht in einem besonders schwierigen Stadium befänden und daher schnell aggressiv auf provozierende Situationen reagierten. Dieses Alter sei gekennzeichnet durch einen Wandel der Eltern-Kind-Beziehung und Suche nach Unabhängigkeit, schulischem Druck, physiologischen Veränderungen und emotionaler Instabilität, einer generell hohen Risikoneigung bei gleichzeitig geringer Fähigkeit zur Abschätzung der Konsequenzen sowie durch wenig Impulskontrolle. Die Argumentation von Kirsh ist kompatibel mit den Befunden von Studien, die für Jugendliche stärkere Zusammenhänge als für Erwachsene bzw. im Laufe der Pubertät abnehmende Effekte gefunden haben (Zhen u.a. 2011; Breuer, Festl & Quandt 2014; Kanz 2014; 2016).

Unterschiede in den Effekten

Je nach Alter sollten auch unterschiedliche Konsequenzen von Mediengewalt in den Blick genommen werden. Bushman und Huesmann (2006) konstatierten z.B. in ihrer Meta-Analyse, dass kurzfristige Effekte von Mediengewalt v.a. bei Erwachsenen, langfristige dagegen v.a. bei Kindern nachgewiesen wurden, vermutlich, weil sich violente Skripts bei Kindern erst allmählich entwickeln, während sie bei Erwachsenen bereits vorliegen und durch Priming-Prozesse (Kap. 3.5) aktiviert werden können.

4.3.1.2 Geschlecht

Unterschiedliche Präferenzen

Das Gesamtmuster vorliegender Studien spricht eindeutig dafür, dass Mädchen bzw. Frauen von den negativen Folgen violenter Inhalte weniger stark betroffen sind als Jungen bzw. Männer. In erster Linie dürften die gefundenen Geschlechtsunterschiede allerdings auf der Tatsache beruhen, dass weibliche Personen eine *geringere Präferenz* für Gewaltdarstellungen besitzen als männliche (zu den Ursachen – etwa mangelndes Identifikationspotenzial oder Geschlechtsrollensozialisation – z.B. Kanz 2014, 63–70; Hartmann, Möller & Krause 2015). Wenn Mädchen bzw. Frauen jedoch violente Inhalte nutzen, so scheinen auch die Wirkungen ähnlich auszufallen wie bei Jungen bzw. Männern.

Unterschiede in der Art der Gewalt

Allerdings gibt es Hinweise darauf, dass sich die Art der aus dem Mediengewaltkonsum resultierenden Aggression unterscheidet. Während bei männlichen Personen eher *physische Gewaltreaktionen* auftreten, äußert sich die Violenz bei weiblichen Personen eher in der Form *indirekter Gewalt* bzw. von *Beziehungsaggression* (Kap. 1.2; Huesmann u.a. 2003; K. Anderson & Corey 2013; Linder 2013). Letztere hat aber erst in jüngerer Zeit stärkere Berücksichtigung erfahren, sodass Mediengewalt-Effekte bei Rezipientinnen bislang möglicherweise unterschätzt wurden.

4.3.1.3 Sozioökonomischer Status

Die wenigen bislang vorliegenden Ergebnisse sprechen dafür, dass der sozioökonomische Status eines Rezipienten einen indirekten Effekt auf die Wirkung von Mediengewalt haben kann. Dieser kommt dadurch zustande, dass der Medienkonsum in Bevölkerungsgruppen mit niedrigerem sozioökonomischem Status tendenziell höher und die Präferenz für violente Inhalte ausgeprägter ist (Kunczik & Zipfel 2010, 110f.; Kanz 2014), die Mediennutzung von Kindern weniger reguliert wird und diese eher auch im realen Leben Gewalterfahrungen machen, die ihre Wahrnehmung von Mediengewalt beeinflussen (Kap. 3.9). Ein hoher Medien(gewalt)konsum im Sinne einer Wirklichkeitsflucht kann aber beispielsweise auch die Folge übersteigerter Leistungsansprüche in Familien mit hohem sozioökonomischem Status sein (Salonius-Pasternak & Gelfond 2005, 14f.). Interessant sind auch die Befunde von Chowhan und Stewart 2007, die bei einem kanadischen Sample konstatierten, dass die Wahrscheinlichkeit einer intensiven Nutzung violenter Fernsehsendungen zwar mit dem Haushaltseinkommen steigt (ggf. aufgrund des Abonnements violenter TV-Kanäle), dessen negative Effekte aber (vermutlich wegen eines geringeren Grades medienpädagogischer Maßnahmen) eher in den unteren Einkommensgruppen festzustellen sind.

In mehreren Studien zeigte sich zudem, dass Schüler mit niedrigerer formaler Bildung bzw. mit geringerem Bildungspotenzial zwar eher durch Mediengewalt gefährdet sind, (potenzielle) Gymnasiasten aber keineswegs als immun gegenüber solchen Effekten betrachtet werden sollten (Bijvank, Konijn & Bushman 2012; Kunczik & Zipfel 2010, 422–438).

4.3.1.4 Persönlichkeit

In der Forschung ist eine Vielzahl von Persönlichkeitsfaktoren untersucht worden. Allerdings liegen zu diversen Eigenschaften nur sehr wenige Studien vor, sodass keine belastbaren Aussagen getroffen werden können (dies gilt z.B. für Selbstbewusstsein, Selbstbezogenheit, Selbstkontrolle, Autoritarismus, soziale Intelligenz, Idealisierung von Männlichkeitsstereotypen, Nutzungsmotive von Mediengewalt etc.; Espinosa & Clemente 2013; You, Kim & No 2015; im Überblick Kunczik & Zipfel 2010, 272–280).

Fünf-Faktoren-Modell

Im Folgenden sollen daher nur Persönlichkeitseigenschaften behandelt werden, zu denen eine breitere Basis an Forschungsbefunden existiert. Hierzu gehören die Merkmale des sogenannten *Fünf-Faktoren-Modells* (bzw. „Big Five"), das sich zur Beschreibung der Hauptwesenszüge eines Menschen in der Persönlichkeitspsychologie etabliert hat (McCrae & Costa 2008):

- *Neurotizismus* (emotionale Labilität, Unsicherheit, Ängstlichkeit, Traurigkeit);
- *Extraversion* (Geselligkeit, Optimismus, Durchsetzungsfähigkeit, Erlebnishunger);
- *Offenheit für neue Erfahrungen* (Wissbegierde, Phantasie, Experimentierfreude, Abwechslung);
- *Soziale Verträglichkeit* (Altruismus, Kooperativität, Nachgiebigkeit, Harmoniebedürfnis);
- *Gewissenhaftigkeit* (Disziplin, Verantwortungsbewusstsein, Zuverlässigkeit).

Es hat sich gezeigt, dass diese fünf Faktoren physiologische Reaktionen auf emotionale Filmausschnitte (Brumbaugh u.a. 2013) sowie das Verhalten innerhalb von Computerspielen beeinflussen (Worth & Book 2015). Auch Hinweise darauf, dass sie den Wirkungsprozess von Mediengewalt moderieren, hat die Forschung gefunden, allerdings ergab eine Sichtung der entsprechenden Einzelstudien kein konsistentes Einflussmuster (Kunczik & Zipfel 2010, 262–265). Erklärbar wäre diese Befundlage damit, dass nicht einzelne Persönlichkeitsfaktoren, sondern deren Zusammenwirken bestimmte Personen anfälliger für negative Effekte von Mediengewalt macht als andere. In diese Richtung argumentieren Markey und Markey (2010), die keine Effekte für einzelne Persönlichkeitszüge, wohl aber für eine Kombination aus hohem Neurotizismus, geringer Verträglichkeit und geringer Gewissenhaftigkeit fanden.

Aggressivität als Persönlichkeitsmerkmal

Eine Reihe weiterer Persönlichkeitseigenschaften weist Zusammenhänge mit den fünf zentralen Persönlichkeitsfaktoren auf, ohne diesen direkt zugeordnet zu sein. Hierzu gehört beispielsweise *Aggressivität* als Charakterzug. Die Befunde weisen ziemlich übereinstimmend darauf hin, dass eine aggressive Persönlichkeit nicht nur die Präferenz für violente Medieninhalte erhöht, sondern auch deren Effekte verstärkt (Engelhardt, Bartholow & Saults 2011; Alia-Klein u.a. 2014; Brändle, Cardaba & Rivera 2015; Jung, Park & Lee 2015; im Überblick Kunczik & Zipfel 2010, 265–272; Chester & DeWall 2013b).[30]

30 Möglicherweise bedarf es allerdings eines Mindestmaßes an Aggression, damit Mediengewaltwirkungen eintreten (Krahé 2014a, 79-82).

Anekdoten

Einen besonders ungewöhnlichen Aggressivitäts-Indikator haben Millet und Dewitte (2007) verwendet. Die Forscher maßen das Verhältnis von Zeige- und Ringfingerlänge ihrer Probanden, das das pränatale Testosteronlevel anzeigen und dessen Zusammenhang mit späterer Aggressivität in früheren Studien belegt worden sein soll. Abgesehen davon, dass die Autoren zu widersprüchlichen Befunden gelangen, verdeutlicht eine Untersuchung von McIntyre u.a. (2007) die zweifelhafte Eignung dieses Indikators. Ein Zusammenhang zwischen Fingerlängenverhältnis und Aggressionsverhalten innerhalb eines Kriegsspiels zeigte sich hier nämlich nur in Bezug auf die rechte, nicht aber die linke Hand und war nur bei Männern, nicht aber bei Frauen signifikant.

Psychische Störungen

Mehrere Untersuchungen haben sich auch mit der Frage befasst, ob eine Reihe, oft mit Aggression einhergehender psychischer Störungen den Zusammenhang zwischen Mediengewalt und Aggressionsverhalten beeinflussen (Grimes, Anderson & Bergen 2008, 199–211; Chester & DeWall 2013a). Untersucht wurden beispielsweise Psychopathie (Coyne u.a. 2010; DeLisi u.a. 2013), disruptive Verhaltensstörungen inkl. Aufmerksamkeitsdefizitsyndrom, Depressionen und Autismus (Ferguson & Olson 2014; Nikkelen u.a. 2014; Swing & Anderson 2014; Engelhardt u.a. 2015), wobei die Befundlage heterogen ausfällt.

Empathie

Verschiedene Studien zeigen, dass (geringe) *Empathie* mit (mehr) Mediengewaltkonsum bzw. einer (höheren) Präferenz für böse Spielfiguren einhergeht (Mößle & Roth 2009; Triberti, Villani & Riva 2015; Siyez & Baran 2017), empathischere Menschen ungerechtfertigte Mediengewalt als unangenehmer empfinden als weniger empathische (Hartmann, Toz & Brandon 2010; Vieira & Krcmar 2011; Kobach & Weaver 2012; Samson & Potter 2016) und der Zusammenhang zwischen Mediengewaltkonsum und Aggression bzw. geringerem prosozialem Verhalten durch die Empathiefähigkeit moderiert wird (Zhen u.a. 2011; Fraser u.a. 2012; Mößle, Kliem & Rehbein 2014; Prot u.a. 2014; You, Kim & No 2015; Anderson u.a. 2017; keine Effekte fanden Gentile u.a. 2014; zu älteren Studien Kunczik & Zipfel 2010, 277–280). Die Förderung von Empathie im Sinne einer Fokussierung auf die Opferperspektive hat sich umgekehrt als geeignete Interventionsstrategie zur Reduktion von Gewalteffekten violenter Medieninhalte erwiesen (z.B. Nathanson & Cantor 2000). Allerdings kann eine höhere Empathie offenbar auch zu einer höheren Identifikation mit violenten Protagonisten führen und auf diesem Wege Aggressionseffekte verstärken (Happ, Melzer & Steffgen 2013; 2015), v.a., wenn Gewalt als gerechtfertigt dargestellt wird (Gao u.a. 2017a). Während hinter diesen Befunden zumeist Abstumpfungseffekte vermutet werden (Kap. 3.3), gibt es auch Autoren, die annehmen, dass nicht der Gewaltgehalt, sondern die Reduktion der Gelegenheit zu sozialen Interaktionen und zur Rollenübernahme zu mangelnder Empathie führt und aggressives bzw. antisoziales Verhalten fördert (Espinosa & Clemente 2013).

Sensation Seeking

Schließlich trägt auch die Neigung zum *Sensation Seeking* zur Präferenz für violente Medieninhalte bei und weist einen Zusammenhang mit Gewaltverhalten bzw. Normbrüchen auf (Mößle & Roth 2009; J. Jensen u.a. 2011; Krcmar u.a. 2015; im Überblick Kunczik & Zipfel 2010, 114–118, 273f.). Menschen mit dieser Persönlichkeitseigenschaft suchen stets nach neuen, intensiven und auch risikoreichen Reizen und Erfahrungen, um ein optimales Erregungsniveau zu erreichen bzw. aufrecht zu erhalten (Zuckerman 1979).

4.3.1.5 Kulturelles Umfeld

Kulturelle Unterschiede bei Medienangebot, Mediennutzung und Aggressionsverhalten (inkl. dessen Sanktionierung und Risikofaktoren für dessen Entstehung wie z.B. Armut, Krieg etc.) legen die Vermutung nahe, dass auch der Zusammenhang zwischen Mediengewalt und realer Gewalt je nach Kulturkreis variiert (Kirsh 2012, 286; S. Lee & Eastin 2013; Smith & Lee 2013; Krahé 2016; Anderson u.a. 2017, 986f.). Um dies zu untersuchen, besteht die Möglichkeit, Befunde von Einzelstudien aus verschiedenen Kulturkreisen separat zu betrachten bzw. die Effekte solcher Studien im Rahmen von Meta-Analysen zu vergleichen (Anderson u.a. 2010), innerhalb eines Landes Effekte bei Rezipienten verschiedener ethnischer Herkunft bzw. mit und ohne Migrationshintergrund gegenüberzustellen (Feshbach & Tangney 2008; Möller, Krahé & Busching 2013) oder mit vergleichbarer Methode Studien in verschiedenen Ländern durchzuführen (Negy u.a. 2013; Busching u.a. 2015; Anderson u.a. 2017). Keine dieser Vorgehensweisen erbrachte allerdings bislang Hinweise auf kulturelle Unterschiede in der Wirkung von Mediengewalt.

4.3.1.6 Soziales Umfeld

Einfluss der Eltern auf den Mediengewaltkonsum

In der Literatur herrscht Übereinstimmung, dass das soziale Umfeld, insbesondere Eltern sowie der Freundeskreis, einen wichtigen Einfluss auf die Wirkung von Mediengewalt besitzt. Dieser Einfluss beginnt bereits bei der Prägung des *Mediennutzungsverhaltens* und dauerhafter inhaltlicher Präferenzen durch das familiäre Vorbild (G. Yang & Huesmann 2013). Er setzt sich fort beim *medienbezogenen elterlichen Erziehungsstil*,[31] zu dessen Bedeutung für die Wirkungen von Mediengewalt mittlerweile diverse Untersuchungen vorliegen (im Überblick Kunczik & Zipfel 2010, 439–468; Collier u.a. 2016; Zipfel 2017; Pfetsch 2018). Unter bestimmten Umständen (v.a. bei jüngeren Kindern bzw. bei Begründungen und Einbeziehung der Perspektive des Kindes sowie konsistenter Anwendung durch beide Elternteile) können zwar auch *restriktive* Maßnahmen (d.h. Verbote) erfolgreich sein (Fikkers, Piotrowski & Valkenburg 2017; Laczinak u.a. 2017; Mares u.a. 2018); zur Verhinderung negativer Effekte hat sich aber v.a. eine *aktive* Mediation im Sinne einer Kommunikation über violente Darstellungen erwiesen, bei der entsprechende Inhalte eindeutig negativ bewertet und Kinder für die Opferperspektive sensibilisiert werden. Gemeinsamer Medienkonsum ohne Kommunikation über die Inhalte („*Coviewing*") hingegen kann leicht kontraproduktive Konsequenzen bewirken, da Kinder ausbleibende Reaktionen als elterliche Billigung des Gesehenen interpretieren bzw. selbst bei Inhalten mit abschließender positiver moralischer Botschaft die Gefahr besteht, dass sich gerade jüngere Kinder stärker auf (die in der Regel mehr Aufmerksamkeit erregenden) violenten Handlungen als auf deren Kontext konzentrieren (Ostrov, Gentile & Mullins 2013).

Mediengewalt und Freundeskreis

Insbesondere bei Heranwachsenden verliert der elterliche Einfluss an Bedeutung, und der Austausch bzw. der gemeinsame Medienkonsum mit Gleichaltrigen kann positive Einstellungen zu violenten Medieninhalten fördern. Auch wurden Zusammenhänge zwischen einem delinquenten Freundeskreis, Mediengewaltkonsum und Gewaltverhalten gefunden (im Überblick Kunczik & Zipfel 2010, 283–288).[32] Interessant ist in diesem Kontext eine niederländische Längs-

31 Studien, die das allgemeine Erziehungsverhalten bzw. die Eltern-Kind-Bindung untersucht haben, konnten zwar teilweise einen Effekt auf den Zusammenhang zwischen Mediengewalt und Violenz konstatieren, die Befundlage ist hier aber nicht konsistent (Huesmann u.a. 2003; Wallenius & Punamäki 2008; Kanz 2014; 2016; Sauter u.a. 2016).

32 Andere Studien zur Bedeutung von Mediengewalt im Kontext des sozialen Netzwerks von Heranwachsenden erbrachten schwierig zu interpretierende bzw. zweifelhafte Befunde. Bei Verheijen u.a. (2018) beeinflusste der Mediengewaltkonsum männlicher Jugendlicher das Gewaltverhalten ihres besten Freundes (nicht aber das eigene) ein Jahr später – unabhängig davon, ob beide Freunde gemeinsam Computerspiele spielten oder nicht. Bei Greitemeyer (2018) zeigte sich eine erhöhte Aggressivität von Mitgliedern des sozialen Netzwerks von Spielern violenter Computerspiele. Diese Befunde waren allerdings rein korrelativ, und die Violenz im Freundeskreis wurde nur durch die Angaben des befragten Computerspielers erhoben. Bei Velki & Jagodić (2017) reduzierte die gemeinsame Mediennutzung mit Eltern bzw. Freunden die Gewalt Heranwachsender gegenüber Peers, die Inhalte der genutzten Medien wurden allerdings ebenso wenig erhoben wie die Art der Interaktion bei der gemeinsamen Nutzung.

schnittstudie von Fikkers u.a. (2016) mit knapp 950 Befragten zwischen 10 und 14 Jahren. Mediengewaltkonsum verstärkte bei Jugendlichen den Eindruck, dass ihre Peers Aggression billigen, und steigerte auf diesem Wege das eigene Aggressionsverhalten. Dies galt allerdings nur, wenn die Jugendlichen meinten, dass Gleichaltrige in ihrer Umgebung sich auch tatsächlich aggressiver benahmen. Bei denjenigen, die wenig oder gar keine Aggression unter ihren Peers ausmachten, sank mit steigendem Mediengewaltkonsum der Eindruck, dass die Gleichaltrigen Gewalt billigten, was wiederum eigenes Gewaltverhalten reduzierte.

Gewalterfahrungen in der Familie

Dieser Befund verweist auf die Bedeutung, die *Gewaltverhalten* im direkten sozialen Umfeld bei der Wirkung von Mediengewalt auf Rezipientenaggression besitzt. Sowohl in Experimenten (z.B. Brady & Mathews 2006) als auch in Befragungsstudien (z.B. Wallenius & Punamäki 2008) wurden stärkere Zusammenhänge zwischen Mediengewaltkonsum und Aggression für Personen nachgewiesen, die in ihrem sozialen Umfeld Gewalterfahrungen ausgesetzt waren. In seiner Studie bei rund 1.000 bayrischen Hauptschülern fand Hopf (2004), dass die Aggressivität von Kindern nicht nur durch den (vom elterlichen Vorbild geprägten) Mediengewaltkonsum, sondern auch durch Emotionen wie Hass, Wut und Rache beeinflusst wurde, wobei diese Gefühle wiederum aus der Beobachtung bzw. Erfahrung von Gewalt nicht nur in den Medien selbst, sondern auch in Familie und Freundeskreis resultierten. Fikkers u.a. (2013) konstatierten in einer Längsschnittstudie mit ca. 500 Jugendlichen zwischen 10 und 14 Jahren, dass ein höherer Mediengewaltkonsum bei Kindern, die in konfliktreichen Familien aufwuchsen, mit einem Aggressionsanstieg verbunden war. Dieser hing (auch) mit der stärkeren Erregung zusammen, mit der diese Kinder auf violente Computerspiele reagierten (Fikkers, Piotrowski & Valkenburg 2016).

Begriffe

Der Effekt der „doppelten Dosis"

Die Beobachtung, dass der Konsum violenter Medieninhalte v.a. dann problematisch ist, wenn er mit realen Gewalterfahrungen zusammentrifft, wird auch als Effekt der *„doppelten Dosis"* bezeichnet. Kinder beziehen in dieser Situation gleich aus *zwei Quellen* (Medien *und* soziales Umfeld) Informationen, die die Zugänglichkeit aggressionsbezogener Skripts erhöhen, gewaltlegitimierende soziale Normvorstellungen begünstigen bzw. einen feindseligen Attributionsstil unterstützen und auf diese Weise eigenes Gewaltverhalten fördern können (Fikkers u.a. 2013, 287). Aufgrund des

Mangels kompensierender Einflüsse kann Mediengewalt besonders starke Effekte entfalten. Den Wirkungsprozess dieser „doppelten Gewaltdosis" erklärt Herbert Selg (in: „Gewaltverherrlichung kann gefährlich sein" 1999, 46) folgendermaßen: „Die erste Dosis wird in der Familie gegeben. Wenn dort keine Gewalt stattfindet, dann kann die zweite Dosis – die Mediengewalt – Kinder nicht auf die schiefe Bahn bringen. Wenn aber in der Familie Gewalt vorgelebt wird, wenn zum Beispiel Kindesmißhandlung stattfindet, dann ist die Gefahr groß, dass solche Kinder, die nicht viel anderes kennen als Gewalt, sich eine Grundhaltung aneignen, die dann von den Medien verstärkt wird."

Hinzu kommt, dass Mediengewalt für Kinder, die in ihrem Alltag viel reale Gewalt erfahren, ein besonderes Identifikationspotenzial, eine starke instrumentelle Nützlichkeit und damit eine besonders hohe Anziehungskraft besitzt. Auf diese Weise kann eine hohe reale „Gewaltdosis" zusätzlich eine hohe mediale „Gewaltdosis" bedingen (z.B. Hopf 2004; Vandewater, Lee & Shim 2005; Wallenius & Punamäki 2008)[33] – zumal unter den entsprechenden sozialen Umständen kaum mit elterlichen Restriktionen des violenten Medienkonsums zu rechnen ist.

Gewalterfahrungen im Freundeskreis

Für Gewalterfahrungen Heranwachsender innerhalb ihrer Peer-Group liegen ähnliche Befunde vor wie für ein violentes familiäres Umfeld. So konstatierten Slater u.a. (2004) in einer Längsschnittstudie, dass Jugendliche, die besonders stark durch Gleichaltrige viktimisiert wurden, in Zeiten eines überdurchschnittlichen Mediengewaltkonsums auch eine besonders hohe Aggressivität an den Tag legten. Auch verhielten sich Befragte mit generell hohem Mediengewaltkonsum in Zeiten verstärkter Viktimisierung eher selbst aggressiv. Viktimisierung umfasste bei Slater u.a. sowohl physische als auch psychische Gewalt. Im Hinblick auf letztere belegen weitere Untersuchungen einen Zusammenhang zwischen der Zurückweisung durch Peers und violentem Medienkonsum (Anderson, Gentile & Buckley 2007, Studie 3). In einem Experiment von Plaisier und Konijn (2013) wurde dieser über gesteigerte Wut und eine tolerantere moralische Beurteilung antisozialer Medieninhalte vermittelt. In zwei weiteren Experimentalstudien von Gabbiadini und Riva (2018) bedingte sozialer Ausschluss eine erhöhte Präferenz für violente Medieninhalte, und beide Faktoren zusammen bewirkten eine erhöhte Aggressivität.

33 Bei Gvirsman u.a. (2014) allerdings erhöhte bei israelischen und palästinensischen Kindern, die unter den Bedingungen eines violenten politischen Konflikts aufwachsen, der Kontakt mit Gewalt im unmittelbaren (sozialen) Umfeld die Wirkung medial vermittelter politischer Gewalt nicht weiter.

4.3.2 Eigenschaften des Mediums

4.3.2.1 Literatur und Comics

Ein weiterer Einflussfaktor ist das Medium, über das die Rezipienten mit Gewaltdarstellungen konfrontiert werden. Blickt man zurück, so ist festzustellen, dass jedes „neue" Medium zunächst Ängste und Diskussionen über die damit verbundenen Gefahren heraufbeschworen und den Fokus der Wissenschaft entsprechend verschoben hat (im Überblick Kunczik & Zipfel 2006, 27–41). Heute stehen Computerspiele im Mittelpunkt des Interesses. Die Wirkung von Gewaltdarstellungen in *Printmedien* ist folglich nur noch selten Gegenstand der Forschung. Studien zu Romanen (Coyne u.a. 2012a; Stockdale u.a. 2013; Ferguson 2014b; Ferguson u.a. 2015; auch Kirsh 2012, 148–150), zu religiösen Schriften (Bushman u.a. 2007), Comics (im Überblick Kirsh 2012, 138–147; Ferguson 2013a, 132f.) oder Mangas (Coyne u.a. 2015) haben violenzsteigernde Effekte gefunden. Allerdings ist die Aussagekraft vieler Untersuchungen begrenzt. Querschnittbefragung können keine Aussage über die Kausalitätsrichtung der Zusammenhänge treffen (Stockdale u.a. 2013; Coyne u.a. 2015). In anderen Studien ist Gewalt mit weiteren problematischen Inhalten konfundiert, und das übrige (violente) Medienrepertoire der Befragten bleibt unberücksichtigt (Ferguson 2014b). In manchen Experimentalstudien werden nur die Effekte verschiedener Gewalt-Arten (physisch / relational) verglichen, es fehlt aber an einer Kontrollgruppe ohne violenten Stimulus (Bushman u.a. 2007; Coyne u.a. 2012a), bzw. statt tatsächlichen Verhaltens werden nur kognitive Effekte und Verhaltensintentionen gemessen (Kirsh 2012, 145–147).

4.3.2.2 Musik

Die Forschung zu Gewalt in der Musik hat relativ übereinstimmend Zusammenhänge zwischen der Präferenz für bestimmte Musikgenres (z.B. Rap, Heavy Metal, Rock, Alternative Rock, Hard Rock) auf der einen und Akzeptanz anti-sozialen Verhaltens, aggressiven Gedanken, Äußerungen, Gefühlen, Feindseligkeit, Aggressionsverhalten und Delinquenz auf der anderen Seite gefunden (Glascock 2014; Lozon & Bensimon 2014; Pieschl & Fegers 2016; im Überblick Kunczik & Zipfel 2010, 291–295; Pöge 2011; Kirsh 2012, 181–201; Warburton 2012; Lemieux & LaViers 2013; Ferguson 2013a, 134–136). Nicht alle Studien ermöglichen eine Beurteilung der Kausalitätsrichtung (d.h. auch aggressive Neigungen können Musikpräferenzen bestimmen); die vorliegenden Längsschnittuntersuchungen haben jedoch v.a. Belege für den Wirkungspfad gefunden (Selfhout u.a.

Präferenz für violente Genres

2008; ter Bogt, Keijsers & Meeus 2013; Coyne & Padilla-Walker 2015).

Bedeutung verbaler, auditiver und visueller Elemente

Die wenigen Studien, die genauer untersucht haben, auf welchen konkreten Eigenschaften eines Liedes eine Violenzsteigerung beruht, kommen zu heterogenen Befunden. Sie deuten insgesamt aber darauf hin, dass dem violenten *Text* die größte Bedeutung zukommt (Brummert Lennings & Warburton 2011; Mast & McAndrew 2011). Im Hinblick auf *Elemente der Musik selbst* gibt es zwar Hinweise darauf, dass die Stimmung, die als angenehm oder aversiv wahrgenommene Musik auslöst, violentes Verhalten und violente Kognitionen beeinflussen kann (Krahé & Bieneck 2012), andere Studien fanden aber weder für violent anmutende noch für besonders schnelle Musik einen Wirkungshinweis (Mast & McAndrew 2011; Pieschl & Fegers 2016) oder lediglich Anhaltspunkte für einen zusätzlichen (Brummert Lennings & Warburton 2011) bzw. in der Stärke violenten Songtexten vergleichbaren Effekt (Warburton, Gilmour & Laczkowski 2008). Obwohl Musikvideos aufgrund älterer Studien in Verdacht stehen, besonders starke Wirkungen zu entfalten (Kirsh 2012, 194–199), konnten Brummert Lennings und Warburton (2011) keinen über den Liedtext hinausgehenden Effekt eines *zusätzlichen Videos* feststellen.

Vergleich mit anderen Medien

Die wenigen Studien, die versucht haben, die Effekte von violenter Musik mit anderen, visuellen violenten Medien zu vergleichen, konnten keine wesentlichen Unterschiede in der Effektstärke zwischen Film bzw. Fernsehen, Computerspielen und Musik feststellen (Warburton, Gilmour & Laczkowski 2008; Coker u.a. 2015).

4.3.2.3 Computerspiele

Begründung starker Effekte

Die aktuelle Medien-und-Gewalt-Debatte konzentriert sich auf die Wirkung violenter Computerspiele, denen stärkere Effekte unterstellt werden als anderen Medien. Diese Annahme gründet sich auf folgende Argumente (Kunczik & Zipfel 2006, 295f.): In Computerspielen übt der Spieler eine aktive Rolle aus, die ständige Aufmerksamkeit erfordert. Statt *mit* einem Protagonisten zu empfinden wie bei Filmen, beziehen sich Emotionen auf *eigene* Leistungen. Die Ausübung von Gewalt hat in Spielen üblicherweise keine negativen Konsequenzen, sondern dient der Zielerreichung und wird direkt *belohnt* (durch Punkte, Zugang zu höheren Levels usw.). Die Möglichkeit, sich eine Spielfigur auszusuchen oder diese sogar selbst zu gestalten, erhöht das *Identifikationspotenzial* violenter Charaktere, das durch das Spielen aus der *Ego-Perspektive* weiter verstärkt werden könnte. Lerneffekte werden dadurch begünstigt, dass sich *alle Prozesse des*

Modell-Lernens (Beobachtung, Bestärkung, Ausführung des Verhaltens; Kap. 3.6) fast gleichzeitig vollziehen. Violentes Verhalten kann in detaillierten *Einzelschritten* nachvollzogen und durch kontinuierliche *Wiederholung* trainiert werden. Schließlich können Spiele in Abhängigkeit vom Inhalt und Geschick bzw. Strategie des Spielers *mehr Gewaltszenen* enthalten als Fernsehsendungen.

Besonderes Unterhaltungserleben

Computerspiele ermöglichen zudem durch ihre spezifischen Merkmale eine besondere Form des Unterhaltungserlebens. Diese spezifischen Erfahrungen können hier nur kurz umrissen werden. Sie stellen aber möglicherweise einen Mechanismus dar, der den Einfluss computerspielspezifischer Eigenschaften auf die Entstehung von Violenz beim Spieler vermittelt (z.B. Persky & Blascovich 2007; 2008; Jeong, Biocca & Bohil 2012 bzw. mit negativen Befunden Barlett u.a. 2008).

Begriffe

Präsenz bezeichnet ein subjektives Gefühl der Anwesenheit in einer anderen als der realen Umgebung (Witmer & Singer 1998, 225). Der Präsenzbegriff weist eine große Nähe zu den Konzepten des Involvements und der Immersion auf, von denen er nicht immer trennscharf abgegrenzt wird. Im Begriffsverständnis von Witmer und Singer (1998, 227) stehen beim *Involvement* eher Aufmerksamkeits- und Motivationsprozesse im Mittelpunkt. Involvement ist für sie ein psychologischer Zustand „experienced as a consequence of focusing one's energy and attention on a coherent set of stimuli or meaningfully related activities and events." Beim Begriff der *Immersion* hingegen dominieren raumkognitive Aspekte von Präsenz. Witmer und Singer (1998, 227) verstehen darunter einen psychologischen Zustand „characterized by perceiving oneself to be enveloped by, included in, and interacting with an environment that provides a continuous stream of stimuli and experiences". Bente, Krämer und Petersen (2002, 27, Hervorhebung im Original) schlagen vor, als *Präsenz* „die erlebte Anwesenheit an einem computervermittelten bzw. computergenerierten virtuellen Ort" zu bezeichnen, während *Immersion* „die emotionale, kognitive und handlungsmäßige Fokussierung auf die *dort* repräsentierten Inhalte" sei, „die sozusagen antagonistisch zum Erleben der realen Umwelt (inklusive der vermittelnden Technik) ist."

Beim *Flow-Erlebnis* handelt es sich um einen als beglückend empfundenen emotionalen Zustand, bei dem eine Person vollkommen in einer Tätigkeit aufgeht, deren Zweck ausschließlich in dem damit verbundenen Erlebnis besteht. Ein eingeschränktes Stimulusfeld ermöglicht eine ausschließliche Konzentration auf die entsprechende Tätigkeit. Handlung und Bewusstsein verschmelzen miteinander, die Person vergisst sich selbst, ihre Umwelt und die Zeit. Damit eine Tätigkeit einen Flow-Zustand auslösen kann, muss sie mit eindeutigen Anforderungen und Rückmeldungen verbunden sein. Da sich Flow nur mit dem Gefühl einstellt, alles unter Kontrolle zu haben, muss der Akteur die steuernde Instanz bleiben, und es muss ein Gleichgewicht zwischen Anforderungen und eigenen Fähigkeiten bestehen (Csikszentmihalyi 2000). Diese Anforderungen werden durch Computerspiele in idealer Weise erfüllt.

Um die Annahme einer stärkeren Wirkung von violenten Computerspielen gegenüber anderen Medien empirisch zu prüfen, bieten sich verschiedene Möglichkeiten an:

Verfahren

- Vergleich der Effektstärken in Korrelationsstudien, die die Nutzung verschiedener Medien messen;
- Vergleich der Effektstärken, die Meta-Analysen über diverse verschiedene Studien hinweg für die unterschiedlichen Medien ermittelt haben (Kap. 4.2);
- Experimentelle Isolation des Faktors „Interaktivität", indem z.B. ein Teil der Probanden ein Spiel spielt und ein anderer die Spielhandlung nur beobachtet (Kap. 4.3.3.10);
- Untersuchung einzelner spielspezifischer Charakteristika auf ihre Wirksamkeit (Kap. 4.3.3.9 bis 4.3.3.13).

Vergleich mit anderen Medien

Im Hinblick auf Effektstärkenvergleiche innerhalb einzelner Studien ergibt sich ein uneinheitliches Bild. Es gibt sowohl Untersuchungen, in denen das Fernsehen bzw. Filme stärker wirken, als auch solche, in denen Computerspiele ausgeprägtere Effekte verursachen. Die Befunde variieren z.T. auch innerhalb der einzelnen Studien, z.B. nach Geschlecht bzw. nach Art der abhängigen Variablen (im Überblick Kunczik & Zipfel 2010, 297 sowie Kanz 2014; 2016). Auch alle anderen genannten Überprüfungsmöglichkeiten haben trotz der Plausibilität entsprechender Annahmen ein besonders hohes Wirkungspotenzial von Computerspielen bislang nicht nachweisen können.

4.3.2.4 Internet

Gewalt im Internet und durch das Internet

In Bezug auf das Thema „Gewalt und Internet“ muss zwischen den beiden Dimensionen der Gewalt *im* Internet und der Gewalt *durch* das Internet unterschieden werden. Letztere ist mit dem Begriff des *Cyberbullying*[34] verbunden und nicht Gegenstand dieses Buches.

Formen von Gewalt im Internet und ihre Effekte

In Bezug auf erstere ist festzustellen, dass das Internet eine Verbreitungsplattform auch für verschiedene der bereits diskutierten violenten Medieninhalte (z.B. Filme, Musikvideos, Computerspiele) darstellt. Hinzu kommt ein breites Spektrum spezieller Formen violenter Inhalte, die z.B. im Kontext von Ekel, Abnormitäten und Verletzungen („Tasteless-Seiten“ / „Snuff-Seiten“),[35] von (Gewalt-)Pornografie, von Hate Speech, politischem und religiösem Extremismus auftreten können, um nur einige Phänomene zu nennen. Neben der allgemeinen Frage, ob der Kontakt mit Gewaltdarstellungen im Internet eigenes Aggressionsverhalten steigert (z.B. Branley & Covey 2017), werfen diese Inhalte jeweils spezifische Fragen auf wie die nach dem Beitrag des Internets bzw. speziell Sozialer Medien zur Steigerung verbaler Gewalt z.B. in Form von Beleidigungen (Flaming) (z.B. Appel u.a. 2014, Hutchens, Cicchirillo & Hmielowski 2015), zu Radikalisierung und zur Ausübung politisch bzw. rassistisch oder religiös motivierter Gewalt und Terrorismus (z.B. Taylor u.a. 2015; Chan, Ghose & Seamans 2016; Pauwels & Shils 2016 sowie ausführlich Conway 2017), dem Zusammenhang zwischen der Verbreitung des Internets und der Entwicklung von Sexualstraftaten (z.B. Bhuller u.a. 2013; Nolte 2017) oder auch der Frage, ob allein die Möglichkeit zur einfachen und weiten Verbreitung entsprechender Inhalte zur Ausübung realer Gewalt (mit dem Zweck, diese mediengerecht zu dokumentieren) führen kann (Happy Slapping Videos; P. Grimm & Rhein 2007; P. Grimm 2008).

Forschungsstand

Diese Auflistung erhebt keinerlei Anspruch auf Vollständigkeit, zeigt aber bereits, dass Wirkungen von Gewalt im Internet ein äußerst heterogenes Forschungsfeld darstellen. Dessen eingehendere Betrachtung würde den Rahmen dieses Buches sprengen. Davon abgesehen, liegen zu den einzelnen Themenbereichen zumeist noch zu wenige

34 Scheithauer, Hayer und Bull (2007, 142) definieren: „Cyberbullying bezieht sich auf den Gebrauch von Informations- und Kommunikationstechnologien wie Email (Emailbullying), Handy- und Pagertextnachrichten, Instant Messaging (Handybullying), oder auf den Einsatz von Webseiten und Chatforen (Internetbullying), um absichtlich und wiederholt auf feindselige Weise bestimmte Individuen oder Gruppen von Individuen zu diffamieren.“

35 „Tasteless-Seiten“ zeigen Bilder von Gewaltopfern, Hinrichtungen, Verstümmelungen usw. Bei „Snuff-Darstellungen“ handelt es sich um (vermeintlich) reale Szenen, für die Menschen auf brutale Weise misshandelt oder getötet werden (P. Grimm & Rhein 2007, 13).

Studien vor, um zu gesicherten Aussagen zu gelangen. Schon diese wenigen Hinweise zeigen jedoch, dass es zwar wichtig ist, die Nutzung violenter Internet-Inhalte bei der Ermittlung des Medienmenüs in Studien zur Wirkung von Mediengewalt mit zu erheben (z.B. Slater u.a. 2003; 2004; Friedlander u.a. 2013), eine pauschale Abfrage angesichts der Vielfalt problematischer Angebote und möglicher Risiken aber nur eine begrenzte Aussagekraft besitzt.[36] Ähnliches gilt für Aggregatstudien, die sich für spezielle Effekte interessieren, aber die allgemeine Verbreitung des Internets als unabhängige Variable verwenden (z.B. Bhuller u.a. 2013; Chan, Ghose & Seamans 2016; Nolte 2017).

4.3.3 Eigenschaften des Medieninhalts

4.3.3.1 Vorbemerkungen

Im Folgenden soll das Augenmerk auf dem Wirkungspotenzial *inhaltlicher Merkmale* von Gewaltdarstellungen liegen. Die einzelnen Faktoren sollen dabei separat betrachtet werden. Auf die Zuordnung zu übergreifenden Konstrukten wird bewusst verzichtet, da dies Annahmen über Wirkungsmechanismen implizieren würde, die sich aus den vorliegenden Untersuchungen in dieser Klarheit (noch) nicht ableiten lassen. Beispiele für solche übergeordneten Konstrukte sind die Konzepte *Lebhaftigkeit* („*Vividness*") und *Realismus*.

Begriffe

Dimensionen von Vividness nach Riddle (2014):

- Konkretheit, d.h. Detail-Reichtum (z.B. durch Darstellung von Blut, Wunden, Waffen);
- Nähe des Stimulus (technisch z.B. durch Nahaufnahmen, großen Bildschirm bzw. inhaltlich durch räumliche Nähe des Geschehens);
- Emotionales Interesse (z.B. durch Betroffenheit von bekannten bzw. dem Rezipienten nahen Personen oder durch Reaktionen des Opfers);
- Detail-Breite, d.h. Zahl der angesprochenen Sinne;
- Detail-Tiefe, d.h. (technische) Qualität der Stimulus.

Riddle (2013; 2014; Riddle u.a. 2017) nimmt an, dass lebhafte Stimuli, moderiert durch soziodemografische Variablen, kurzfristige Wirkungen auf Aufmerksamkeit, Präsenzgefühl, emotionale Reaktio-

---

36 Ybarra u.a. 2008 differenzierten zwischen fünf Typen violenter Websites (Hass-Seiten, Seiten mit Bildern von Toten, satanischen Ritualen, Bildern von Krieg, Tod oder Terrorismus und Seiten mit Cartoon-Gewalt) und fanden (allerdings auf rein korrelativer Basis) Zusammenhänge mit ernsthaftem Gewaltverhalten.

nen und eine höhere Wahrscheinlichkeit der kognitiven Verarbeitung besitzen und langfristig zu einer erhöhten Zugänglichkeit entsprechender Gedanken im Gedächtnis sowie komplexeren mentalen Modelle führen.

Realismus

Im Hinblick auf die Eigenschaften, die Lebhaftigkeit ausmachen, weist das Konzept der Vividness einige Überschneidungen mit dem des *Realismus* auf. In Bezug auf Computerspiele ist mit Galloway (2004) zwischen drei Formen von Realismus zu unterscheiden (Breuer, Festl & Quandt 2012; McGloin u.a. 2016, 443):

Begriffe

Formen von Realismus bei Computerspielen nach Galloway (2004):

1. Realismus im Sinne einer wirklichkeitsgetreuen audio-visuellen Darstellung (*„realisticness"* oder auch *grafischer Realismus*);
2. Realismus im Sinne der Wahrscheinlichkeit, mit der Situationen bzw. Ereignisse aus dem Computerspiel auch im realen Leben angetroffen werden können (*sozialer Realismus* oder auch *imaginativer* bzw. *folgernder Realismus*);
3. Realismus im Sinne authentischer physikalischer Objekt-Eigenschaften und Bewegungen (d.h. auch der Interaktion zwischen Spieler und Spielwelt) (*verhaltens-* bzw. *handlungsbezogener Realismus*).

Da für die Wirkung von Spieleigenschaften die Wahrnehmung der Rezipienten entscheidend ist, hat sich die Forschung auch mit der Frage befasst, welche Spielelemente dazu führen, dass Spieler diese als realistisch beurteilen. Ribbens (2013; Ribbens & Malliet 2010) nennt hier folgende Faktoren:

1. Simulationsrealismus (Verhaltensoptionen innerhalb der Spielregeln lassen sich auch auf die reale Welt übertragen);
2. Wahlfreiheit bei den Verhaltensoptionen innerhalb des Spiels;
3. Involvement mit der Spielfigur (inkl. Präsenzgefühl);
4. Allumfassende Beeinflussung der Wahrnehmung (auditive, visuelle und taktile Intensität durch hohe technische Qualität);
5. Sozialer Realismus (s.o.);
6. Authentizität (glaubwürdige Beschreibung der fiktionalen Welt).

Obwohl die empirische Überprüfung dieser Überlegungen noch am Anfang steht, lässt sich folgern, dass Realismus ein multidimensionales Konstrukt darstellt, sodass es nicht sinnvoll ist, dessen Wahrnehmung bzw. Wirkung generell zu untersuchen,[37] sondern sich die Forschung vielmehr auf einzelne Aspekte von Realismus bzw. einzelne realistische Eindrücke fördernde Spielelemente fokussieren sollte. Für ein solches Vorgehen spricht auch, dass es Darstellungselemente gibt, die nicht nur den Eindruck des Realismus, sondern auch den der Lebhaftigkeit fördern (z.B. das Zeigen von Blut; Kap. 4.3.3.4), sodass unklar ist, ob diese inhaltlichen Faktoren wirken, weil sie realistisch sind, weil sie lebhaft sind, weil beides zutrifft oder auch aus einem ganz anderen Grund.

4.3.3.2 Arten von Gewalt

Formen psychischer Gewalt

Während sich die Medien-und-Gewalt-Forschung lange Zeit auf physische Gewalt konzentriert hat, sind mittlerweile auch Effekte relationaler bzw. sozialer Gewalt (z.B. Coyne u.a. 2008; 2011a; 2012a; 2012b; Linder & Gentile 2009; Martins & Wilson 2012; Linder 2013; Martins 2013; Stockdale u.a. 2013; Ward & Carlson 2013; Krahé 2014a, 85; Coyne 2016) bzw. Darstellungen indirekter Gewalt (z.B. Coyne, Archer & Eslea 2004; Coyne & Archer 2005) sowie verbaler Gewalt (z.B. Linder & Gentile 2009; Coyne u.a. 2011b) untersucht worden.

Spezifische Effekte vs. Cross-Over-Effekte

In aller Regel wurden (in ihrer Kausalitätsrichtung allerdings zumeist unklare) Effekte gefunden (zu einer Ausnahme vgl. Ferguson, Salmond & Modi 2013). Dabei deuten einige Studien auf für die jeweilige Gewaltart spezifische Effekte hin (Coyne u.a. 2011a; 2012b; Martins & Wilson 2012; Martins 2013; Stockdale u.a. 2013; Coyne 2016), während andere einen Generalisierungs- bzw. Cross-Over-Effekt in dem Sinne nachweisen konnten, dass die Rezeption einer Aggressionsform die Manifestation einer anderen begünstigen kann (Coyne u.a. 2008; Linder & Gentile 2009). Zu berücksichtigen sind hierbei geschlechtsspezifische Unterschiede in Gestalt einer stärkeren Präferenz für relationale Gewalt bei Frauen bzw. Mädchen (Kap. 4.3.1.2).

Reale Gewalt

Im Hinblick auf Folgen realer Gewalt stehen meist Kultivierungs- bzw. Angsteffekte im Vordergrund (Kunczik & Zipfel 2010, 189–213). Gewaltsteigernde Effekte hingegen werden kaum untersucht.

37 Studien, die dies getan haben, ergaben in ihrer Gesamttendenz, dass reale bzw. als realistisch wahrgenommene Gewaltdarstellungen größere Furcht und stärkere aversive (z.B. Kobach & Weaver 2012) wie auch aggressive Reaktionen (z.B. Ward & Carlson 2013) auslösen können. Die Folgerung, dass eine Förderung der Unterscheidungsfähigkeit zwischen Realität und Fiktion bei Kindern vor negativen Folgen von Mediengewalt schützen könne, scheint zwar auf Angstreaktionen zuzutreffen, hat sich allerdings in Bezug auf Aggression als zweifelhaft erwiesen (Kunczik & Zipfel 2010, 443f., 452.).

Eine Ausnahme ist die Untersuchung von Gvirsman u.a. (2014), die in einer Langzeitstudie 8- bis 11-jährige Kinder und ihre Eltern aus Palästina sowie aus Israel befragt haben. Es zeigten sich Effekte des Kontakts mit politischer Gewalt in den Medien auf posttraumatische Stress-Symptome sowie auf Aggression gegenüber Gleichaltrigen, die unabhängig von Gewalterfahrungen in Familie, Schule und unmittelbarer Umgebung auftraten.

4.3.3.3 Qualität von Grafik und Sound

Die Befunde zur Wirkung des technischen Fortschritts im Sinne einer Verbesserung von Grafik- und Tonqualität sind inkonsistent. Ein Vergleich älterer und neuerer, relativ einfacher Spiele ergab eine Steigerung von Präsenzgefühl, Involvement und Erregung, nicht jedoch aggressiver Reaktionen (Ivory & Kalyanaraman 2007). Zwischen verschiedenen Versionen desselben (komplexeren) Spiels (Doom 1 und 3) zeigten sich sowohl Unterschiede in Aufmerksamkeit und Präsenzgefühl als auch im Hinblick auf aggressive Intentionen, wobei die neuere Spielversion aber auch als violenter, blutiger, schneller und schwieriger empfunden wurde (Krcmar, Farrar & McGloin 2011). Ein Vergleich desselben Spiels auf verschieden aktuellen Spielekonsolen (die sich aber auch im Hinblick auf Steuerungsmöglichkeiten usw. unterschieden) ergab keine Effekte der technischen Weiterentwicklung (Barlett 2008).

4.3.3.4 Darstellung von Blut

Umfang von Blutdarstellungen

Gewaltdarstellungen in den Medien können mehr oder weniger explizit erfolgen. Ein Merkmal der besonders expliziten Präsentation von Gewalt ist das Zeigen von Blut. In Bezug auf Computerspiele sprechen die vorliegenden Studien dafür, dass das reine Vorhandensein von Blutdarstellungen bzw. die Menge des gezeigten Blutes aggressionsverstärkend wirkt. Die Effekte waren allerdings z.T. gering und nicht immer über alle abhängigen Variablen hinweg festzustellen (Ballard & Wiest 1996; Farrar, Krcmar & Nowak 2006; Barlett, Harris & Bruey 2008; Krcmar & Farrar 2009).

Farbe des Blutes

Ein Mittel, das zur Entschärfung von Gewaltdarstellungen eingesetzt wird, ist die Verfremdung der Farbe des Blutes. Die Ergebnisse zur Wirksamkeit dieser Maßnahme sind heterogen. Während es bei Anderson u.a. (2004) für die Violenz der Probanden keinen Unterschied machte, ob im Spiel rotes Menschen- oder grünes Alien-Blut vergossen wurde, wirkte sich bei Jeong, Biocca und Bohil (2012) rotes (vs. blaues) Blut auf die Erregung und das Präsenzgefühl der Spieler aus, und ein höheres Präsenzgefühl ging mit mehr Feindseligkeit, Wut sowie physischer Aggression einher.

Wirkungsmechanismen

Insgesamt herrscht unter den Forschern keine Einigkeit darüber, wie die Wirkung von Blutdarstellung zu erklären ist. Während die einen annehmen, dass es über einen Priming-Effekt (Kap. 3.5) zur Aktivierung aggressiver Gedanken, Gefühle und Verhaltensweisen kommt (Barlett, Harris & Bruey 2008), vermuten andere, dass die Sichtbarkeit von Blut vom Spieler als Erfolgssignal und Belohnung gewertet wird (Farrar, Krcmar & Nowak 2006; Krcmar & Farrar 2009), oder sehen darin ein Element, das den Realismus des Spiels erhöht (Jeong, Biocca & Bohil 2012). Für Riddle (2013; 2014; Riddle u.a. 2017; Kap. 4.3.3.1) wiederum ist das Zeigen von Blut ein Element „konkreter" bzw. detailreicher Darstellungen, die sie als eine von fünf Dimensionen von Lebhaftigkeit versteht.

Schlüsselstudien

Interessant sind die Befunde der Studie von Verplaetse und De Smet (2016), die ihre Probanden während des Spielens eines violenten Computerspiels eine Maske mit wechselnden, in unterschiedlichen Flüssigkeiten gelösten (angeblichen) Geruchsproben tragen ließen. Während die erste Gruppe nur die Information erhielt, dass die Geruchsstoffe in einer farblosen oder in einer roten Flüssigkeit gelöst seien, wurde den Probanden der zweiten Gruppe gesagt, dass sie entweder (farbloses) Wasser oder echtes Blut erhielten (bei einem Teil der roten Proben handelte es sich jedoch um „Filmblut").

Die Personen, die ohne die explizite Erwähnung von Blut den Proben ausgesetzt waren, zeigten keinerlei Auswirkungen auf Präsenzgefühl, Erregung oder (violentes) Verhalten innerhalb des Spiels. Diejenigen, die erwarteten, Blut zu riechen, waren abgelenkt und gehemmt (geringere Hautleitfähigkeit und schlechterer Spielerfolg). Wenn diese Personen aber grundsätzlich aggressiver waren, zeigte sich eine Erhöhung der Kampflust (Selbstangaben zu Aufregung, Aggression, Wut, Machtgefühlen) – unabhängig davon, ob sie wirklich Blut gerochen hatten oder nicht. Während echtes Blut also keinen Effekt hatte, wirkte sich der Gedanke an Blut, d.h. die „subjektive Realität", je nach aggressiven Prädispositionen unterschiedlich auf die Probanden aus.

4.3.3.5 Violente Protagonisten

Von der Forschung ist gut belegt, dass attraktive violente Protagonisten Identifikationsprozesse auslösen und dadurch Empathie reduzieren und die Übernahme aggressiver Einstellungen und Verhaltensweisen begünstigen können (Gabbiadini u.a. 2016). Zur Klärung der Frage, was die Attraktivität eines Medienhelden ausmacht bzw. wie Identifikationsprozesse zustande kommen, ist zunächst eine Unterscheidung des Identifikationskonzepts in zwei Varianten hilfreich (z.B. Konijn, Bijvank & Bushman 2007):

Begriffe

Varianten von Identifikation

1. Identifikation auf Basis einer *wahrgenommenen Ähnlichkeit* zwischen Rezipienten und Medienfigur und
2. Identifikation im Sinne einer *Wishful Identification*, d.h. des Wunsches, wie eine Medienfigur zu sein (*Idealisierung*).

Empirische Befunde

Insgesamt sprechen die bisherigen Befunde dafür, dass insbesondere Identifikationsprozesse im Sinne einer *Idealisierung* die Wirkung violenter Medieninhalte verstärken können (z.B. Greenwood 2007; Konijn, Bijvank & Bushman 2007; Krcmar, Farrar & McGloin 2011; mit einem gegenteiligen Befund für soziale Aggression Martins & Wilson 2012). Auch für die Wirkung *ähnlichkeitsbasierter Identifikation* liegen jedoch Hinweise vor (in Bezug auf das Geschlecht Huesmann u.a. 2003; Eastin 2006; G. Yang, Huesmann & Bushman 2014 und auf die physische Erscheinung K. Williams 2011).

Diese Ergebnisse besitzen angesichts der Tatsache, dass viele Computerspiele es dem Spieler erlauben, seine Spielfigur zu wählen bzw. sogar selbst zu konfigurieren, eine besondere Relevanz. Fischer, Kastenmüller und Greitemeyer (2010) bzw. Hollingdale und Greitemeyer (2013) konstatierten in ersten Studien zu dieser Thematik, dass die eigene Gestaltung der Spielfigur das Aggressionsverhalten von Spielern violenter Spiele erhöht. Ob die Probanden eine ihnen ähnliche oder eine idealisierte Spielfigur zusammenstellten, wurde allerdings nicht erhoben.

Einflussfaktoren

Identifikationsprozesse können durch weitere Faktoren beeinflusst werden. Sie werden offenbar durch Spieleigenschaften verstärkt, die das Präsenzgefühl der Probanden erhöhen.[38] Die Identifikation mit

38 Hierzu gehören z.B. Spielperspektive, Virtual-Reality-Umgebung, Interaktivität, Bildschirmgröße (Hou u.a. 2012; Lin 2013b); Bewegungssteuerung (K. Williams 2013) oder die Existenz einer Spielgeschichte (Schneider u.a. 2004).

violenten Protagonisten scheint zudem als Moderator zwischen Persönlichkeits- (z.B. Feindseligkeit, Empathie) bzw. Spielmerkmalen (z.B. bewegungsgesteuerter Controller) auf der einen und violenten Reaktionen auf der anderen Seite zu fungieren (Jung, Park & Lee 2015). Die Wirkung von Identifikationsprozessen auf die Violenz der Spieler wird wiederum durch weiter Faktoren begünstigt (z.B. die Erfahrung, Verlierer in einem Wettbewerb zu sein; Griffiths, Eastin & Cicchirillo 2016).

Erklärungsansätze

Neben lerntheoretischen Erwägungen (Kap. 3.6) bietet die Forschung zum sogenannten „Proteus-Effekt“ Erklärungsansätze für die Mechanismen an, über die (identifikationsträchtige) violente Protagonisten Gewalt beim Rezipienten fördern.

Begriffe

Proteus-Effekt

Benannt nach einem griechischen Meeresgott mit der Fähigkeit zur Gestaltwandlung, besagt der Proteus-Effekt, dass das wählbare Erscheinungsbild eines Avatars Einfluss auf das Verhalten des Spielers nimmt. Während mit Verhalten zunächst das Agieren in der virtuellen Welt gemeint war, hat sich die jüngere Forschung auch mit Verhaltensweisen in der Realität befasst.

Dass Spieler während des Spiels Kognitionen und Verhaltensweisen zeigen, die den Erwartungen bzw. Stereotypen entsprechen, die bestimmte Schlüsselreize des Avatars nahelegen, haben mehrere Studien auch in Bezug auf das Thema Gewalt belegt. So bewirkten schwarz gekleidete Avatare mehr violente Einstellungen und Intentionen als weiße, als Ku-Klux-Klan-Mitglieder gekleidete Avatare mehr als solche, die als Ärzte gekleidet waren (Peña, Hancock & Merola 2009), oder Avatare mit schwarzer Hautfarbe mehr als solche mit weißer (Eastin, Appiah & Cicchirillo 2009; G. Yang u.a. 2014; Ash 2016) bzw. männliche Avatare mehr als weibliche (G. Yang, Huesmann & Bushman 2014). Offenbar spielt auch die Stärke der Identifikation mit dem Avatar hierbei eine bedeutende Rolle (Yee & Bailenson 2009; G. Yang, Huesmann & Bushman 2014; Ash 2016).

Erstmals unter diesem Begriff diskutiert wurde der Proteus-Effekt von Nick Yee und Jeremy N. Bailenson (2007), die einen selbst gestalteten Avatar als digitale Selbstrepräsentation eines Spielers verstehen und seine Wirkungen mit der Selbstwahrnehmungstheorie erklären. Diese besagt, dass Menschen versuchen, sich selbst mit den Augen einer außenstehenden Person wahrzunehmen und daraus Schlussfolgerungen auf ihre persönlichen Eigenschaften und erwartete Verhaltensweisen ableiten (Yee & Bailenson 2009). Denkbar ist aber auch, dass der Proteus-Effekt auf einem

Priming-Mechanismus (Kap. 3.5) basiert, d.h. auffällige Eigenschaften eines Avatars damit verbundene Assoziationen im Gedächtnis der Spieler aktivieren, die dann wiederum die weitere Wahrnehmung und das weitere Verhalten leiten (Yee & Bailenson 2009; Peña 2011). Wie Ratan und Dawson (2016; auch Bluemke, Friedrich & Zumbach 2010) argumentieren, wäre aber auch eine Verbindung beider Ansätze möglich, indem die wahrgenommenen Eigenschaften von Avataren, die eine hohe Selbst-Relevanz für einen Spieler besitzen, auf dem Wege des Primings Einfluss auf Schemata der eigenen Selbstwahrnehmung nehmen.

4.3.3.6 Rechtfertigung

Rechtfertigung als Disengagement-Faktor

Albert Bandura postuliert im Rahmen der Lerntheorie, dass Menschen durch sogenannte „Disengagement-Strategien" violente Akte rechtfertigen und für sich akzeptabler machen können (Kap. 3.6). Die Anwendung solcher kognitiver Strategien kann nicht nur dazu beitragen, dass die Rezeption eigentlich aversiver gewalthaltiger Inhalte genossen wird (z.B. Hartmann 2012), sondern offenbar auch dazu führen, dass Nutzer violenter Medien mehr antisoziales bzw. aggressives Verhalten zeigen (Richmond & Wilson 2008; Greitemeyer & McLatchie 2011; Gabbiadini u.a. 2014; auch Z. Teng u.a. 2017). Es ist daher naheliegend, dass Gewaltdarstellungen, die solche Disengagement-Strategien unterstützen, das Risiko negativer Auswirkungen verstärken. Zu den in diesem Zusammenhang relevanten Kontextfaktoren gehört die Rechtfertigung von Gewalt (die durch die Existenz einer Spielgeschichte verdeutlicht werden kann; Schneider u.a. 2004; Sauer, Drummond & Nova 2015), die Dehumanisierung von Opfern oder der Verzicht auf das Zeigen negativer Folgen von Gewalt (zum Auftreten solcher Faktoren in Computerspielen Hartmann, Krakowiak & Tsay-Vogel 2014).

Verringerung von Aggression

In Bezug auf die Rechtfertigung von Gewalt gibt es Befunde, denen zufolge Gewalt für prosoziale Zwecke bzw. durch Helden- oder Opferfiguren aggressive Reaktionen sogar verringert bzw. prosoziales Handeln verstärkt (Gitter u.a. 2013; Happ, Melzer & Steffgen 2013; 2015; Yoon & Vargas 2014; Sauer, Drummond & Nova 2015), und eine Meta-Analyse, in der sich keine Unterschiede zwischen von Helden bzw. von Kriminellen ausgeübter Gewalt zeigten (Anderson u.a. 2010).

Verstärkung von Aggression

In einer Hirnforschungsstudie von Molenberghs u.a. (2015) allerdings fiel die Aktivität in Hirnarealen, die auf die Verletzung anderer reagieren, geringer aus, wenn Menschen glaubten, dass die Gewalt gegen die betreffende Person oder Gruppe gerechtfertigt sei. Auch diverse weitere

Untersuchungen (Hartmann & Vorderer 2010; Hartmann, Toz & Brandon 2010; Lin 2010; Tamborini u.a. 2012; Grizzard u.a. 2014; Samson & Potter 2016; Gao u.a. 2017a; zu einer Zusammenfassung älterer Befunde Kunczik & Zipfel 2010, 325–329) kommen zu dem Schluss, dass gerechtfertigte Gewalt bei Computerspielern eine höhere Identifikation mit den violenten Protagonisten und weniger negative affektive Reaktionen (v.a. weniger Schuldgefühle), eine höhere Akzeptanz violenten Verhaltens sowie eine geringere Präsenz moralischer Werte und auch mehr eigene Aggressionstendenzen auslöst als Gewalt, die als ungerechtfertigt dargestellt wird. Der Spielspaß wird durch ungerechtfertigte Gewalt nicht unbedingt negativ beeinflusst, und offenbar sind die beschriebenen Reaktionen bei Frauen stärker als bei Männern und hängen auch vom Empathie-Empfinden und der Aggressivität der Rezipienten ab. Interessant ist auch der Befund einer Längsschnittstudie von Coyne u.a. (2017), in der die Identifikation mit Superhelden bei Vorschulkindern nicht dazu führte, dass sie andere Kinder eher verteidigten, wohl aber mehr physische und relationale Aggression zur Folge hatte – möglicherweise, weil die Vermischung von Gewalt und prosozialem Verhalten für die kognitiven Fähigkeiten dieser Altersgruppe noch zu komplex ist.

Fallbeispiele

Die Legitimität von Gewalt wird in den meisten genannten Studien über die Art der Akteure (z.B. Terroristen vs. UN-Soldaten) bzw. deren Motive (z.B. Schutz des Lebens anderer vs. persönlicher Vorteil) operationalisiert. Einen ganz anderen Weg beschritten Bushman u.a. (2007), die gläubige Studierende der mormonischen Brigham Young-Universität (Studie 1) sowie niederländische Studierende (Studie 2) einen violenten Text lesen ließen. Ein Teil der Probanden erhielt die Information, dass der Text ein Bibelausschnitt sei (gerechtfertigte Gewalt), dem anderen Teil wurde der Text als Passage aus einer alten Schriftrolle präsentiert (ungerechtfertigte Gewalt). Darüber hinaus enthielt die eine Hälfte der Texte einen göttlichen Aufruf zur Rache, die andere nicht. In beiden Studien zeigte sich, dass die Legitimierung von Gewalt durch die göttliche Autorität ebenso wie die göttliche Racheaufforderung die Aggressivität der Probanden (gemessen über den Geräuschtest) steigerte. Bei den niederländischen Studierenden waren im Hinblick auf die Racheaufforderung stärkere Effekte bei gläubigen (vs. nichtgläubigen) Probanden festzustellen.

4.3.3.7 Belohnung und Bestrafung von Gewalt

Der Lerntheorie zufolge (Kap. 3.6) stellen Belohnung und Bestrafung zentrale Motivationsfaktoren dar, die darüber entscheiden, wie gut beobachtetes Verhalten erlernt und ob es in die Tat umgesetzt wird. Obwohl violenten Computerspielen gerade wegen der inhärenten Belohnung von Gewalt (durch Punkte, das Erreichen weiterer Level usw.) ein besonderes Risikopotenzial zugeschrieben wird, hat dieser Kontextfaktor in der bisherigen Forschung nur geringe Aufmerksamkeit erfahren.

Belohnung und Computerspiele

Hinweise darauf, dass Gewalt im Computerspiel per se nicht unbedingt als belohnend empfunden wird, haben z.B. Mathiak u.a. (2011) in einer Hirnforschungsstudie gefunden. Schon früher hatten Przybylski, Ryan und Rigby (2009) festgestellt, dass ein Belohnungsgefühl nicht mit dem violenten Inhalt, sondern mit Erfahrungen von Autonomie und Kompetenz im Computerspiel einhergeht. Möglicherweise stellt sich die Situation jedoch anders dar, wenn mit der Gewaltausübung ein direkter Belohnungseffekt verbunden ist. Carnagey und Anderson (2005) z.B. ließen ihre Probanden eine von drei Versionen eines Autorennspiels spielen. Das Töten von Fußgängern oder Konkurrenten wurde durch Punktgewinn belohnt oder durch Punktabzug bestraft bzw. war gar nicht moglich. Sowohl das Spiel mit belohnter als auch das mit bestrafter Gewalt führte zu mehr feindseligen Emotionen als das nicht-violente Spiel. Im Hinblick auf aggressive Gedanken und Verhaltensweisen hingegen bewirkte die Belohnung von Gewalt deutlich stärkere Effekte als die Version mit bestrafter bzw. ohne Gewalt, die sich nicht signifikant voneinander unterschieden.

Bedeutung des Kontextes

In einer ähnlich angelegten Studie von Sauer, Drummond und Nova (2015) wurden die Probanden darüber informiert, dass das Töten von Gegnern in einem First-Person-Shooter ihre Leistungen verbessern bzw. verschlechtern würde. Eine dritte Gruppe erhielt keinerlei Informationen. In Abhängigkeit von ihrer Spielleistung wurde den Probanden Schokolade versprochen. Während die Spieler, die an einen Punktabzug für getötete Spielfiguren glaubten, weniger Schüsse innerhalb des Spiels abgaben, unterschied sich das Spielverhalten der anderen beiden Gruppen nicht voneinander. Nach dem Spiel zeigten sich keine Unterschiede im Gewaltverhalten der drei Gruppen, wobei die Verfasser darauf hinweisen, dass sie innerhalb des Spiels eine instrumentelle Form von Gewalt provoziert hatten, für deren Anwendung es nach dem Spiel keinen Anlass mehr gab. Diese Befunde sprechen dafür, dass das durch Belohnung geförderte Erlernen und Ausüben von Gewalt kontextabhängig ist, d.h. solange wichtige mit dem modellierten Verhalten verbundene Bedingungen nicht vorliegen, kommt es auch nicht zu einer Übertragung des gelernten Verhaltens in die Realität.

4.3.3.8 Konsequenzen von Gewalt für das Opfer

Gewaltkritik durch Darstellung von Konsequenzen

Während in der Forschung zu Einflussfaktoren auf die Wirkung von Mediengewalt zunächst v.a. die Täterdarstellung im Mittelpunkt stand, hat sich insbesondere durch die Arbeiten von Jürgen Grimm (1999; 2002) mittlerweile die Erkenntnis durchgesetzt, dass auch die Opferperspektive eine große Bedeutung für die Rezeption von Gewaltdarstellungen besitzt. Auf Basis eigener Experimente kommt Grimm (1999) zu dem Schluss, dass v.a. die Darstellung „schmutziger Gewalt", d.h. das Zeigen extremer Brutalität und schlimmer Verletzungen, im Gegensatz zu „sauberer Gewalt", die die Konsequenzen von Gewalt für das Opfer ausblendet, über das Auslösen von Angst zu Aggressionskontrolle und einer gewaltkritischen Haltung führe. Gestützt werden diese Befunde durch Erkenntnisse aus der medienpädagogischen Forschung, denen zufolge eine Identifikation mit dem Opfer violenzfördernden Effekten von Gewaltdarstellungen entgegenwirken kann (Nathanson & Cantor 2000).

Begriffe

Robespierre-Affekt

Jürgen Grimm (1999; 2002; auch Grimm 1998) hat in seinen Experimenten auch Hinweise auf ein Phänomen gefunden, für das er den Begriff des „*Robespierre-Affekts*" geprägt hat. Maximilien de Robespierre vertrat als führender Vertreter der Jakobiner in der Französischen Revolution einen „Tugend-Terror", der von der Überzeugung moralischer Überlegenheit und der Verkörperung des Volkswillens getragen wurde und zur massenhaften Hinrichtung (vermeintlicher) Gegner der Revolution führte. Der Robespierre-Affekt bezeichnet die Beobachtung, dass eine Identifikation mit dem Opfer violenzsteigernde Wirkung entfalten kann, und zwar dann, wenn illegitime Gewalt gegenüber einem sympathischen Opfer gezeigt wird und diese „keine befriedigende und befriedende intrafiktionale Auflösung erfährt" (Grimm 1999, 693), d.h. der Täter z.B. keine gerechte Strafe erhält. Aus der moralischen Empörung des Rezipienten könnten unter diesen Umständen Rachegefühle und Aggression resultieren.

Befunde, die dem Robespierre-Affekt entsprechen, fanden z.B. auch Meister u.a. (2008, 42–45) bei Jugendlichen in ihrer Reaktion auf die Berichterstattung über den 11. September 2001 sowie Grizzard u.a. (2017a), die feststellten, dass die Deutlichkeit, mit der der Tod der Opfer von Massenhinrichtungen durch den IS gezeigt wurde, bei den Zuschauern moralische Abscheu und Wut steigerte, was wiederum zu einer erhöhten moralischen Sensibilität und zu einem stärkeren Wunsch nach einer Bekämpfung des IS – sowohl mit militärischen als auch mit humanitären Mitteln – führte.

Besonderheiten von Computerspielen

Die bislang aufgeführten Erkenntnisse beziehen sich auf violente Film- bzw. Fernsehinhalte. Bei violenten Computerspielen handelt es sich bei den Opfern von Gewalt zumeist zugleich um Gegner, deren Beseitigung das zentrale Spielziel darstellt, was andere Wirkungsmechanismen nahelegt. Hartmann und Vorderer (2010) fanden in einer allerdings mit methodischen Problemen behafteten Studie entgegen ihrer Vermutung keine Hinweise darauf, dass das Zeigen von Konsequenzen virtueller Gewalt negative Gefühle bewirkt. Es machte auch keinen Unterschied, ob die gegnerischen Figuren eine menschliche oder nicht-menschliche Erscheinung aufwiesen. Hierzu sind die Befunde allerdings insofern widersprüchlich, als es auch Hinweise auf stärkere Schuldgefühle (Lin 2011; Gollwitzer & Melzer 2012) sowie kognitive und verbale (nicht aber physische) Gewalt (Farrar, Krcmar & McGloin 2013) nach dem Spielen gegen menschlichere bzw. als menschlicher wahrgenommene Gegner gibt.

Zu der Frage, ob das Spielen eines violenten Spiels aus der Opferperspektive zu einer gewaltkritischen Haltung führt, gibt es bislang keine Befunde. Wie Rothmund, Gollwitzer und Klimmt (2011) konstatierten, reduziert eine solche Erfahrung jedoch das Vertrauen in die Kooperationsbereitschaft von Partnern ebenso wie das eigene soziale Kooperationsverhalten.

4.3.3.9 Interaktivität

Wirkungsannahmen

Im Folgenden sollen Einflussfaktoren behandelt werden, die speziell Computerspiele betreffen. Das Merkmal der „Interaktivität" wird besonders häufig als Argument für ein hohes Wirkungspotenzial violenter Spiele im Vergleich zu anderen violenten Medieninhalten angeführt. Diese Argumentation basiert auf der Annahme, dass interaktive Inhalte zu mehr Aufmerksamkeit, mehr Identifikation mit der violenten Spielfigur und unmittelbaren Belohnungseffekten führen und so Lern- bzw. Imitationsverhalten fördern können. Diese Annahme ist populärer als die auch anzutreffende Überlegung, dass Interaktivität angesichts limitierter kognitiver Fähigkeiten des Rezipienten die Ressourcen für die Wahrnehmung des Spielinhalts reduziert und dadurch Wirkungen abschwächt (Weber, Behr & DeMartino 2014; Breuer, Scharkow & Quandt 2014 unter Berufung auf das Limited Capacity Model of Mediated Message Processing von Lang 2000).

Empirische Befunde

In Studien, die versucht haben, diesen Faktor zu isolieren, spielt zumeist eine Gruppe von Versuchspersonen ein violentes Spiel, während eine andere Gruppe das Spiel lediglich auf einem Monitor beobachtet, was eine inhaltlich mit der Spielerfahrung identische, aber nicht-interaktive Versuchsbedingung schaffen soll. Zwar fanden sich Hinweise darauf, dass das Spielen zu einem höheren Präsenzgefühl (Tamborini u.a. 2004; Yoon & Ham 2016), mehr physiologischem Stress (Maass, Lohaus & Wolf 2010) und mehr Erregung und Aufmerksamkeit für Gewalt (Lin 2013a; Breuer, Scharkow & Quandt 2014) führt. Einen Nachweis für Wirkungsunterschiede im Hinblick auf Aggression konnte allerdings nur ein Teil der Studien finden (Lin 2013a; 2013b; Yoon & Vargas 2014; Yoon & Ham 2016; auch Rothmund, Gollwitzer & Klimmt 2011 zu Auswirkungen auf Misstrauen und Kooperation). Ein anderer Teil erbrachte keine eindeutig interpretierbaren Unterschiede (Tamborini u.a. 2004; Polman, de Castro & Aken 2008).

Wirkungsmechanismen

Vorliegende Befunde sprechen dafür, dass die Wirkung von Interaktivität auf aggressive Affekte und Verhaltensweisen durch eine stärkere Identifikation mit der Spielfigur bzw. ein stärkeres Kontroll- und Präsenzgefühl vermittelt wird (Lin 2013b; Yoon & Vargas 2014; Yoon & Ham 2016). Zu berücksichtigen ist darüber hinaus, dass ein hoher Grad an Interaktivität bei weniger geschickten bzw. erfahrenen Spielern möglicherweise auch den Frustrationsgrad erhöhen und auf diese Weise unabhängig vom Gewaltgehalt des Spiels zu einer erhöhten Feindseligkeit beitragen kann (Weber, Behr & DeMartino 2014; Kap. 4.3.3.13).

Befundlage

Insgesamt konnte eine aggressionsverstärkende Wirkung von Interaktivität bislang noch nicht überzeugend bestätigt werden – ein abschwächender Effekt, wie er auf Basis des Limited Capacity Models of Mediated Message Processing angenommen wird, scheint jedoch auch nicht einzutreten.

4.3.3.10 Virtuelle Realität

Der Begriff der *„Virtuellen Realität“* (VR) steht für eine computergenerierte, dreidimensionale Wirklichkeit, die der Rezipient nicht nur betrachten, sondern durch die er sich bewegen und mit der er interagieren kann. Die Wahrnehmung der virtuellen Realität kann über verschiedene Ausgabegeräte (v.a. das *Head-Mounted Display*)[39] erfolgen. Die Interaktion mit bzw. innerhalb der virtuellen Welt ermög-

39 Hierbei handelt es sich um ein am Kopf getragenes Anzeigegerät, das eine Darstellung des Bildes unmittelbar vor den Augen ermöglicht oder das Bild direkt auf die Netzhaut projiziert, sodass dieses einen großen Teil des Blickfeldes abdeckt und so Immersions-

lichen Spielsteuerungsgeräte wie Datenhandschuhe, Datenanzüge oder bewegungssensitive Controller wie bei der Nintendo Wii, die die Steuerung eines Spiels über intuitive Körperbewegungen erlauben.

Wirkungen auf Präsenz- und Flow-Gefühl

Die bisher vorliegenden Befunde deuten darauf hin, dass das Spielen unter VR-Bedingungen das Präsenzgefühl und das Flow-Erlebnis der Spieler (Kap. 4.3.2.3) nicht unbedingt erhöhen muss (Tamborini u.a. 2004; Arriaga u.a. 2008). Teilweise empfanden die Probanden sogar beim Spielen auf der klassischen Konsole ein stärkeres Präsenzgefühl (Eastin & Griffiths 2006; zu gegenteiligen Befunden Persky & Blaskovic 2008). Einige Forscher nehmen an, dass eine gewisse Vertrautheit mit VR-Umgebungen Voraussetzung dafür ist, dass es zu einer Steigerung des Präsenzgefühls kommt (Tamborini u.a. 2004; Eastin & Griffiths 2006), was auch erklären könnte, weshalb z.B. bei Zumbach, Seitz und Bluemke (2015) (mit Computerspielen im Regelfall erfahrenere) Männer ein stärkeres Flow-Erlebnis unter 3-D-Bedingungen, Frauen hingegen unter den üblichen 2-D-Bedingungen zeigten. Insbesondere aber ist der Befund, dass eine violenzsteigernde Wirkung gewalthaltiger Computerspiele unter VR-Bedingungen eher eintritt als unter klassischen Spielbedingungen, die Ausnahme (Persky & Blaskovich 2007; 2008), während die meisten Studien keine Unterschiede oder sogar umgekehrte Effekte finden (Tamborini u.a. 2004; Eastin & Griffiths 2006; Arriaga u.a. 2008; Markey & Scherer 2009).

Uneinheitliche Operationalisierung

Problematisch ist an den vorliegenden Studien allerdings die sehr heterogene Operationalisierung von VR. Zwar bedienen sich alle genannten Untersuchungen hierfür eines Head-Mounted Displays (vs. eines normalen Computer-Bildschirms); während sich aber einige darauf beschränken (Arriaga u.a. 2008), variieren andere zusätzlich die Spielsteuerung, wobei die Spieler in der VR-Bedingung teils die Möglichkeit zur Körpersteuerung, teils aber auch nur einen realistisch gestalteten Controller (z.B. in Waffenform) zur Verfügung haben (Tamborini u.a. 2004; Eastin & Griffiths 2006). Erschwerend kommt hinzu, dass ein solcher Controller teils als Element virtueller Realität, teils aber auch als Element der Standard-Bedingung (Persky & Blaskovich 2007; 2008) verwendet wird.

Effekte der Bewegungssteuerung

Untersuchungen, die sich ausschließlich mit Effekten der Bewegungssteuerung bei gewalthaltigen Spielen beschäftigt haben, fanden teils mehr (K. Williams 2013), teils weniger (Charles u.a. 2013) und teils

Gefühle verstärkt, wobei Sensoren für die Kopfbewegung des Spielers diesen Effekt durch Berücksichtigung des Blickwinkels weiter intensivieren können.

gleich viel (Markey & Scherer 2009) Feindseligkeit bzw. Aggression bei der Verwendung von Motion-Capture-Controllern. Bei Jung, Park und Lee (2015) war ein kognitiver Effekt der Bewegungssteuerung von der Feindseligkeit der Probanden abhängig.

4.3.3.11 Spielperspektive

Für die populäre Vermutung, dass das Spielen aus der Ich-Perspektive (Ego-Shooter bzw. First-Person-Shooter) besondere Gefahren birgt, hat die Forschung bislang keine Bestätigung gefunden (Anderson u.a. 2010; Farrar, Krcmar & Nowak 2006; Lim & Reeves 2009; Jeong, Biocca & Bohil 2012). Im Gegenteil liegen sogar Befunde vor, denen zufolge das Spielen in der Dritte-Person-Perspektive zu mehr aggressiven Neigungen führt (Krcmar & Farrar 2009). Erklärbar wäre dieser Effekt damit, dass stärkere Identifikationseffekte eintreten könnten, wenn die (violente) Spielfigur auf dem Bildschirm zu sehen ist. Zudem ist die Ego-Perspektive v.a. für weniger erfahrene Spieler gewöhnungsbedürftig, was Orientierungsschwierigkeiten in der Spielumgebung und Ablenkung bewirken und in geringeren Aggressionseffekten resultieren könnte.

4.3.3.12 Spielsteuerung und Controller

In der Forschung wird diskutiert, ob auch die Art der Steuerung eines Computerspiels Einfluss auf die Violenz der Spieler nehmen kann. Hierbei stehen v.a. zwei Aspekte im Fokus: *Waffenförmige Controller* und die Möglichkeit der *Spielsteuerung durch Körperbewegungen* (Motion Capture Control), deren (widersprüchliche) Effekte bereits in Kap. 4.3.3.9 behandelt wurden.

Wirkungsmechanismen

Die Forschung zu waffenförmigen Controllern bezieht sich zumeist auf die Stimulationsthese (Kap. 3.5), die davon ausgeht, dass bestimmte Hinweisreize in Medieninhalten aggressionsauslösend wirken, und ein solches Potenzial insbesondere Waffendarstellungen zuschreibt („Waffen-Effekt"; Berkowitz & LePage 1967; Weber & Behr 2013). Eine Aggressionssteigerung könnte aber auch durch eine Erhöhung des Präsenzgefühls und der Erregung aufgrund der realistischeren Spielerfahrung zustande kommen (K. Kim & Sundar 2013; McGloin, Farrar & Fishlock 2015; Farrar u.a. 2017).

Empirische Befunde

Die Befunde zur Wirkung von Waffenbildern bzw. waffenförmigen Controllern ergeben ein widersprüchliches Bild (K. Kim & Sundar 2013; McGloin, Farrar & Krcmar u.a. 2013; McGloin, Farrar & Fishlock 2015; Q. Zhang u.a. 2016; Dillon & Bushman 2017; Farrar u.a. 2017; zu älteren Studien im Überblick Kunczik & Zipfel 2010,

218f., 352f.).[40] Ein eindeutiges Urteil wird dadurch erschwert, dass in den vorliegenden Studien im Hinblick auf die Beschaffenheit der Controller (Boxhandschuh, unterschiedlich realistisch gestaltete Schusswaffen usw.) und abhängige Variablen (physiologische, kognitive, emotionale Effekte, Verhaltenseffekte, Treffergenauigkeit usw.) sehr unterschiedliche Designs zum Einsatz kommen.

Problem der Konfundierung

Darüber hinaus erfolgt z.T. insofern eine Konfundierung mehrerer Einflussfaktoren, als die Effekte waffenförmiger, bewegungsgesteuerter Controller mit denen waffenförmiger, aber nicht bewegungsgesteuerter Controller verglichen werden. Hier bleibt unklar, ob festgestellte Wirkungen auf die Waffenähnlichkeit des Controllers oder auf die Bewegungssteuerung zurückgehen (McGloin, Farrar & Fishlock 2015).

4.3.3.13 Schwierigkeitsgrad und Frustrationspotenzial

Obwohl vom Faktor Frustration schon lange bekannt ist, dass er bei der Entstehung von Gewalt eine wichtige Rolle spielt (Kap. 3.5), ist diese Variable bislang in den wenigsten Studien zur Wirkung von Computerspielen kontrolliert worden. Dabei liegt die Vermutung nahe, dass aus einem im Verhältnis zu den Fähigkeiten des Spielers zu hohen Schwierigkeitsgrad leicht Frustrationserfahrungen resultieren können, die ggf. in Gewalt münden, ohne dass der Spielinhalt hierzu einen Beitrag leisten muss.

Aggression durch Frustrationserfahrung

Studien zu dieser Thematik operationalisieren Frustrationserfahrungen in Computerspielen zumeist über die Geschwindigkeit bzw. die Zahl der Gegner und deren Geschicklichkeit (Mahood 2007; Kneer, Elson & Knapp 2016), z.T. aber auch über eine Niederlage im Spiel (Breuer, Scharkow & Quandt 2015) oder über ausbleibende externe Belohnungen (K. Williams 2009). Die bisherigen Befunde deuten darauf hin, dass Frustrationserfahrungen unabhängig vom Gewaltgehalt des Spiels Violenz auslösen bzw. steigern können (Mahood 2007; K. Williams 2009; Przybylski u.a. 2014; Weber, Behr & DeMartino 2014; Breuer, Scharkow & Quandt 2015; McCarthy u.a. 2016).[41] Bestätigt hat sich auch, dass zwar ein bestimmter Grad an Herausforderung für den Spielgenuss wichtig ist (Matthews 2015; Kneer, Elson & Knapp 2016), Misserfolg im Spiel aufgrund mangelnden Spielgeschicks aber ein Auslöser für Frustrationserfahrungen sein kann (Devilly, Callahan & Armitage 2012; McGloin u.a. 2016).

40 Die Studie von Whitaker & Bushman 2014 wurde wegen Unstimmigkeiten in den Daten zurückgezogen (Retraction Watch 2016).

41 Weder Effekte für Gewaltgehalt noch für Schwierigkeitsgrad fanden Kneer, Elson und Knapp (2016).

Spielgeschick und Flow-Zustand

Eine andere Erklärung für den Zusammenhang von geringem Spielgeschick und Aggression schlägt Matthews (2015) vor: Er nimmt an, dass geschicktere Spieler eher einen Flow-Zustand (Kap. 4.3.2.3) erreichen, in dem ihre Fähigkeiten und die Spielanforderungen in Einklang miteinander stehen. Von diesem Flow-Zustand ist bekannt, dass er zu einer Fokussierung auf (für das Spielziel) relevante Informationen und eine reduzierte Wahrnehmung peripherer Inhalte führen kann. Zu letzteren könnten auch Gewaltdarstellungen zählen. Seine Annahmen sieht Matthews dadurch bestätigt, dass erfahrene Probanden in seiner Studie eher von einem Flow-Zustand berichteten, generell ein höheres Abstraktionsniveau der Wahrnehmung aufwiesen (was für mehr psychologische Distanz spricht) und auch weniger Gewalt im Spiel bemerkten als die weniger erfahrenen Spieler. Dieser Effekt betraf aber nur die Spieler, die als Experten gelten konnten, nicht Spieler mit mittelhohem Geschicklichkeits-Level. Matthews gibt zu bedenken, dass gerade die in der öffentlichen Diskussion als problematisch eingestufte Gruppe am wenigsten von negativen Effekten betroffen sein könnte. Eine Maximierung der Chancen auf ein Flow-Erlebnis und wenig violenter Inhalt v.a. in den frühen Phasen eines Spiels könne ein Mittel zur Einschränkung negativer Konsequenzen von Computerspielen für die Allgemeinheit sein.

Bedeutung der Messung von Frustration

Insgesamt sprechen die Befunde der vorliegenden Studien dafür, dass das Frustrationspotenzial von Spielen bzw. die auch von Spielgeschick und Frustrationstoleranz abhängige Wahrnehmung des Spielerlebnisses wichtige Faktoren bei der Wirkung von Computerspielen darstellen, die bei Untersuchungen zur gewaltfördernden Wirkung dieses Mediums kontrolliert werden müssen, um sie nicht mit Effekten des violenten Inhalts zu verwechseln.

4.3.4 Eigenschaften der situativen Bedingungen bei der Mediennutzung

4.3.4.1 Kooperation und Wettbewerb

Die hohe Popularität von Multiplayer-Spielen, die das Spielen zu zweit, in kleinen Gruppen oder mit einer großen Online-Gemeinde ermöglichen, wirft Fragen nach der Bedeutung des sozialen Kontextes der Computerspielnutzung auf. Die Forschung beschäftigt sich daher mittlerweile auch mit der Frage, welchen Einfluss das gemeinsame Spielen und insbesondere der jeweilige Spielmodus (kooperativ vs. kompetitiv) auf die Wirkung von Computerspielen hat und wie diese Effekte mit dem Gewaltgehalt der Spiele zusammenhängen.

Kooperatives Spielen

Die vorliegenden Studien zeigen relativ übereinstimmend, dass ein kooperativer Spielmodus im Vergleich zum Solo-Spiel nicht nur bei prosozialen oder gewaltfreien Computerspielen positive Effekte bewirkt, sondern auch bei gewalthaltigen Spielen weniger violente bzw. negative Kognitionen, Emotionen und Verhaltensneigungen sowie mehr prosoziales und kooperatives Verhalten festzustellen ist. Dieser Effekt gilt nicht nur für Einstellung und Verhalten gegenüber dem Spielpartner, sondern auch gegenüber anderen Personen. Er kann sich auf eine Fremdgruppe übertragen, der der Spielpartner angehört, und auf diese Weise Vorurteile reduzieren (Schmierbach 2010; Ewoldsen u.a. 2012; Greitemeyer, Traut-Mattausch & Osswald 2012; Jerabeck & Ferguson 2013; Mihan, Anisimowic & Nicki 2015; Adachi, Hodson & Hoffarth 2015; Adachi u.a. 2015; 2016; Velez u.a. 2016; Jin & Li 2017).

Kompetitives Spielen

Im Gegensatz dazu steht der kompetitive Spielmodus im Verdacht, aggressionsfördernd zu sein. Diese Annahme wird in der Literatur mit verschiedenen Ansätzen begründet (Anderson & Morrow 1995; Eastin 2007; Schmierbach 2010; Adachi & Willoughby 2013): Der *Frustrations-Aggressions-Hypothese* (Kap. 3.5) zufolge kann die Tatsache, dass Menschen in kompetitiven Situationen durch einen Wettbewerber an der Erreichung eines Ziels gehindert werden, zu Frustration führen, aus der Aggression resultiert. Nach der *Excitation-Transfer-Theorie* (Kap. 3.4) kann die wettbewerbsbedingte Erregung die Wahrscheinlichkeit aggressiven Verhaltens (kurzfristig) erhöhen. Mit dem *Priming-Ansatz* (Kap. 3.5) ließe sich argumentieren, dass Wettbewerb aggressionsbezogene Wissensstrukturen aktiviert und eine Art „Schlüsselreiz“ für violente Verhaltenstendenzen darstellt. Zieht man die *Lerntheorie* (Kap. 3.6) heran, so kann die Belohnung, die die Anwendung von Gewalt in kompetitiven Spielen verspricht, ebenso wie eine generelle Attraktivität des Wettbewerbselements per se (z.B. Vorderer, Hartmann & Klimmt 2006; Schmierbach u.a. 2012; Peng & Crouse 2013) als Gratifikation wirken, die das Erlernen von Gewaltverhalten fördert.

Studien, die einen kooperativen mit einem kompetitiven Spielmodus verglichen, kommen recht übereinstimmend zu dem Ergebnis, dass das Spielen im Team positivere Effekte bewirkt als das Spielen gegeneinander. Ohne Kontrollgruppe, die kein Spiel oder ein Spiel unter Solo-Bedingungen spielt (bzw. ohne Vorher-Nachher-Messung), mangelt es diesen Befunden allerdings an Aussagekraft, da unklar bleibt, ob das kooperative Spiel aggressionsreduzierend oder das kompetitive Spiel aggressionssteigernd wirkt (z.B. Anderson & Morrow 1995; Crouse Waddell & Peng 2014; Dolgov u.a. 2014; Velez u.a. 2014). Betrachtet man die Befunde von Untersuchungen mit geeignetem Design, so ergibt sich ein heterogenes Bild: Es gibt Hinweise darauf, dass kompetitive Spiele langfristig prosoziales Verhalten reduzieren (Lobel u.a. 2017) und dass Spieler unter Wettbewerbsbedingungen auch kurzfristig mehr aggressive Kognitionen als Solo-Spieler an den Tag legen (Schmierbach 2010). Im Hinblick auf aggressive Emotionen zeigte sich aber ein umgekehrter Befund (Schmierbach 2010; Mihan, Anisimowic & Nicki 2015), bzw. die höhere Aggressivität der kompetitiven Spieler galt nur für nicht-violente Spiele (X. Zhang u.a. 2010) oder nur im Vergleich mit keinem oder einem kooperativen Spiel, nicht aber mit einem Spiel unter Solo-Bedingungen (Velez u.a. 2016).

Einflussfaktoren

Diese widersprüchliche Befundlage kann auch aus der Tatsache resultieren, dass nicht nur die abhängigen, sondern auch die unabhängigen Variablen, d.h. Kooperation bzw. Wettbewerb, in den vorliegenden Studien sehr unterschiedlich operationalisiert werden (Crouse 2015). Hierdurch kommen diverse potenzielle Einflussfaktoren ins Spiel, zu deren Wirkung bislang nur einzelne Untersuchungen vorliegen:

Art des Wettbewerbs: Ewoldsen u.a. (2012) konstatierten (allerdings ohne Ausweis von Signifikanzwerten), dass die Kooperationsbereitschaft nach einem Spiel mit *direktem* Wettbewerb (Ziel: öfter töten als getötet werden) am geringsten ausfiel (auch gegenüber einem kooperativen Spiel oder der Kontrollgruppe). Bei *indirektem* Wettbewerb (Ziel: Im Einzelspielermodus weiter kommen als der Gegner) entsprach sie hingegen fast den Werten der Kontrollgruppe.

Art der Violenz: Jerabeck und Ferguson (2013) fanden keine Unterschiede zwischen *antisozialen* violenten Spielen (Kopfgeldjäger töten gegen Bezahlung) und *prosozialen* violenten Spielen (Bekämpfung von Bösewichten zur Rettung des Universums) sowie neutralen Spielen. In allen drei Gruppen reduzierte das kooperative Spiel die Gewaltneigung im Vergleich zum Solo-Spiel.

Gruppengröße: Eastin (2007; Eastin & Griffiths 2009) fand zwar keine Unterschiede zwischen kooperativem und kompetitivem Modus, die Feindseligkeit war aber ausgeprägter, wenn Spieler in Sechsergruppen als wenn sie in Vierer- oder Zweiergruppen gespielt hatten – möglicherweise, weil in größeren Gruppen mehr Gelegenheit zu Auseinandersetzungen und mehr Anonymität besteht.

Kooperativ-kompetitives Spiel: Bei Studien zu *teambasierten wettbewerbsorientierten* Spielen ist die Konfundierung kooperativer und kompetitiver Elemente problematisch. Differenzierungsversuche haben noch keine klaren Befunde erbracht. Während bei Velez und Ewoldsen (2013) Befragte, die häufig kooperativ-kompetitiv (d.h.

Wettbewerb im Team) spielten, von mehr Hilfeverhalten innerhalb des Spiels berichteten als solche, die v.a. kompetitiv spielten, zeigte sich bei Crouse (2015) kein Unterschied zwischen der Feinseligkeit bzw. dem Kooperationsverhalten von Spielern, die ein Sportspiel mit cartoonartigen violenten Elementen alleine gegen einen Gegner und solchen, die in einem Team von zwei Personen gegen ein gegnerisches Team gespielt hatten. Auch eine Studie, die hormonelle Reaktionen männlicher Probanden maß, spricht für stärkere Effekte des kooperativ-kompetitiven Spiels (Oxford, Ponzi & Geary 2010), allerdings bleibt unklar, inwieweit das erhobene Testosteron- bzw. Cortisol-Level einen für Aggressivität relevanten Indikator darstellt.

Art der Mit- bzw. Gegenspieler: Das kooperative Spiel mit einem Fremdgruppenmitglied kann nicht nur die Beurteilung dieser Fremdgruppe verbessern (s.o.), sondern auch Aggression reduzieren (Velez u.a. 2014). Es liegen aber auch Studien vor, in denen sich entweder kein relevanter Unterschied zwischen dem Spiel mit bzw. gegen Freunde(n) und Fremde(n) zeigte (Peng & Hsieh 2012; Crouse Waddell & Peng 2014), oder das Spielen gegen Freunde positivere Emotionen hervorrief als das Spielen gegen Fremde oder gegen den Computer (Ravaja u.a. 2006; Ravaja 2009).[42] Vergleiche zwischen dem Spielen gegen einen menschlichen Gegner oder gegen den Computer erbrachten ebenfalls heterogene Ergebnisse (Shafer 2012; Hollingdale & Greitemeyer 2014b; im Überblick Kunczik & Zipfel 2010, 356–360).[43]

Spielergebnis: Für nicht-violente kompetitive Sport-Spiele wurde eine Aggressivitätssteigerung bei negativem Spielausgang nachgewiesen (Breuer, Scharkow & Quandt 2015; Griffiths, Eastin & Cicchirillo 2016), für Sport-Spiele mit violenten Elementen fand sich kein Einfluss des Spielausgangs (Crouse 2015), und bei Crouse und Peng (2014) traute der Sieger der Kooperationsbereitschaft seines Partners in der kompetitiven (nicht aber der kooperativen) Spielbedingung weniger.

Relevanz des Spielergebnisses: Beim kompetitiven Spiel scheint zudem die *Relevanz* des Spielergebnisses bedeutsam zu sein. Ask, Augo-

42 Bei Crouse (2015) zeigten die Probanden überraschend mehr Feindseligkeit, wenn sie gegen „Ingroup"-Mitglieder (vs. „Outgroup"-Mitglieder) gespielt hatten (die Operationalisierung der Gruppenidentität durch Einordnung in angeblich unterschiedlich intelligente „Überschätzer" und „Unterschätzer" der Zahl der Punkte auf einem Bild ist hier allerdings problematisch).

43 Fox u.a. (2015) fanden in einer Meta-Analyse stärkere Effekte für Spiele, in denen die Figuren als von Menschen gesteuert (vs. vom Computer gesteuert) wahrgenommen wurden, allerdings wurde hier nicht zwischen verschiedenen Formen von Effekten differenziert.

ustinos und Winefield (2000) konstatierten auch unter Wettbewerbsbedingungen nur dann einen Anstieg für den Spielerfolg nicht mehr bedeutsamer violenter Handlungen, wenn den Versuchsteilnehmern eine Siegprämie in Aussicht gestellt wurde (zu den Schwächen der Studie Kunczik & Zipfel 2004, 283).

Spielmodus und Gewaltgehalt

Von besonderem Interesse ist darüber hinaus die Frage, in welchem Verhältnis *Spielmodus* und *Gewaltgehalt* bei der Wirkung violenter Spiele stehen. Werden die Effekte violenter Spiele durch kompetitive Spielbedingungen verstärkt, oder haben die bei violenten Spielen festgestellten Aggressionseffekte gar nichts mit dem Gewaltgehalt zu tun, sondern gehen lediglich auf den (violenten Spielen üblicherweise inhärenten) Wettbewerbscharakter zurück? Dieser Frage sind bislang nur wenige Studien nachgegangen.[44] Aus einem Vergleich der Effekte violenter und nicht-violenter Versionen desselben Spiels bzw. in ihrem Wettbewerbscharakter vergleichbarer unterschiedlicher violenter und nicht-violenter Spiele schließen Anderson und Carnagey (2009; Carnagey & Anderson 2005) auf einen (ausschließlichen) Effekt der Violenz. Adachi und Willoughby (2011b) weisen allerdings darauf hin, dass sich die verwendeten Spiele in Schwierigkeits- und Frustrationsgrad sowie Dynamik unterschieden. In einer Studie, die die Vergleichbarkeit des Stimulusmaterials in diesen Punkten sicherstellte, konnten Adachi und Willoughby (2011a) keine Unterschiede in den Verhaltenseffekten violenter und nicht violenter Spiele konstatieren, wohl aber eine vom Gewaltgehalt unabhängige stärkere Provokation aggressiven Verhaltens durch kompetitivere Spiele. Diesen experimentellen Befund bestätigten die Autoren (2013; 2016) in Studien mit Panel-Design, aus denen sich auch Hinweise auf den Selektionspfad, d.h. die gesteigerte Nutzung kompetitiver Spiele bei höherer Ausgangsaggression, ergaben. Dafür, dass der Spielmodus bedeutsamer ist als der (violente) Inhalt, sprechen auch die Befunde von Jerabeck und Ferguson (2013), bei denen kooperative Spiele unabhängig vom Violenzgehalt weniger Aggression bewirkten als kompetitive. Xuemin Zhang u.a. (2010) wiederum schließen aus den sehr heterogenen Befunden ihrer Studie, dass sowohl Wettbewerb als auch Violenz alleine aggressive Kognitionen und Verhaltensweisen bewir-

44 Etchells u.a. (2016) fanden Hinweise darauf, dass die ausschließlich Nutzung (violenter) „Shoot-em-up"-Spiele mit einem höheren Risiko für Verhaltensprobleme einherging als die ausschließliche Nutzung kompetitiver Sport- und Rennspiele. Da nicht klar ist, inwieweit die Schießspiele ebenfalls kompetitive Elemente bzw. die Sport- und Rennspiele auch Aggression enthielten, sind diese Befunde jedoch wenig aussagekräftig.

ken, aber nur violente Inhalte auch aggressive Affekte auslösen können.

Die Bedeutung des Wettbewerbselements für violente Effekte von Computerspielen ist folglich noch nicht endgültig geklärt, die bisherigen Befunde lassen es aber dringend geraten erscheinen, den kompetitiven Charakter von Spielen bei entsprechenden Experimenten stets zu kontrollieren.

4.3.4.2 Spieldauer

Verlauf von Effekten während eines Spiels

Zwar konnten eine Meta-Analyse von Anderson u.a. (2010) sowie ein Experiment von Valadez und Ferguson (2012) keinen Einfluss der Spielzeit finden, mehrere experimentelle Studien bestätigen jedoch einen schnellen anfänglichen Anstieg unterschiedlicher Aggressionsmaße, die im Folgenden entweder konstant bleiben oder wieder abfallen (Devilly, Callahan & Armitage 2012; zu älteren Studien im Überblick Kunczik & Zipfel 2010, 360–364). In den meisten Experimenten ist aus Praktikabilitätsgründen die Zeit, die sich die Versuchsteilnehmer mit einem Computerspiel beschäftigen sollen, unrealistisch kurz bemessen. Dass dies möglicherweise zu einer Verzerrung der Befundlage führt, lässt die Meta-Analyse von Sherry (2001, 424f.; 2007, 248f.) vermuten. Diese kam zu dem Ergebnis, dass eine sehr kurze Spieldauer (10 Minuten) zu einer stärkeren Gewaltsteigerung führt als eine lange Spieldauer (75 Minuten), was der Autor mit einem durch Langeweile oder Ermüdung wieder abfallenden anfänglichen Erregungseffekt erklärt. Auch Frustrationseffekte könnten sich im Laufe der Zeit durch wachsende Vertrautheit mit dem Spiel abschwächen (K. Williams 2009). Dass sich dieser Prozess bei häufig leichter zu beherrschenden nicht-violenten Spielen schneller vollziehe als bei schwierigeren violenten Spielen, könnte, wie Ferguson (2013, 111) zu bedenken gibt, die Aussagekraft von Experimenten mit kurzer Spielzeit verzerren.

Kumulative Effekte

Neben der Wirkung der Spieldauer einer einzelnen Spielsitzung sind auch kumulative Effekte relevant, die experimentell allerdings nur sehr selten untersucht werden. Eine Ausnahme ist die Studie von Hasan u.a. (2013), die bei der Experimentalgruppe, die an drei aufeinanderfolgenden Tagen jeweils 20 Minuten lang ein violentes Spiel spielte, im Gegensatz zu einer Gruppe mit nicht-violentem Spiel einen Anstieg in feindlichen Erwartungen und aggressivem Verhalten konstatierten.

5. Kritik und Bilanz

5.1 Die aktuelle Forschungsdebatte

Trotz der langen Geschichte der Medien-und-Gewalt-Forschung ist die Frage der Gefährlichkeit von Mediengewalt in der Wissenschaft noch immer Gegenstand hitziger Debatten. Dissens manifestiert sich in den letzten Jahren insbesondere in einer Kontroverse, bei der sich die Forschergruppe um *Craig A. Anderson* und *Brad J. Bushman* auf der einen und die um *Christopher J. Ferguson* auf der anderen Seite gegenüberstehen.[45]

Gegensätzliche Positionen

Deren Auseinandersetzung schlägt teilweise so hohe Wellen, dass das sachliche Argument der persönlichen Diffamierung weicht. Anderson u.a. sehen sich mit der überwältigenden Mehrheit der Forscher darin einig, dass negative Effekte von Mediengewalt auf das Gewaltverhalten von Rezipienten eindeutig nachgewiesen seien und meinen, die entsprechende Debatte hätte schon vor über 30 Jahren beendet werden können (Anderson, Gentile & Buckley 2007, 4). Autoren, die diese Position unterstützen, behaupten, die Forschung habe längst den „Sargnagel" für alle Zweifel an der gewaltstimulierenden Wirkung violenter Spiele geliefert (Huesmann 2010), und entsprechende Befunde in Frage zu stellen, wie es einzelne „Industrie-Apologeten" (Anderson 2013, 19) täten, sei der Leugnung des Holocaust oder des Klimawandels vergleichbar (Strasburger, Donnerstein & Bushman 2014, 572). Ferguson u.a. hingegen argumentieren, ein Nachweis für die Gefährlichkeit von Mediengewalt liege keineswegs vor. Entsprechende Befunde seien aufgrund diverser (v.a. methodischer) Probleme als „Pseudoscience" zu bewerten (Ferguson 2009b). Im Folgenden soll die Argumentation beider Seiten entlang zentraler Themen der Debatte aufgezeigt und abschließend eine differenzierte Bilanz der Forschungslage vorgenommen werden.

45 Vgl. z.B. die in den Top 10 der Forschungsliteratur (Nr. 7 und 8) am Ende dieses Buches genannten Debatten um die Meta-Analysen von Ferguson & Kilburn 2009 bzw. Anderson 2010 sowie Ferguson 2015b und den Beitrag von Elson & Ferguson 2014b (Bushman & Huesmann 2014; Elson & Ferguson 2014a; Krahé 2014b; Warburton 2014).

Akteure

Craig A. Anderson promovierte 1980 in Psychologie an der Stanford University und ist heute Professor für Psychologie an der Iowa State University. Anderson interessiert sich v.a. für Fragen der Kognitionspsychologie. Er forscht zu diversen Aspekten von Gewalt und leitet das von ihm gegründete Center for the Study of Violence. 2008 bis 2012 war er Präsident der International Society for Research on Aggression. Besonderen Einfluss auf die wissenschaftliche Debatte hat v.a. sein General Aggression Model (Kap. 3.8). Die Wirkung von Mediengewalt ist ein zentraler Forschungsschwerpunkt von Anderson, der sich auch in Zeitungsartikeln und Interviews dezidiert zu den Gefahren violenter Medien äußert. Darüber hinaus interveniert er in die öffentliche Debatte im Rahmen von Hearings politischer Institutionen, im Austausch mit Repräsentanten aus Politik und Justiz, der Beteiligung an Komitees wissenschaftlicher Organisationen zur Ausarbeitung von Resolutionen (z.B. American Psychological Association 2005, American Academy of Pediatrics 2009) sowie der Beratung von internationalen Interessengruppen zum Schutz von Rezipienten, von denen er auch Forschungsgelder bezogen hat (z.B. vom National Institute of Media and the Family).

Brad J. Bushman promovierte 1989 in Sozialpsychologie an der University of Missouri und ist heute Professor für Kommunikation und Psychologie an der Ohio State University und Professor für Kommunikationswissenschaft an der VU Amsterdam. Bushman forscht v.a. zu Fragen menschlicher Gewalt im Allgemeinen und zu Mediengewalt im Speziellen. Nach dem School Shooting in Newton (2012) war er Mitglied eines von Präsident Obama initiierten Komitees, das eine Forschungsagenda zum Thema Waffengewalt entwickelte, sowie einer der Vorsitzenden eines Beratungskomitees der National Science Foundation, über deren Jugendgewalt-Bericht er im Kongress berichtete. Wie auch Anderson gehört Bushman zu den Unterzeichnern eines Briefes, mit dem Forscher Präsident Trump aufforderten, nach einem School Shooting in Florida (2018) nicht nur Industrievertreter zu treffen, sondern auch die wissenschaftliche Position zu hören (Eggerton 2018). Anderson und Bushman wurden neben diversen früheren Preisen 2017 mit dem Kurt Lewin Award der Society for the Psychological Study of Social Issues ausgezeichnet. 2017 zog die Zeitschrift „Communication Research" einen von Bushman mitverfassten Artikel zurück, nachdem zwei andere Forscher auf Unstimmigkeiten in den Daten hingewiesen hatten. Die Ohio State University sprach Bushman von allen Vorwürfen frei, entzog aber seiner Mitautorin den Doktortitel (Retraction Watch 2016).

Christopher J. Ferguson promovierte 2004 in klinischer Psychologie und ist heute Professor für Psychologie an der Stetson University in Florida. Er befasst sich v.a. mit forensischer und klinischer Psychologie sowie Sozialpsychologie. In der Medien-und-Gewalt-Debatte ist er eine prominente Stimme *gegen* mögliche Gefahren von Mediengewalt. Auch Ferguson beteiligt sich über diverse Statements in Nachrichtenmedien an der öffentlichen Debatte. Er war Teilnehmer eines Treffens einer von Vizepräsident Joe Biden geleiteten Task Force mit Vertretern der Computerspielindustrie nach dem Schul-Amoklauf in Newtown (2012) und der Hearings des Institute of Medicine zur Bedeutung von Mediengewalt bei der Entstehung von Waffengewalt (2013). Ferguson ist zudem Mitverfasser einer kritischen Stellungnahme von Forschern gegenüber den Resolutionen und der Zusammensetzung einer Task Force der American Psychological Association (APA) zum Thema Mediengewalt (Consortium of Scholars 2013; auch Wofford 2015) sowie eines „Amicus Curiae Brief“ von Forschern zum Fall „Brown vs. Entertainment Merchants Association“, in dem der amerikanische Supreme Court ein kalifornisches Gesetz zum Verkaufsverbot violenter Video-Spiele an Minderjährige mit dem Verweis auf die verfassungsmäßig garantierte Rede- und Ausdruckfreiheit für unrechtmäßig erklärte (Anderson und Bushman haben im Rahmen eines anderen „Amicus Curiae Brief“ im selben Verfahren ein Statement zu den Gefahren von Mediengewalt verfasst; Sacks, Bushman & Anderson 2011; Ferguson 2013b). Ferguson ist zudem Autor von Kurzgeschichten aus dem Science-Fiction-, Fantasy- und Horror-Genre und hat den historischen Mystery-Thriller „Suicide Kings“ veröffentlicht.[46]

5.1.1 Konsens oder Dissens in der Forschung?

Schon über die Frage, ob in der Wissenschaft Konsens oder Dissens im Hinblick auf die Gefährlichkeit von Mediengewalt herrscht, besteht zwischen den Forschergruppen keine Einigkeit. Beide Seiten bemühen sich um Belege, die untermauern, dass ihre Position in der Mehrheit sei bzw. die größere Autorität für sich beanspruchen könne.

Studie zum Konsens von Experten und Eltern

Bushman, Gollwitzer und Cruz (2015) befragten Kommunikationswissenschaftler, Medienpsychologen, Kinderärzte und ein repräsentatives Sample amerikanischer Eltern zu verschiedenen Aspekten der Wirkung von Mediengewalt. Ihre Befunde interpretieren sie als Hinweis auf einen hohen Grad an wissenschaftlicher Übereinstimmung

46 Sofern nicht anders vermerkt, wurden die biografischen Informationen v.a. den Websites der Forscher entnommen (https://public.psych.iastate.edu/caa/; http://u.osu.edu/bushman.20/; http://www.christopherjferguson.com; letzter Abruf jeweils 28.7.2018).

im Hinblick auf die Gefahren von Mediengewalt. Auch die Eltern vertraten keine wesentlich anderen Positionen.

Tabelle 4: Einstellungen von Experten und Eltern zur Wirkung von Mediengewalt

Item	Medien-psychologen			Kommunika-tionswissen-schaftler			Kinderärzte			Eltern		
	ja	w.n.	nein	ja	w.n.	nein	ja	w.n.	nein	ja	w.n.	nein
Violent video games can increase aggressive behavior in children	71,9	10,6	17,4	62,6	21	16,3	90,3	5,4	4,4	67	15,4	17,6
There is a causal relationship between exposure to violent media and aggression	61,1	8,4	30,6	56,3	17,2	26,5	80,4	14,1	5,5	64,7	21,1	14,3
Violence in the media is a major factor in real-life violence	42,5	25	32,6	31,1	23,1	45,8	72,9	17,4	9,8	57	22,6	20,4

Quelle: Eigene Darstellung nach Bushman, Gollwitzer & Cruz 2015, 204.

„ja" fasst die Antwortmöglichkeiten „strongly agree" und „agree", „nein" „strongly disagree" und „disagree" zusammen, „w.n." („weder noch") steht für „neither agree nor disagree".

Kritik und gegenteilige Befunde

Ferguson (2015a; Ivory u.a. 2015) hingegen kritisiert nicht nur die verwendeten Berechnungsverfahren und die mangelnde Einbeziehung in ihrem Urteil deutlich zurückhaltenderer Kriminologen, sondern weist auch darauf hin, dass sich ein relevanter Anteil der Wissenschaftler nicht festlegte, ob sie eine Kausalbeziehung zwischen Mediengewalt und Gewaltverhalten sahen. Über ein Viertel verneinte eine solche sogar. Von einem Konsens könne daher nicht die Rede sein. Diese Position untermauert Ferguson (2015a) mit einer Befragung von klinischen Forschern, die sich mit Gesundheitsfragen bei Familien, Jugendlichen und Kinder beschäftigen. Diese waren z.B. im Hinblick auf die Frage, ob die Wirkungen von Computerspielen auf Angriffe durch Jugendliche ein gesellschaftliches Problem seien, in ihrer Ansicht gespalten (33% Zustimmung, 39,5% Ablehnung, 27,5% neutral). Ferguson und Colwell (2017) ermittelten bei einer Befragung unter Kriminologen, Psychologen und Kommunikationswissenschaftlern gar bei 70% der Befragten eine Ablehnung der Aussage, violente Computerspiele trügen zu realen Angriffen Jugendlicher bei. Zudem verweisen Ferguson und Colwell auf die Befunde von Quandt u.a. (2015), die in einer Befragung von Spieleforschern (überwiegend aus der Medien- und Kommunikationswissenschaft) für die Aussage, Spiele könnten schädliche Effekte für ihre Nutzer haben, einen Mittelwert von 3,2 (1 = starke Ablehnung, 5 = starke Zustimmung) und für die Aussage, die Wirkungen digitaler Spiele auf das Aggressionsverhalten seien ein gesellschaftliches Problem, einen Mittelwert von 2,2 ermittelten.

Wissenschaftliche Expertise

Abgesehen vom quantitativen Verhältnis der jeweiligen Positionen kreist die Debatte auch um die Expertise der entsprechenden Repräsentanten. Beide Seiten nehmen Statements wissenschaftlicher Vereinigungen, Berichte internationaler Regierungsorganisationen sowie Gerichtsentscheidungen als Belege für die Richtigkeit ihrer Überzeugungen in Anspruch bzw. führen damit inkompatible Positionen der entsprechenden Instanzen auf Inkompetenz, Interessengebundenheit oder Kommunikationsprobleme bei der Vermittlung wissenschaftlicher Befunde zurück (z.B. Sacks, Bushman & Anderson 2011; Warburton 2014; Anderson u.a. 2015; Bushman, Gollwitzer & Cruz 2015; Cupit 2016 vs. Elson & Ferguson 2014a; 2014b; Ferguson 2015b; Ferguson & Beresin 2017).

5.1.2 Theoretische Grundlage

GAM vs. Katalysator-Modell

Wie bereits dargestellt, sind Anderson bzw. Ferguson Protagonisten zweier unterschiedlicher theoretischer Modelle zur Wirkung von Mediengewalt. Anderson und Bushman haben das General Aggression Model (Kap. 3.8) entwickelt, das von Ferguson (2015c; Ferguson & Colwell 2016) als zu wenig differenziert und zu mechanistisch betrachtet und in die Nähe von längst widerlegten Hypodermic-Needle-Konzepten aus der Frühzeit der Kommunikationswissenschaft gerückt wird (Ferguson 2015c; Ferguson & Colwell 2016). Bei seiner damit einhergehenden Kritik am sozial-kognitiven Paradigma (Kap. 3.6) ignoriert Ferguson allerdings die Tatsache, dass der Ansatz von Bandura deutlich differenzierter ist als die Elemente, die daraus ins GAM übernommen wurden (dazu auch Sauer, Drummond & Nova 2015; Kap. 3.8).

Ferguson seinerseits postuliert in seinem Katalysator-Modell (Kap. 3.9), dass Persönlichkeitsfaktoren und genetische Einflüsse ebenso wie reale Erfahrungen im Zusammenspiel mit situativen Bedingungen die eigentlichen Ursachen von Gewalt seien. In diesem Kontext vertritt Ferguson auch die Auffassung, dass reale Gewalterfahrungen (z.B. in Familie und Peer-Gruppe) nicht mit fiktiven medialen Gewaltmodellen gleichgesetzt werden könnten, wie es im GAM geschehe. Schon Kinder seien in der Lage, zwischen realen und fiktiven Medieninhalten zu unterscheiden, sodass nicht von einer Gleichberechtigung der Effekte ausgegangen werden dürfe (Ferguson & Dyck 2012; Ferguson & Colwell 2016).

Mediengewalt und reale Gewalt

Anderson und Bushman (Bushman & Anderson 2015; Bushman u.a. 2016) hingegen argumentieren, aus der bisherigen Forschung seien die Gefahren einer Beobachtung realer Gewalt bekannt, und es gebe keine theoretische Basis, um Unterschiede zu den Folgen fiktiver Gewalt zu begründen. Den Einfluss biologischer und genetischer Faktoren bestritten sie keineswegs (z.B. De Wall, Anderson & Bushman 2011), diese seien aber nicht die Hauptquelle von Aggression, sondern interagierten mit Lernprozessen. Anders sei auch nicht zu erklären, dass Laborstudien, in denen die Probanden zufällig auf die Versuchsgruppen verteilt würden, Effekte von Mediengewalt konstatierten. Fergusons Annahmen fänden folglich in der empirischen Forschung keine Bestätigung.

5.1.3 Methodische Probleme

Kritik von Ferguson

Im Kern der Argumentation Fergusons steht die methodische Kritik an der Mehrzahl der Studien der Medien-und-Gewalt-Forschung (z.B. Ferguson 2010; 2011b; 2015b; Elson & Ferguson 2014a; 2014b). Neben der Durchschaubarkeit vieler Designs insbesondere für als Probanden meist herangezogene Studierende kritisiert Ferguson die Vernachlässigung weiterer Einflussfaktoren neben Mediengewalt sowie eine zu geringe Sorgfalt beim Matching des Stimulusmaterials für die verschiedenen Experimentalgruppen, was zur Konfundierung mit anderen Einflussfaktoren (v.a. Erregung, Frustration, Wettbewerb) führe. Insbesondere aber moniert er, dass sich die meisten (z.B. kognitiven) Aggressionsmaße nicht auf gesellschaftlich relevante Formen von Gewalt beziehen würden. In Studien, in denen das geschehe, seien Effekte gleich viel geringer (Ferguson & Savage 2012, 134f.; Ferguson 2013a, 94f. mit Verweis auf verschiedene Auswertungen von Paik & Comstock 1994, die für Gewaltkriminalität z.B. nur einen Wert von r =.10 fanden). Darüber hinaus fehle es vielen Messmethoden an interner und externer Validität. Insbesondere stört Ferguson sich am Verzicht auf klinische Messungen, an der mangelnden Festlegung eindeutiger Grenzwerte für relevante Effekte sowie der Vielfalt und der mangelnden Standardisierung von Messmethoden wie dem Geräuschtest oder der Verabreichung scharfer Sauce, die es den Forschern erlaubten, ihren Überzeugungen entsprechende Befunde auszuwählen.

Triangulation und Argumente von Anderson

Die Forschergruppe um Anderson hingegen beruft sich auf das Prinzip der *Triangulation* und argumentiert, dass die Vielzahl von Mess- und Untersuchungsmethoden zu übereinstimmenden Befunden geführt habe, was das Ergebnis der Gefährlichkeit von Mediengewalt auf eine solide Grundlage stelle (Bushman, Rothstein & Anderson 2010; Bushman & Huesmann 2014; Warburton 2014; Bushman & Anderson 2015; dazu kritisch Hirtenlehner & Strohmeier 2015,

451). Labormessungen von Gewalt (wie z.B. durch den Geräuschtest) verteidigen verschiedene Autoren mit dem Argument, dass diese einen hohen psychologischen (Huesmann, Dubow & Yang 2013, 64; Krahé 2014b, 58) bzw. experimentellen Realismus (Bushman & Huesmann 2014, 51) aufwiesen, d.h. dieselben Prozesse wie im Alltag gemessen würden bzw. die Versuchsteilnehmer vergäßen, sich in einer experimentellen Situation zu befinden. Im Hinblick auf Konfundierungsprobleme gibt Gentile (2015) zu bedenken, dass auch solche Befunde ihren Wert hätten, wenn die im Labor miteinander vermischten Faktoren auch in der Realität üblicherweise gemeinsam aufträten.

5.1.4 Verzerrung der Forschungslage

Insbesondere im Kontext von Meta-Analysen wird diskutiert, ob veröffentlichte Forschungsbefunde möglicherweise ein verzerrtes Bild der Befundlage vermitteln (Ferguson & Brannick 2012; Ferguson 2015d; 2018; Lishner, Groves & Chrobak 2015; Hilgard, Engelhardt & Rouder 2017; Kap. 4.2). Eine solche Verzerrung kann auf verschiedenen Wegen zustande kommen:

Begriffe

Formen der Verzerrung von Forschungsbefunden

Researcher Bias: Einzelne Forscher(gruppen) beherrschen eine Debatte aufgrund der Quantität ihrer Publikationen und der Setzung von Standards. Der Researcher Bias kann Ursache oder Wirkung des Publication Bias sein.

Publication Bias: Studien mit signifikanten Befunden (in der erwarteten Richtung) besitzen bessere Publikationschancen. Studien, die keine Bestätigung der vermuteten Effekte finden, haben schlechtere Chancen und werden von ihren Autoren daher möglicherweise auch gar nicht erst zur Publikation eingereicht („File-Drawer-Problem“).

Selection Bias / Citation Bias: Die Kriterien für in Theorieberichte bzw. Meta-Analysen einbezogene bzw. in Aufsätzen und Statements von Fachorganisationen zitierte Studien werden gemäß der eigenen Position des Forschers zugeschnitten bzw. angewandt.

p-Hacking: Durch den strategischen Umgang mit Fallzahlen, Ausreißern, Analysen von Sub-Gruppen, Verwendung verschiedener Messvarianten derselben abhängigen Variablen und die selektive Präsentation von Befunden können signifikante Ergebnisse hervorgebracht werden, die das Gesamtbild verfälschen (aber ggf. die Publikationschancen einer Studie erhöhen).

Existenz von Verzerrungen

Über die tatsächliche Existenz solcher Verzerrungen gehen die Meinungen auseinander. Entsprechende Argumente inkl. Schlussfolgerungen auf die „wahre" Forschungslage werden in der Diskussion um die Wirkungen von Mediengewalt gerne eingesetzt, um die eigene Position zu untermauern. Während Ferguson u.a. meinen, die in Meta-Analysen berichteten Effekte würden aufgrund des Publication Bias sowie mangelnder Standardisierung der Messungen und fehlender Berücksichtigung weiterer Einflussfaktoren überschätzt (z.B. Ferguson 2015b; Ferguson & Beresin 2017), gehen Bushman und Huesmann (2014, 51f.) davon aus, dass nicht nur Fergusons Berechnungen falsch, sondern die Befunde auch darum eher untertrieben seien, weil aus Rücksicht auf Minderjährige oft weniger drastische Darstellungen als Stimulusmaterial verwendet und Spiele kürzer als in der Realität gespielt würden.

Interessant ist in diesem Zusammenhang auch der von Greitemeyer und Mügge (2014; auch Lishner, Groves & Chrobak 2015) herausgestellte Befund, dass die Forschergruppe um Anderson und Bushman in ihren eigenen empirischen Studien kleine bis mittelstarke Zusammenhänge findet und dies auch dem Durchschnitt der Studien anderer Forscher entspricht, während die Effektstärken, die die Forschergruppe um Ferguson berichtet, zumeist im Minimalbereich liegen.

5.1.5 Relevanz der Effekte

Medizinische Vergleichswerte

Nicht nur die korrekte Ermittlung der Effektgrößen ist umstritten, es herrscht auch Uneinigkeit über die Relevanz der ermittelten Zusammenhänge. Es sind verschiedene Versuche unternommen worden, die Stärke der gefundenen Effekte durch Vergleiche mit anderen Forschungsbereichen einzuordnen (Valkenburg & Peter 2013). Bushman und Anderson (2001; auch Huesmann & Taylor 2006; Anderson & Warburton 2012) beispielsweise führen als Vergleichswerte unstrittig als nachgewiesen und relevant erachtete Effekte aus dem medizinischen Bereich an[47] und konstatieren, dass sich der Zusammenhang zwischen Mediengewalt und Aggression zwar als etwas geringer als der zwischen Rauchen und Lungenkrebs, aber z.B. größer als der zwischen Kondomgebrauch und der Reduktion sexuell übertragener

47 Zieht man meta-analytische Befunde aus der (Sozial-)Psychologie als Vergleichsmaßstab heran (Valkenburg & Peter 2013), so erweist sich die Effektstärke für die Wirkung von Mediengewalt als etwas geringer bis ungefähr vergleichbar. Eine Meta-Analyse von 322 Meta-Analysen zu sozialpsychologischen Phänomenen erbrachte z.B. eine Effektstärke von r =.21 (Richard, Bond & Stokes-Zoota 2003), und im Psychological Bulletin von 1995 bis 2005 veröffentlichte Meta-Analysen kamen insgesamt auf eine Effektstärke von =.16 (Cafri, Kromrey & Brannick 2010).

AIDS-Infektionen, Nikotinpflastern und dem Aufgeben des Rauchens, Kalziumkonsum und der Knochenmasse, Asbestexposition und Krebs usw. darstelle.

Kritik

Ferguson und Kilburn (2009, 762; Ferguson 2013a, 96f.) hingegen weisen auf Fehler bei der Berechnung dieser Koeffizienten hin[48] und bemängeln, dass sich die Verfasser den höchsten in einer Meta-Analyse gefundenen Zusammenhang aus der Untersuchung von Paik und Comstock (1994) als Bezugsbasis herausgesucht hätten. Solche Gegenüberstellungen müssten auch deshalb mit Vorsicht behandelt werden, weil relativ eindeutig zu beobachtende und leichter zu operationalisierende medizinische Zusammenhänge nur sehr bedingt mit sozialwissenschaftlichen Fragestellungen mit ihren sehr verschiedenen, oft nur indirekt messbaren und in ihrer Operationalisierung heterogenen Variablen gleichgesetzt werden könnten (Ferguson & Kilburn 2009; 2010; Elson & Ferguson 2014b) – oder wie Ferguson und Savage (2012, 135) es pointiert formulieren: „Put bluntly, death is a perfect measurement of death. One need not worry about measurement validity when considering death as an outcome. By contrast, near complete reliance on proxy measures of serious aggression raises serious validity concerns". Allerdings kann auch Ferguson (2013, 96) der Versuchung nicht widerstehen, Vergleiche mit medizinischen und kriminologischen Zusammenhängen anzustellen und durch die Wahl der niedrigsten verfügbaren mediengewaltbezogenen Koeffizienten seine Sicht der Dinge zu stützen.

Relative Stärke der Effekte

Bei ihrer Einordnung der Effektstärken argumentiert die Forschergruppe um Anderson darüber hinaus, dass die Forschung zwar viele Einflussfaktoren auf die Entstehung von Gewalt ermittelt habe, deren Bedeutung aber auch nicht größer sei als die von Mediengewalt (Anderson & Warburton 2012, 62f.; Kirsh 2012, 282). Sie gestehen zu, dass die Effekte klein sein mögen, halten sie aber nicht für trivial, zumal sie über die Zeit akkumulierten, große Teile der Bevölkerung beträfen und mit Konsequenzen von großer Tragweite verbunden seien (Bushman & Anderson 2001; Huesmann, Dubow & Yang 2013; Bushman & Huesmann 2014).

Funktionale vs. dysfunktionale Gewalt

Über die Interpretation der ermittelten Effekt*stärken* hinaus dreht sich die Forschungskontroverse auch um die Frage, welche *Arten* von

48 Vgl. dazu auch Ferguson & Savage 2012 sowie Block & Crain 2007; Bushman & Anderson 2007. Die Verwendung der von ihnen selbst ermittelten Effektstärken sowie anderer Berechnungen des Zusammenhangs zwischen Rauchen und Lungenkrebs führt Ferguson und Kilburn (2009, 762) zu dem Ergebnis, dass dieser medizinische Zusammenhang je nach herangezogenen Werten zwischen 8- und 135-mal stärker sei als der für den Zusammenhang zwischen Mediengewalt und Aggression.

Effekten überhaupt als relevant zu betrachten sind (dazu auch DeLisi u.a. 2013; Gentile 2016). Ferguson vertritt die Auffassung, dass Aggression nicht notwendigerweise negativ zu beurteilen sei, sondern in bestimmtem Ausmaß ein durchaus funktionales, für die Durchsetzung auch in der modernen Welt hilfreiches Verhalten darstellen könne. Gesellschaftlich relevant seien letztlich nur Fälle von *Gewaltkriminalität*, für die sich aber ein Beitrag von Gewaltdarstellungen in den Medien nicht ohne Weiteres nachweisen lasse (Ferguson & Kilburn 2010; Ferguson & Dyck 2012; Ferguson & Ivory 2012; Gentile 2015; Ivory u.a. 2015; Markey 2015; auch Hirtenlehner & Strohmeier 2015). Festgestellte Effekte basierten lediglich auf Operationalisierungen von Gewalt, die mit realer Gewalt wenig zu tun hätten, weil es ihnen an externer Validität fehle (z.B. Geräuschtest) oder sie nur mögliche Vorstufen aggressiven Verhaltens (z.B. violente Kognitionen oder Affekte) messen würden. Zudem würden entsprechende Studien zumeist bei Studierenden bzw. in der Normalbevölkerung durchgeführt. Die dabei ermittelten schwachen Effekte würden angesichts des ohnehin niedrigen Ausgangsniveaus an Aggression in dieser Probandengruppe keinen Anlass zu der Befürchtung geben, dass durch Mediengewalt die Grenze zu gesellschaftlich problematischer Aggression überschritten werden könnte. Ferguson (2010; 2011b) fordert demgegenüber gut validierte Messmethoden, bei denen sich auch ein Grenzwert ermitteln lasse, von dem an normale, funktionale Aggression in schädliche Gewalt übergehe.

Anderson u.a. (z.B. DeWall, Anderson & Bushman 2011; Bushman & Anderson 2015; Bushman, Gollwitzer & Cruz 2015) bestreiten nicht, dass schwächere Formen von Aggression funktional sein können. Sie gestehen auch zu, dass der Einfluss der Medien bei „Alltagsgewalt" vermutlich größer sei als bei extremen Formen von Gewalt, bei der mehrere Risikofaktoren zusammenkommen müssten. Nur weil sich die experimentelle Messung schwerer Gewalt aus ethischen Gründen verbiete und diese wegen ihrer Seltenheit im Feld schwierig zu untersuchen sei, könne man aber nicht schließen, dass es solche Effekte nicht gebe. Quer- und Längsschnittstudien hätten vielmehr entsprechende Hinweise erbracht. Fergusons Argument, dass (eigene) Aggregatstudien (Ferguson 2015c) trotz eines Anstiegs der Verkaufszahlen von Spielen bzw. der Waffendarstellungen in Filmen eine sinkende (Jugend-)kriminalität ermittelt hätten (z.B. Ferguson 2015b; Ferguson & Beresin 2017), kontert die Forschergruppe um Anderson (z.B. Bushman, Rothstein & Anderson 2010; Huesmann, Dubow & Yang, 2013; Bushman, Romer & Jamieson 2015) mit dem berechtigten Hinweis, dass solche Untersuchungen keinen angemessenen

Nachweis der Ungefährlichkeit von Mediengewalt darstellten, zumal niemand behaupte, dass mediale Gewaltinhalte die einzige Kriminalitätsursache darstellten.

Davon abgesehen, sind Anderson u.a. der Überzeugung, dass auch weniger schwere Formen von Gewalt als wichtiges soziales Problem einzustufen seien. Sie bezweifeln nicht, dass Mediengewalt nur einer neben vielen anderen gewaltauslösenden Faktoren und weder eine notwendige noch eine hinreichende Bedingung hierfür ist, argumentieren jedoch, dass es sich um einen der wenigen Faktoren handele, der sich gut bekämpfen lasse (Bushman & Anderson 2015; Bushman, Gollwitzer & Cruz 2015; auch Gentile 2016).

5.1.6 Einfluss auf die öffentliche Debatte: Ursachen und Auswirkungen

Moralische Panik

Die beiden Forschergruppen haben auch verschiedene Vorstellungen von den Ursachen und den Folgen der unterschiedlichen Positionen zur Gefährlichkeit von Mediengewalt. Für Ferguson (Ferguson 2010; Ferguson & Ivory 2012; Elson & Ferguson 2014b; Ferguson & Beresin 2017; Ferguson & Colwell 2017) ist die Medien-und-Gewalt-Debatte das Paradebeispiel einer „moralischen Panik". Diese habe ihren Ursprung in dem Bedürfnis, für Angst auslösende vermeintliche Krisen (z.B. ansteigende Gewaltkriminalität) durch die Erschaffung eines Sündenbocks eine Erklärung zu finden, die die Illusion von Kontrollierbarkeit erzeugt. Als Sündenbock eigneten sich besonders neue Medien, die v.a. bei damit nicht vertrauten älteren Personen Ängste und moralische Empörung auslösten. Das negative Urteil über violente Medien könne sich auch deshalb durchsetzen, weil verschiedene gesellschaftliche Kräfte einen Nutzen daraus zögen: Die Politik könne Handlungsfähigkeit demonstrieren, die Medien könnten ihren Absatz bzw. ihre Quoten steigern und Wissenschaftler im Hinblick auf Forschungsförderung, öffentliche Aufmerksamkeit und professionellen Prestigegewinn profitieren. Diese Anreizmechanismen förderten die Verbreitung selektiver Informationen und setzten einen sich selbst verstärkenden Prozess in Gang, der die Panik weiter anheize – mit der Konsequenz, dass sich alle Kräfte auf die Beseitigung einer nicht existierenden Gefahrenquelle konzentrierten, statt die wirklichen Ursachen zu bekämpfen.

Verharmlosung von Effekten

Bushman und Anderson (2001; auch Huesmann, Dubow & Yang 2013) hingegen kritisieren, dass die Medienberichterstattung mittlerweile den Eindruck geringer Effekte von Mediengewalt vermittle.[49] Die Ursachen dafür, dass die Position einer Minderheit von Forschern unangemessen viel Aufmerksamkeit erhalte, sehen Bushman, Gollwitzer und Cruz (2015; auch Huesmann 2010) in der mangelnden wissenschaftlichen Ausbildung von Journalisten und deren Streben nach Ausgewogenheit im Rahmen einer missverstandenen Fairness-Doktrin. Hinzu kämen Lobbying und Pressearbeit der im Übrigen mit Medienunternehmen verflochtenen Unterhaltungsindustrie, die ein Interesse daran habe, die Öffentlichkeit über die wahren Zusammenhänge im Unklaren zu lassen, juristische Maßnahmen zu verhindern und Wissenschaftler, die auf Gefahren hinweisen, zu diskreditieren. Die Popularität in ihren Augen verharmlosender Argumente und Berichte führen Huesmann, Dubow und Yang (2013; auch Gollwitzer u.a. 2014; Nauroth u.a. 2014; Bushman, Gollwitzer & Cruz 2015) auf eine Reihe von Motiven und psychologischen Mechanismen zurück:

- Prozesse der *Vermeidung kognitiver Dissonanz* bringen Menschen, deren Selbstbild oder Überzeugung von Forschungsbefunden bedroht ist (z.B. Mitarbeiter der Medienindustrie, Forscher, die von dieser unterstützt werden, Rezipienten, die mit dem Konsum von Mediengewalt aufgewachsen sind), dazu, „unangenehme Wahrheiten" auszublenden.
- Auf die vermeintliche Beschneidung von Freiheiten (z.B. zur Produktion oder Nutzung violenter Medieninhalte) reagieren Menschen mir *Reaktanz*.
- Dissonanz- und Reaktanzeffekte werden vermieden, indem negative Effekte von Mediengewalt nur für „die anderen" angenommen, für die eigene Person aber geleugnet werden *(Third-Person-Effect)*.
- Lange Erfahrungen mit violenten Medien bewirken eine *Desensibilisierung*, die ebenso wie die *Seltenheit drastischer Konsequenzen* von Mediengewalt zu einer Unterschätzung der Effekte führen kann.

49 Bushman & Anderson (2001) bzw. Huesmann, Dubow & Yang (2013) verorten den Beginn dieser Entwicklung für die USA zwischen 1990 und 2000, Martins u.a. (2013) erst um das Jahr 2000. Eine instrumentell-selektive Wissenschaftsdarstellung in Bezug auf die Wirkung violenter Bildschirmspiele diagnostizieren auch Gollwitzer u.a. (2014; auch Sjöström u.a. 2013) für Deutschland auf Basis einer qualitativen Inhaltsanalyse. Zur Dominanz einer medienkritischen Perspektive in den Jahren 1990 bis 2005 vgl. Brosius und Schwer 2008, zu einer (wenn auch geringfügig) differenzierteren Berichterstattung nach Winnenden (2009) im Vergleich zu Erfurt (2003) vgl. Schell 2009.

- Der Glaube an *kathartische Effekte* widerspricht Informationen zur Gefährlichkeit von Mediengewalt.

Bushman und Huesmann (2014, 52f.) unterstellen auch Forschern, solchen, ihre Urteilsfähigkeit beeinträchtigenden Prozessen zu unterliegen, und münzen etwa das Argument der Dissonanzvermeidung auf Ferguson als Angehörigen einer jungen, computerspielaffinen Forschergeneration, der noch dazu selbst violente Prosa produziert.

Schlüsselstudien

Empirische Ergebnisse zur Rezeption von Forschungsbefunden

Verschiedene Studien haben sich mit der Frage beschäftigt, wie Rezipienten mit den Ergebnissen der Medien-und-Gewalt-Forschung umgehen. Zwar gibt es Hinweise darauf, dass die Thematisierung wissenschaftlicher Befunde die Beurteilung der journalistischen Berichterstattungsqualität positiv beeinflusst (Sjöström u.a. 2013), diverse Studien konnten aber auch z.T. deutliche Wahrnehmungsverzerrungen belegen.

So finden sich diverse Bestätigungen dafür, dass mangelnde eigene Spielerfahrung bzw. ein (damit z.T. einhergehendes) höheres Alter und weibliches Geschlecht sowie eine negative Einstellung zur Jugend eher mit Ängsten vor Gefahren violenter Spiele verbunden sind (Harris Interactive 2013; Przybylski 2014; Ferguson 2015a; Quandt u.a. 2015). Dies gilt auch für pazifistische Menschen, die politische Maßnahmen stärker befürworten und gezielt ihre Ansicht bestätigende wissenschaftliche Befunde suchen (Rothmund u.a. 2015).

Die Zugehörigkeit zur jüngeren Generation und eine Identifikation mit der Gruppe der Spieler geht hingegen eher mit einer Verteidigung violenter Spiele einher und führt zur Abwertung von bzw. (v.a. methodischer) Kritik an wissenschaftlichen Studien, die negative Effekte finden, sowie zu Zweifeln an Glaubwürdigkeit, Reputation und Kompetenz der Forscher bzw. des ganzen Forschungsgebiets (Kneer u.a. 2012; Nauroth u.a. 2014; 2015; 2017; Bender u.a. 2016). Als Teilnehmer von Experimenten mit durchschaubaren Methoden der Gewaltmessung können solche Befragte sogar versuchen, die Ergebnisse durch bewusst niedrige Angaben von Aggressionsneigungen strategisch zu beeinflussen (Bender, Rothmund & Gollwitzer 2013).

Dass die eigene Überzeugung die Rezeption von Forschungsbefunden beeinflusst, konnte auch Greitemeyer (2014a) zeigen. Von zwei (fiktiven) Studien, von denen eine für eine Gewaltsteigerung durch violente Computerspiele sprach und die andere keine signifikanten Assoziationen gefunden hatte, bewerteten studentische Probanden diejenige als überzeugender und eher replizierbar, die ihrer (zuvor erhobenen) Ursprungsmeinung zum Thema entsprach. Auch äußerten sie die Überzeugung, ihre Sichtweise nach der Lektüre intensiviert zu haben. Wurde allerdings der tatsächliche Meinungswandel betrachtet, hatten sich beide Lager einander angenähert.

Dass auch die als „Common Sense“ wahrgenommene Meinung zu violenten Computerspielen einen Einfluss auf die Rezeption von Forschungsergebnissen hat, konnten Bleske-Rechek, Morrison und Heidtke (2015) nachweisen. In ihrer Untersuchung erhielten die Probanden eine von vier Versionen der Schilderung einer wissenschaftlichen Studie zum Zusammenhang zwischen Computerspielen und Aggressivität (Experiment / kein Experiment sowie positiver / negativer Befund) und sollten das Ergebnis beurteilen. Ob das Design tatsächlich Kausalschlüsse zuließ oder nicht, hatte keinen Einfluss darauf, ob die Befragten solche Schlüsse ableiteten. Unabhängig davon, ob die Befunde für oder gegen die Gefährlichkeit von Mediengewalt sprachen, zogen die Probanden Folgerungen, die in Richtung des Common Sense gingen (d.h. für eine aggressionssteigernde Wirkung sprachen).

5.2 Bilanz

Einigkeit über Gewalt als multikausales Phänomen

Welche Schlussfolgerungen können nun aus der bisherigen Medien-und-Gewalt-Forschung und der kontroversen Debatte um ihre Befunde gezogen werden? Konsens besteht darüber, dass Aggression ein von vielen Faktoren beeinflusstes Phänomen ist, für das Mediengewalt keinesfalls *die eine* entscheidende Ursache darstellt. Auch wenn dies die öffentliche Debatte zeitweise suggeriert, sind violente Medieninhalte weder eine notwendige noch eine hinreichende Bedingung für die Entstehung von Gewalt in der Realität. Ein Kausalzusammenhang wird allenfalls in dem Sinne für möglich gehalten, dass ein hoher Mediengewaltkonsum gemeinsam mit anderen Faktoren langfristig die Wahrscheinlichkeit aggressiver Reaktionen erhöht.

Uneinigkeit über Stellenwert von Mediengewalt

Über die Bedeutung des Einflusses von Mediengewalt gehen die Meinungen hingegen auseinander. Die Forschung hat einen signifikanten Zusammenhang zwischen Mediengewaltkonsum und einer Steigerung aggressiver Kognitionen, Emotionen und Verhaltensweisen ermittelt, der allerdings im Hinblick auf die Stärke des Effekts als gering zu beurteilen ist. Welche Relevanz man diesem Befund zubilligt, ist von der Beurteilung der methodischen Angemessenheit der zugrundeliegenden Studien ebenso abhängig wie von der Antwort auf die Frage, welche Arten von Effekten als gesellschaftlich relevante Folge von Mediengewalt angesehen werden.

Probleme bei der Beurteilung

Viele Untersuchungen zur Wirkung von Mediengewalt weisen methodische Defizite auf, die z.B. in ungeeigneten Operationalisierungen, fehlenden Standardisierungen oder der Konfundierung von Eigenschaften des Stimulusmaterials bestehen. Es ist aber auch zu konstatieren, dass Studien mit unterschiedlicher methodischer Vorgehensweise für einen Effekt von Mediengewalt sprechen („Triangulation") und dass bei allem Verbesserungspotenzial im Einzelnen das (auch aus ethischen Gründen resultierende) Problem der Operationalisierung von Gewalt wohl nicht endgültig lösbar ist.

Forschungsbefunde zum Beitrag von Mediengewalt bei der Entstehung von *Gewaltkriminalität* sind eher rar[50] und deuten auf geringere Effekte als für weniger schwere Aggressionsformen hin (dazu auch Ferguson 2013a, 94f.). Die Beurteilung der Frage, als wie relevant die Befunde der Forschung zu anderen gewaltbezogenen Effekten (z.B. Kognitionen, Emotionen, Verhaltensabsichten) zu bewerten sind, wird durch die Tatsache erschwert, dass es zwar z.B. im Rahmen des General Aggression Models theoretische Überlegungen dazu gibt, wie Effekte auf verschiedenen Ebenen miteinander zusammenhängen (d.h. z.B. wie violente Kognitionen verhaltensrelevant werden können), hier aber auch noch viele Fragen offen sind und empirische Befunde – insbesondere im Kontext von Langzeitbetrachtungen – fehlen.

Weiterhin ist zu berücksichtigen, dass die in Meta-Analysen ermittelten geringen Effektstärken einen Durchschnittswert darstellen, der für bestimmte Rezipienten bzw. bestimmte Inhalte stärker oder schwächer ausfallen kann. Es sollten folglich individuelle Unterschiede in der Wahrnehmung und der Empfänglichkeit für Mediengewalt-Effekte in den Blick genommen werden.

Aufgaben künftiger Forschung

Die zentrale Aufgabe der Forschung besteht vor diesem Hintergrund in der Suche nach Einflussfaktoren, die den Zusammenhang zwischen Mediengewalt und ihren Konsequenzen moderieren, um auf diesem Wege Risiko- bzw. auch Schutzfaktoren bestimmen zu können. Über eine Identifikation solcher einzelner Variablen hinaus er-

50 Zu vorliegenden Studien z.B. Mößle 2012; DeLisi u.a. 2013; Erdelja u.a. 2013; Kanz 2014; 2016; Exelmans, Custers & Van den Bulck 2015; Sauter u.a. 2016; Smith, Ferguson & Beaver 2018; im Überblick Ivory u.a. 2005.

möglicht aber letztlich erst die gemeinsame Betrachtung dieser Risiko- und Schutzfaktoren und ihres Zusammenspiels wirklich aussagekräftige Befunde. Nur derartige Untersuchungen ermöglichen auch sinnvolle Aussagen über die relative Bedeutung verschiedener Einflussgrößen (inkl. Mediengewalt) auf die Entstehung von Aggression und eine Einschätzung des betroffenen Bevölkerungsanteils bzw. der Tragweite des Problems.

Risk-and-Resilience-Ansatz

Kritische Stimmen halten eine derartige, umfassende Analyse des komplexen Beziehungsgeflechts verschiedener Faktoren für aussichtslos[51] oder kritisieren eine Überinterpretation schwacher Effekte sowie eine mangelnde Falsifizierbarkeit der Ergebnisse eines solchen Vorgehens (z.B. Ferguson 2009a, 117f.). Es gibt aber durchaus Forscher, die diesen Weg beschreiten und einen sogenannten *„Risk-and-Resilience"-Ansatz* einfordern bzw. in empirischen Studien bereits verfolgen.[52] Im Gegensatz zu Studien, die zwar diverse Einflussgrößen einbeziehen, diese aber nur als Kontroll-Variablen behandeln, zeichnet sich der Risk-and-Resilience-Ansatz durch die Entwicklung multikausaler Wirkungsmodelle aus, bei denen verschiedene Faktoren, die in Verdacht stehen, das Risiko von Gewaltverhalten zu erhöhen, aber auch solche, bei denen eine Verringerung des Risikos zu vermuten ist, gemeinsam betrachtet und auf ihre kumulative und interaktive Wirkung hin untersucht werden. Es gibt dabei verschiedene Spielarten von Risk-and-Resilience-Modellen (Prot & Gentile 2014):

Modell

Varianten von Risk-and-Resilience-Modellen

Kaskadenmodelle, denen zufolge Veränderungen eines Risikofaktors Konsequenzen in den unterschiedlichsten Bereichen nach sich ziehen, aus denen wiederum weitere Probleme resultieren können. Beispiele wären das Modell der Abwärtsspirale oder Crossover-Effekte relationaler und physischer Gewalt (Kap. 4.1, 4.3.3.2).

Modelle der Dosis-Wirkungs-Beziehung, denen zufolge Effekte vom Ausmaß des Mediengewaltkonsums abhängen. Dabei sind nicht nur lineare Modelle denkbar (je stärker die Nutzung bzw. die Zahl der Risikofaktoren, desto stärker der Effekt), sondern Effekte könnten auch erst dann eintre-

51 Scheufele (2006, 102) schreibt: „Das komplexe Zusammenspiel aus Medien-Gewalt, psychologischen Dispositionen, sozialen Umweltfaktoren, politischem Klima und situativen Auslösern kann in seiner Gesamtheit niemals erfasst werden.".

52 Z.B. Kirsh 2003; 2012, 252–275; Anderson, Gentile & Buckley 2007; Boxer u.a. 2009; Bijvank, Konijn & Bushman 2012; Gentile & Bushman 2012; Exelmans, Custers & Van den Bulck 2015; Gentile 2016; Glackin & Gray 2016; dazu auch Friedrich 2013.

ten, wenn eine bestimmte Anzahl oder Intensität von Risikofaktoren überschritten ist.

Pfadmodelle, die Reaktionen vor, während und nach dem Eintreten eines Risikos aufzeigen und Veränderungsprozesse von und durch Risikofaktoren in den Blick nehmen.

Wendepunkt-Modelle, die erklären, weshalb sich Entwicklungen umkehren können, d.h. z.B. untersuchen, wie sich das Gewaltverhalten verändert, wenn sich der Mediengewaltkonsum von einem bestimmten Zeitpunkt an wieder verringert.

Interaktion von Faktoren

Obwohl es grundsätzlich plausibel ist, dass die Wahrscheinlichkeit der Aggressionsentstehung mit der Akkumulation von Risikofaktoren und dem Fehlen von Schutzfaktoren steigt, ist zu berücksichtigen, dass eine rein additive Betrachtung dieser Faktoren (je mehr Risikofaktoren, desto wahrscheinlicher, und je mehr Schutzfaktoren, desto unwahrscheinlicher negative Folgen von Mediengewalt) vermutlich zu einfach gedacht ist. Vielmehr ist anzunehmen, dass Risiko- und Schutzfaktoren in komplexer Weise miteinander interagieren (Gentile & Bushman 2012; Exelmans, Custers & Van den Bulck 2015; Glackin & Gray 2016). Es wäre somit von der spezifischen Konstellation abhängig, welcher Beitrag für die Aggressionsentstehung dem Konsum von Mediengewalt zuzumessen ist. Mit einer Veränderung der Konstellation könnte sich auch die Relevanz von Mediengewalt verändern (z.B. Kirsh 2003 in Bezug auf das Gefahrenpotenzial violenter Spiele über die verschiedenen Entwicklungsphasen Heranwachsender).

Klärung von Mechanismen

Eine Schwierigkeit bei der Anwendung dieses Ansatzes besteht darin, dass die Befunde immer auch von der Art und Anzahl der einbezogenen Faktoren abhängen und mit diesen Gegebenheiten variieren werden, was verlässliche Aussagen erschwert. Der Risk-and-Resilience-Ansatz bietet auch keine Erklärungen dafür, *weshalb* und durch *welche Mechanismen* Risiko- und Schutzfaktoren auf Kognitionen, Emotionen und Verhaltensweisen der Rezipienten wirken (Gentile & Bushman 2012). Hier sind andere Arten von Studien und theoretische Überlegungen gefragt, wie sie beispielsweise mit dem noch konkretisierungsbedürftigen General Aggression Model vorliegen. Risk-and-Resilience-Studien sind hieran genauso anschlussfähig wie an das Katalysator-Modell, das eine Interaktion von genetischen und Umweltfaktoren postuliert (Prot & Gentile 2014).

Künftige Fragen

Insgesamt sollte die Frage heutiger Forschung also nicht mehr lauten, *ob* Mediengewalt wirkt, sondern *unter welchem Umständen* und *auf welche Weise* sie in der Lage ist, *im Zusammenspiel mit anderen Faktoren* Effekte auszulösen, und inwieweit diese tatsächlich Anlass zur *Besorgnis* geben.

6. „Top Ten" der Forschungsliteratur

1. Eastin 2013

Die von Eastin herausgegebene „Encyclopedia of media violence" deckt mit einer Vielzahl kurzer Beiträge ein breites Spektrum teils grundlegender, teils aber auch sehr spezieller Gegenstände, Begriffe und Ansätze der Medien-und-Gewalt-Forschung ab.

2. Ritter & Eslea 2005

Bei diesem Beitrag handelt es sich um eine kritische Auseinandersetzung mit den Problemen der Messung von Aggression im Labor und den dabei angewandten Methoden. Sie mündet in einen Katalog von Kriterien, die ein valides Design erfüllen sollte.

3. Huesmann u.a. 2003

Diese Langzeitstudie ist aufgrund der ungewöhnlich langen Zeitspanne von mindestens 15 Jahren zwischen dem ersten (1977 / 78) und dem zweiten (1992–1995) Befragungszeitpunkt bemerkenswert. Die Untersuchung prüft verschiedene Wirkungstheorien, betrachtet beide Kausalitätsrichtungen des Zusammenhangs zwischen Medien- und Rezipientengewalt (Sozialisations- / Selektionsthese) und berücksichtigt diverse Einflussfaktoren.

4. Slater u.a. 2003

In diesem viel zitierten Beitrag entwickeln Michael D. Slater und seine Mitautor(inn)en das *Modell der Abwärtsspirale*, d.h. die Idee, dass sich Selektions- und Wirkungsprozesse medialer Gewalt beim Rezipienten wechselseitig verstärken. Die eigenen Befunde können die getroffenen Annahmen zwar nur eingeschränkt bestätigen, die Panel-Studie mit drei Messzeitpunkten vermittelt aber einen guten Eindruck von den sinnvollen Einsatzmöglichkeiten, die Längsschnittstudien mit entsprechendem Design im Rahmen der Medien-und-Gewalt-Forschung bieten.

5. Anderson & Bushman 2018

Hierbei handelt es sich um eine der jüngsten Veröffentlichungen zum General Aggression Model. Der Beitrag bietet eine umfassende Erläuterung des Modells inkl. einiger auch auf die Bedeutung von Mediengewalt bezogener Konkretisierungen, die die Verfasser auch in Folge der kritischen Diskussion des Modells durch andere Forscher vorgenommen haben.

6. Sauer, Drummond & Nova 2015

Die Forscher(innen) untersuchen die Bedeutung von Belohnung und narrativem Kontext (heroische vs. anti-heroische Spielfigur) auf die Ausübung von Gewalt während und nach einem violenten Computerspiel. Ihre Ergebnisse unterstreichen die Bedeutung einer Berücksichtigung von Kontextfaktoren in der Medien-und-Gewalt-Forschung und erlauben interessante Rückschlüsse auf die Gültigkeit der sozial-kognitiven Lerntheorie bzw. des General Aggression Model, deren Aussagen und deren Verhältnis zueinander von den Autor(innen) ausführlich diskutiert werden.

7. Ferguson & Kilburn 2009 und Anderson u.a. 2010 (inkl. Forschungsdebatte)

Diese beiden Meta-Analysen haben eine teilweise höchst polemisch geführte Forschungsdebatte über die korrekte Durchführung solcher Studien und die angemessene Berechnung von Effektstärken ausgelöst. Diese Debatte (auch Bushman, Rothstein & Anderson 2010; Ferguson & Kilburn 2010; Hilgard, Engelhardt & Rouder 2017; Kepes, Bushman & Anderson 2017) ist nicht nur methodisch interessant, sondern gewährt auch aufschlussreiche Einblicke in die ideologische Auseinandersetzung zwischen den Verfechtern der Gefahren von Mediengewalt und den Zweiflern an dieser Position.

8. Ferguson 2015b und die Debatte in Perspectives on Psychological Science 10 (5) 2015 und 11 (3) 2016

Christopher J. Ferguson verbindet die Vorstellung der Befunde seiner jüngsten Meta-Analyse mit einer Kritik an der bisherigen Medien-und-Gewalt-Forschung und einem Ausblick auf theoretische und methodische Desiderata. Dieser Beitrag vermittelt gemeinsam mit den diversen Repliken anderer Forscher und der Reaktion Fergusons auf deren Argumente einen guten Eindruck von den zentralen Kontroversen der aktuellen Medien-und-Gewalt-Debatte (zu den einzelnen Beiträgen: Boxer, Groves & Docherty 2015; Ferguson 2015d; Gentile 2015; Markey 2015; Rothstein & Bushman 2015; Valkenburg 2015; Furuya-Kanamori & Doi 2016).

9. Ferguson & Konijn 2015

Forschungskontroverse einmal anders: Dieser Beitrag ist im ungewöhnlichen Format eines Dialogs verfasst, in dem sich Christopher J. Ferguson (amerikanischer Professor für Psychologie) und Elly A. Konijn (niederländische Professorin für Medienpsychologie) über ihre konträren Ansichten zu verschiedenen Aspekten der Medien-und-Gewalt-Forschung austauschen. Neben diversen grundlegenden theoretischen und methodischen Fragen enthält der Artikel interessante Reflexionen über unterschiedliche kulturelle Perspektiven auf die Problematik von Mediengewalt und Einblicke in die medienpädagogische Praxis von Medien-Gewalt-Forschern im Umgang mit ihren eigenen Kindern.

10. Prot & Gentile 2014

Der Beitrag enthält eine ausführliche Diskussion des Risk-and-Resilience-Ansatzes, der eine Analyse des komplexen Zusammenspiels von Risiko- und Schutzfaktoren postuliert. Der Ansatz wird in seinen verschiedenen Varianten und seinen Anwendungsmöglichkeiten im Rahmen der Medien-und-Gewalt-Forschung dargestellt und als konstruktiver Ausweg aus der verhärteten Debatte um vorhandene oder nicht vorhandene Gefahren violenter Medieninhalte präsentiert.

Literatur

Adachi, P. J. C., Hodson, G. & Hoffarth, M. R. (2015). Video game play and intergroup relations: Real world implications for prejudice and discrimination. Aggression and Violent Behavior, 25, 227–236.

Adachi, P. J. C. & Willoughby, T. (2011a). The effect of video game competition and violence on aggressive behavior: Which characteristic has the greatest influence? Psychology of Violence, 1, 259–274.

Adachi, P. J. C. & Willoughby, T. (2011b). The effect of violent video games on aggression: Is it more than just the violence? Aggression and Violent Behavior, 16, 55–62.

Adachi, P. J. C. & Willoughby, T. (2013). Demolishing the competition: The longitudinal link between competitive video games, competitive gambling, and aggression. Journal of Youth and Adolescents, 42, 1090–1104.

Adachi, P. J. C. & Willoughby, T. (2016). The longitudinal association between competitive video game play and aggression among adolescents and young adults. Child Development, 87, 1877–1892.

Adachi, P. J. C. (u.a.) (2015). Brothers and sisters in arms: Intergroup cooperation in a violent shooter game can reduce intergroup bias. Psychology of Violence, 5, 455–462.

Adachi, P. J. C. (u.a.) (2016). From outgroups to allied forces: Effect of intergroup cooperation in violent and nonviolent games on boosting favorable outgroup attitudes. Journal of Experimental Psychology: General, 145, 259–265.

Alia-Klein, N. (u.a.) (2014). Reactions to media violence: It´s in the brain of the beholder. PLOS ONE, 9, e107260.

Allen, J. & Anderson, C. A. (2017). General Aggression Model. In P. Roessler, C. A. Hoffner & L. van Zoonen (Hrsg.), International encyclopedia of media effects. Hoboken, NJ: Wiley-Blackwell.

Anderson, C. A. (2004). An update on the effects of playing violent video games. Journal of Adolescence, 27, 113–122.

Anderson, C. A. (2013). Games, guns, and mass shootings in the US. Bulletin of the International Society for Research on Aggression, 35, 15–19.

Anderson, C. A., Buckley, K. E. & Carnagey, N. L. (2008). Creating your own hostile environment: A laboratory examination of trait aggressiveness and the violence escalation cycle. Personality and Social Psychology Bulletin, 34, 462–473.

Anderson, C.A. & Bushman, B. J. (2001). Effects of violent video games on aggressive behavior, aggressive cognition, aggressive affect, physiological arousal, and prosocial behavior: A meta-analytic review of the scientific literature. Psychological Science, 12, 353–359.

Anderson, C. A. & Bushman, B. J. (2002). Human aggression. Annual Review of Psychology, 53, 27–51.

Anderson, C. A. & Bushman, B. J. (2018). Media violence and the General Aggression Model. Journal of Social Issues, 74, 386–413.

Anderson, C. A. & Carnagey, N. L. (2004). Violent evil and the general aggression model. In A. Miller (Hrsg.), The social psychology of good and evil (169–192). New York, NY: Guilford Press.

Anderson, C A. & Carnagey, N. (2009). Causal effects of violent sports video games on aggression: Is it competitiveness or violent content? Journal of Experimental Social Psychology, 45, 731–739.

Anderson, C. A., Carnagey, N. L. & Eubanks, J. (2003). Exposure to violent media: The effects of songs with violent lyrics on aggressive thoughts and feelings. Journal of Personality and Social Psychology, 84, 860–971.

Anderson, C. A. & Dill, K. E. (2000). Video games and aggressive thoughts, feelings, and behavior in the laboratory and in life. Journal of Personality and Social Psychology, 78, 772–790.

Anderson, C. A., Gentile, D. A. & Buckley, K. E. (2007). Violent video game effects on children and adolescents. Theory, research, and public policy. New York, NY (u.a.): Oxford University Press.

Anderson, C.A. & Huesmann, L. R. (2003). Human aggression. A social-cognitive view. In M. A. Hogg & J. Cooper (Hrsg.), The Sage Handbook of Social Psychology (296–323). London: Sage.

Anderson, C. A. & Morrow, M. (1995). Competitive aggression without interaction: Effects of competitive versus cooperative instructions on aggressive behavior in video games. Personality and Social Psychology Bulletin, 21, 1020–1030.

Anderson, C. A. & Warburton, W. A. (2012). The impact of violent video games: An overview. In W. A. Warburton & D. Braunstein (Hrsg.), Growing up fast and furious: Reviewing the impacts of violent and sexualized media on children (56–84). Annandale, NSW, Australia: The Federation Press.

Anderson, C. A. (u.a.) (2004). Violent video games: Specific effects of violent content on aggressive thoughts and behavior. Advances in Experimental Social Psychology, 36, 199–249.

Anderson, C. A. (u.a.) (2008). Longitudinal effects of violent video games on aggression in Japan and the United States. Pediatrics, 122, e1067-e1072.

Anderson, C. A. (u.a.) (2010). Violent video game effects on aggression, empathy, and prosocial behaviour in Eastern and Western countries: A meta-analytic review. Psychological Bulletin, 136, 151–173.

Anderson, C. A. (u.a.) (2015). SPSSI research summary on media violence. Analyses of Social Issues and Public Policy, 15, 4–19.

Anderson, C. A. (u.a.) (2017). Media violence and other aggression risk factors in seven nations. Personality and Social Psychology Bulletin, 43, 986–998.

Anderson, K. B. & Corey, D. L. (2013). Gender and aggression. In M. S. Eastin (Hrsg.), Encyclopedia of media violence (176–178). Los Angeles, CA (u.a.): Sage.

Anestis, M. D. (u.a.) (2015). Dangerous words? An experimental investigation of the impact of detailed reporting about suicide on subsequent risk. Journal of Clinical Psychology, 71, 1031–1041.

Appel, M. (u.a.) (2014). Internet use and verbal aggression: The moderating role of parents and peers. Computers in Human Behavior, 33, 235–241.

Aristoteles (1921). Über die Dichtkunst. Übersetzt von A. Gudeman. Leipzig: Meiner.

Aristoteles (1948). Politik. Übersetzt von E. Rolfes. Leipzig: Meiner.

Arriaga, P., Monteiro, M. B. & Esteves, F. (2011). Effects of playing violent computer games on emotional desensitization and aggressive behavior. Journal of Applied Social Psychology, 41, 1900–1925.

Arriaga, P. (u.a.) (2008). Are the effects of unreal violent video games pronounced when playing with a virtual reality system? Aggressive Behavior, 34, 521–538.

Arriaga, P. (u.a.) (2015). A „dry eye“ for victims of violence. Effects of playing a violent video game on pupillary dilation to victims and on aggressive behavior. Psychology of Violence, 5, 199–208.

Ash, E. (2016). Priming or Proteus effect? Examining the effects of avatar race on ingame behavior and post-play aggressive cognition and affect in video games. Games and Culture, 11, 422–440.

Ask, A., Augoustinos, M. & Winefield, A. H. (2000). To kill or not to kill. Competitive aggression in Australian adolescent males during videogame play. In C. v. Feilitzen & U. Carlsson (Hrsg.), Children in the new media landscape. Games, pornography, perceptions (83–92). Göteborg: UNESCO International Clearinghouse on Children and Violence on the Screen.

Ballard, M. & Lineberger, R. (1999). Video game violence and confederate gender: Effects of rewards and punishment given by college males. Sex Roles, 41, 541–558.

Ballard, M. E. & Wiest, J. R. (1996). Mortal Kombat: The effects of violent videogame play on males' hostility and cardiovascular responding. Journal of Applied Social Psychology, 26, 717–730.

Ballard, M. E. (u.a.) (2006). Repeated exposure to video game play results in decreased cardiovascular and affective responding. Media Psychology, 8, 323–341.

Bandura, A. (1965). Influence of models´ reinforcement contingencies on the acquisition of imitative responses. Journal of Personality and Social Psychology, 1, 589–595.

Bandura, A. (1979a). Aggression. Eine sozial-lerntheoretische Analyse. Stuttgart: Klett-Cotta.

Bandura, A. (1979b). Sozial-kognitive Lerntheorie. Stuttgart: Klett-Cotta (zuerst 1973).

Bandura, A. (1986). Social foundations of thought and action. A social cognitive theory. Englewood Cliffs, NJ: Prentice-Hall.

Bandura, A. (1997). Self-efficacy. The exercise of control. New York, NY: W. H. Freeman.

Bandura, A. (2002). Selective moral disengagement in the exercise of moral agency. Journal of Moral Education, 31, 101–119.

Bandura, A. (2009). Social cognitive theory of mass communication. In J. Bryant & M. B. Oliver (Hrsg.), Media effects. Advances in theory and research (3. Aufl., 394–124). New York & London: Routledge.

Bandura, A., Ross, D. & Ross, S. A. (1961). Transmission of aggression through imitation of aggressive models. Journal of Abnormal and Social Psychology, 63, 575–582.

Bandura, A., Ross, D. & Ross, S. A. (1963). Imitation of film-mediated aggressive models. Journal of Abnormal and Social Psychology, 66, 3–11.

Barlett, C. P., Harris, R. J. & Bruey, C. (2008). The effect of the amount of blood in a violent video game on aggression, hostility, and arousal. Journal of Experimental Social Psychology, 44, 539–546.

Barlett, C. P. (u.a.) (2008). The effect of advances in video game technology and content on aggressive cognitions, hostility, and heart rate. Media Psychology, 11, 540–565.

Barlett, C. P. (u.a.) (2009). How long do the short-term violent video game effects last? Aggressive Behavior, 3, 225–236.

Baron, J. N. & Reiss, P. C. (1985). Same time, next year: Aggregate analyses of the mass media and violent behavior. American Sociological Review, 50, 347–363.

Bartholow, B. D. (2005). Interactive effects of life experience and situational cues on aggression: The weapons priming effect in hunters and nonhunters. Journal of Experimental Social Psychology, 41, 48–60.

Bartholow, B. D., Bushman, B. J. & Sestir, M. A. (2006). Chronic violent video game exposure and desensitization to violence: Behavioral and event-related brain potential data. Journal of Experimental Social Psychology, 42, 532–329.

Bauer, M. (1999). Modellierungsmethoden in der Verhaltenstherapie. Eine kritische Analyse des Modell-Konzepts und der zugehörigen Forschung. Regensburg: S. Roederer.

Beier, S. (2013). Choose a juice! The effect of choice options, demand and harmful intentions on aggression in a modified Hot Sauce Paradigm. Diss. phil. Heidelberg.

Bender, J., Rothmund, T. & Gollwitzer, M. (2013). Biased estimation of violent video game effects on aggression: Contributing factors and boundary conditions. Societies, 3, 383–398.

Bender, J. (u.a.) (2016). How moral threat shapes laypersons´ engagement with science. Personality and Social Psychology Bulletin, 42, 1723–1735.

Bente, G., Krämer, N. C. & Petersen, A. (2002). Virtuelle Realität als Gegenstand und Methode in der Psychologie. In G. Bente, N. C. Krämer & A. Petersen (Hrsg.), Virtuelle Realitäten (1–31). Göttingen u.a.: Hogrefe.

Berger, G. (2016). Die Debatte um „Killerspiele" ist vorbei. SRF, 25.5.2016 (online unter: https://www.srf.ch/radio-srf-3/digital/games/die-debatte-um-killerspiele-ist-vorbei, letzter Abruf: 28.7.2018).

Berkowitz, L. (1968). Impulse, aggression and the gun. Psychology Today, 2, 18–23.

Berkowitz, L. (Hrsg.) (1969). Roots of aggression. A re-examination of the frustration-aggression hypothesis. New York, NY: Atherton Press.

Berkowitz, L. (1970). The contagion of violence: An S-R mediational analysis of some effects of observed aggression. Nebraska Symposium on Motivation, 18, 95–135.

Berkowitz, L. (1984). Some effects of thoughts on antisocial and prosocial influences of media effects: A cognitive-neoassociation analysis. Psychological Bulletin, 95, 410–427.

Berkowitz, L. (1989). Frustration-aggression hypothesis: Examination and reformulation. Psychological Bulletin, 106, 59–73.

Berkowitz, L. (1990). On the formation and regulation of anger and aggression: A cognitive-neoassociationistic analysis. American Psychologist, 45, 494- 503.

Berkowitz, L. (1993). Pain and aggression: Some findings and implications. Motivation and Emotion, 17, 277–293.

Berkowitz, L. (2008). On the consideration of automatic as well as controlled psychological processes in aggression. Aggressive Behavior, 34, 117–129.

Berkowitz, L. & LePage, A. (1967). Weapons as aggression eliciting stimuli. Journal of Personality and Social Psychology, 7, 202–207.

Bhuller, M. (u.a.) (2013). Broadband internet: An information superhighway to sex crime? Review of Economic Studies, 80, 1237–1266.

Biblarz, A. (u.a.) (1991). Media influence on attitudes toward suicide. Suicide and Life-Threatening Behavior, 21, 374–384.

Bijvank, M. N., Konijn, E. A. & Bushman, B. J. (2012). „We don´t need no education“: Video game performance, video game motivations, and aggressiveness among adolescent boys of different educational ability levels. Journal of Adolescence, 35, 153–162.

Bleske-Rechek, A. Morrison, K. M. & Heidtke, L. D. (2015). Causal inference from descriptions of experimental and non-experimental research: Public understanding of correlation-versus-causation. The Journal of General Psychology, 14, 48–70.

Block, J. J. & Crain, B. R. (2007). Omissions and errors in „Media violence and the American public". American Psychologist, 62, 252f.

Blood, R. W. & Pirkis, J. (2001). Suicide and the media: Part III: Theoretical issues. Crisis 22, 163–169.

Bluemke, M., Friedrich, M. & Zumbach, J. (2010). The influence of violent and nonviolent computer games on implicit measures of aggressiveness. Aggressive Behavior, 36, 1–13.

Böhm, M. (2015). Was wurde aus der Killerspiel-Debatte? Spiegel Online, 25.9.2015 (online unter: http://www.spiegel.de/netzwelt/games/ballerspiele-was-wurde-aus-der-killerspiel-debatte-a-1052941.html, letzter Abruf: 28.7.2018).

Bördlein, C. (2001). Modellreaktanz. Warum tun Menschen manchmal das Gegenteil von dem, was ein Modell ihnen vormacht. Berlin: Verlag für Wissenschaft und Forschung.

Bohanna, I. & Wang, X. (2012). Media guidelines for the responsible reporting of suicide. A review of effectiveness. Crisis, 33, 190–198.

Bonus, J. A., Peebles, A. & Riddle, K. (2015). The influence of violent video game enjoyment on hostile attributions. Computers in Human Behavior, 53, 472–483.

Bothe, N. J. N. (2009). Im Namen des Volkes: Schuldig – das Computerspiel? Eine empirische Untersuchung zu den Auswirkungen gewalthaltiger Computerspiele auf Grundschüler der 3./4. Jahrgangsstufe. Hamburg: Dr. Kovac.

Bowen, H. & Spaniol, J. (2011). Chronic exposure to violent video games is not associated with alterations of emotional memory. Applied Cognitive Psychology, 25, 906–916.

Boxer, P., Groves, C. L. & Docherty, M. (2015). Video games do indeed influence children and adolescents´ aggression, prosocial behavior, and academic performance: A clearer reading of Ferguson (2015). Perspectives on Psychological Science, 10, 671–673.

Boxer, P. (u.a.) (2009). The role of violent media preference in cumulative developmental risk for violence and general aggression. Journal of Youth and Adolescence, 38, 417–428.

Brady, S. & Matthews, K. A. (2006). Effects of media violence on health-related outcomes among young men. Archives of Pediatrics & Adolescent Medicine, 160, 341–347.

Brändle, G., Cardaba, M. A. M. & Rivera, R. G. (2015). Violent audiovisual content and social consequences: The moderating role of aggression in adolescents. Communications, 40, 199–218.

Branley, D. & Covey, J. (2017). Is exposure to online content depicting risky behavior related to viewers´ own risky behavior offline? Computers in Human Behavior, 75, 283–287.

Breuer, J., Festl, R. & Quandt, T. (2012). Digital war. An empirical analysis of narrative elements in military first-person shooters. Journal of Gaming & Virtual Worlds, 4, 215–237.

Breuer, J., Festl, R. & Quandt, T. (2014). Aggression and preference for first-person shooter and action games: Data from a large-scale survey of German gamers aged 14 and above. Communication Research Reports, 31, 183–196.

Breuer, J., Scharkow, M. & Quandt, T. (2014). Tunnel vision or desensitization? The effect of interactivity and frequency of use on the perception and evaluation of violence in digital games. Journal of Media Psychology, 26, 176–188.

Breuer, J., Scharkow, M. & Quandt, T. (2015). Sore losers? A reexamination of the frustration-aggression hypothesis for colocated video game play. Psychology of Popular Media Culture, 4, 126–137.

Breuer, Josef & Freud, Sigmund (1991). Studien über Hysterie (6. Aufl.). Frankfurt a. M.: Fischer (zuerst 1895).

Brosius, H.-B. & Esser, F. (1995a). Eskalation durch Berichterstattung? Massenmedien und fremdenfeindliche Gewalt. Opladen: Westdeutscher Verlag.

Brosius, H.-B. & Esser, F. (1995b). Fernsehen als Brandstifter? Unerwünschte Nebenwirkungen der Berichterstattung über fremdenfeindliche Gewalt. In M. Friedrichsen & G. Vowe (Hrsg.), Gewaltdarstellungen in den Medien. Theorien, Fakten und Analysen (235–257). Opladen: Westdeutscher Verlag.

Brosius, H.-B. & Esser, F. (1996). Massenmedien und fremdenfeindliche Gewalt. In J. Falter, H. G. Jaschke & J. R. Winkler (Hrsg.), Rechtsextremismus: Ergebnisse und Perspektiven der Forschung. Sonderheft 27 der Politischen Vierteljahresschrift (204–218). Opladen: Westdeutscher Verlag.

Brosius, H.-B. & Kriependorf, S. (2012). Ist die Katharsis-These in der Medienwirkungsforschung tatsächlich widerlegt? In N. Springer (u.a.) (Hrsg.), Medien und Journalismus im 21. Jahrhundert. Herausforderungen für Kommunikationswissenschaft, Journalistenausbildung und Medienpraxis (573–595). Konstanz & München: UVK.

Brosius, H.-B. & Schwer, K. (2008). Die Forschung über Mediengewalt. Deutungshoheit von Kommunikationswissenschaft, Medienpsychologie oder Medienpädagogik? Baden-Baden. Nomos.

Brosius, H.-B. & Weimann, G. (1991). The contagiousness of mass-mediated terrorism. European Journal of Communication, 6, 63–75.

Brühl, J. (2016). Zurück in die Nullerjahre: De Maizière reanimiert Killerspiel-Debatte. Sueddeutsche.de, 23.7.2016 (online unter: http://www.sueddeutsche.de/digital/amoklauf-in-muenchen-zurueck-in-die-nullerjahre-de-maizire-reanimiert-killerspiel-debatte-1.3092117, letzter Abruf: 1.6.2018).

Brumbaugh, C. C. (u.a.) (2013). Physiological correlates of the Big 5: Autonomic responses to video presentations. Applied Psychophysiology and Biofeedback, 38, 293–301.

Brummert Lennings, H. I. & Warburton, W. A. (2011). The effect of auditory versus visual violent media exposure on aggressive behaviour: The role of song lyrics, video clips and musical tone. Journal of Experimental Social Psychology, 47, 794–799.

Buchanan, T. (2015). Aggressive priming online: Facebook adverts can prime aggressive cognitions. Computers in Human Behavior, 48, 323–330.

Busching, R. & Krahé, B. (2013). Charging neutral cues with aggressive meaning through violent video game play. Societies, Special Issue: Media violence effects, 3, 445–456.

Busching, R. (u.a.) (2015). Testing the reliability and validity of different measures of violent video game use in the United States, Singapore, and Germany. Psychology of Popular Media Culture, 4, 97–111.

Bushman, B. J. (2002). Does venting anger feed or extinguish the flame? Catharsis, rumination, distraction, anger, and aggressive responding. Personality and Social Psychology Bulletin, 28, 724–731.

Bushman, B. J. (2016). Violent media and hostile appraisals: A meta-analytic review. Aggressive Behavior, 42, 605–613.

Bushman, B. J. & Anderson, C. A. (2001). Media violence and the American public: Scientific facts versus media misinformation. American Psychologist, 56, 477–489.

Bushman, B. J. & Anderson, C. A. (2007). Measuring the strength of the effect of violent media on aggression. American Psychologist, 56, 253f.

Bushman, B. & Anderson, C. A. (2009). Comfortably numb. Desensitizing effects of violent media on helping others. Psychological Science, 20, 273–277.

Bushman, B. J. & Anderson, C. A. (2015). Understanding causality in the effects of media violence. American Behavioral Scientist, 59, 1807–1821.

Bushman, B. J., Baumeister, R. F. & Phillips, C. M. (2001). Do people aggress to improve their mood? Catharsis beliefs, affect regulation opportunity, and aggressive responding. Journal of Personality and Social Psychology, 81, 17–32.

Bushman, B., Baumeister, R. F. & Stack, A. D. (1999). Catharsis, aggression, and persuasive influence: Self-fulfilling or self-defeating prophecies? Journal of Personality and Social Psychology, 76, 367–376.

Bushman, B. J. & Gibson, B. (2011). Violent video games cause an increase in aggression long after the game has been turned off. Social Psychology and Personality Science, 2, 29–32.

Bushman, B. J., Gollwitzer, M. & Cruz, C. (2015). There is broad consensus: Media researchers agree that violent media increase aggression in children, and pediatricians and parents concur. Psychology of Popular Media Culture, 4, 200–214.

Bushman, B. J. & Huesmann, L. R. (2006). Short-term and long-term effects of violent media on aggression in children and adults. Archives of Pediatrics and Adolescent Medicine, 160, 348–352.

Bushman, B. J. & Huesmann, L. R. (2014). Twenty-five years of research on violence in digital games and aggression revisited. A reply to Elson and Ferguson (2013). European Psychologist, 19, 47–55.

Bushman, B. J., Romer, D. & Jamieson, P. E. (2015). Distinguishing hypotheses from hyperbole in studies of media violence: A comment on Markey et al. (2015). Human Communication Research, 41, 174–183.

Bushman, B. J., Rothstein, H. R. & Anderson, C. A. (2010). Much ado about something: Violent video game effects and a school of red herring: Reply to Ferguson and Kilburn (2010). Psychological Bulletin, 136, 182–187.

Bushman, B. J. & Whitaker, J. L. (2010). Like a magnet: Catharsis beliefs attract angry people to violent video games. Psychological Science, 21, 790–792.

Bushman, B. J. (u.a.) (2007). When God sanctions killing. Effects of scriptural violence on aggression. Psychological Science, 18, 204–207.

Bushman, B. J. (u.a.) (2016). Reply to comments on SPSSI research summary on media violence by Cupit (2016), Gentile (2016), Glackin and Gray (2016), Gollwitzer (2016), and Krahé (2016). Analyses of Social Issues and Public Policy, 16, 443–450.

Buss, A. & Perry, M. (1992). The aggression questionnaire. Journal of Personality and Social Psychology, 63, 452–459.

Cafri, G., Komrey, J. D. & Brannick, M. T. (2010). A meta-meta-analysis: Empirical review of statistical power, type I error rates, effect size, and model selection of meta-analyses published in psychology. Multivariate Behavioral Research, 45, 239–270.

Carlyle, K. E. (u.a.) (2018). Suicide conversations on Instagram™: Contagion or caring? Journal of Communication in Healthcare, 11, 12–18.

Carnagey, N. L. & Anderson, C. A. (2005). The effects of reward and punishment in violent video games on aggressive affect, cognition, and behavior. Psychological Science, 16, 882–889.

Carnagey, N., Anderson, C. A. & Bushman, B. J. (2007). The effects of video game violence on physiological desensitization to real-life violence. Journal of Experimental Social Psychology, 43, 489–496.

Carré, J. M. (u.a.) (2010). Motivational and situational factors and the relationship between testosterone dynamics and human aggression during competition. Biological Psychology, 84, 346–353.

Centerwall, B. S. (1989). Exposure to television as a cause of violence. In G. Comstock (Hrsg.), Public communication and behavior (Vol. 2, 1–58). San Diego, CA: Academic Press.

Centerwall, B. S. (1992): Television and violence. The scale of the problem and where to go from here. Journal of the American Medical Association, 267, 3059–3063.

Chadee, D. (u.a.) (2017): Copycat crime dynamics: The interplay of empathy, narrative persuasion and risk with likelihood to commit future criminality. Psychology of Popular Media Culture, 6, 142–158.

Chan, J., Ghose, A. & Seamans, R. (2016). The internet and racial hate crime: Offline spillovers from online access. MIS Quarterly, 40, 381–403.

Chang, S.-S. (u.a.) (2015). The association of trends in charcoal-burning suicide with Google search and newspaper reporting in Taiwan: A time series analysis. Social Psychiatry and Psychiatric Epidemiology, 50, 1451–1461.

Charles, E. P. (u.a.) (2013). Motion capture controls negate the violent video-game effect. Computers in Human Behavior, 29, 2519–2523.

Charlton, T., Gunter, B. & Hannan, A. (Hrsg.) (2002). Broadcast television effects in a remote community. Mahwah & London: Erlbaum.

Chen, Y.-Y. (u.a.) (2010). Effect of media reporting of the suicide of a singer in Taiwan. The case of Ivy Li. Social Psychiatry and Psychiatric Epidemiology, 45, 363–369.

Chen, Y. Y. (u.a.) (2014). The impact of a celebrity´s suicide on the introduction and establishment of a new method of suicide in South Korea. Archives of Suicide Research, 18, 221–226.

Chen, Y.-Y. (u.a.) (2016). Newspaper reporting and the emergence of charcoal burning suicide in Taiwan: A mixed method approach. Journal of Affective Disorders, 193, 355–361.

Cheng, A. T. A. (u.a.) (2007a). The influence of media coverage of a celebrity suicide on subsequent suicide attempts. Journal of Clinical Psychiatry, 68, 862–866.

Cheng, A. T. A. (u.a.) (2007b). The influence of media reporting of a celebrity suicide on actual suicidal behaviour in patients with a history of depressive disorder. Journal of Affective Disorders, 103, 69–75.

Cheng, Q. (u.a.) (2014). Suicide contagion: A systematic review of definitions and research utility. PLOS ONE, 9, e108724.

Chester, D. S. & DeWall, C. N. (2013a). Psychopathology and susceptibility to violence. In S. M. Eastin (Hrsg.), Encyclopedia of media violence (296–299). Los Angeles, CA (u.a.): Sage.

Chester, D. S. & DeWall, C. N. (2013b). Trait aggression. In S. M. Eastin (Hrsg.), Encyclopedia of media violence (352–356). Los Angeles, CA (u.a.): Sage.

Chiang, Y.-C. (u.a.) (2016). Suicide reporting on front pages of major newspapers in Taiwan violating reporting recommendations between 2001 and 2012. Health Communication, 31, 1395–1404.

Chittaro, L. & Sioni, R. (2012). Killing non-human animals in video games: A study on user experience and desensitization to violence aspects. PsychNology Journal, 10, 215–243.

Chowhan, J. & Stewart, J. M. (2007). Television and the behaviour of adolescents: Does socio-economic status moderate the link? Social Science & Medicine, 65, 1324–1336.

Christakis, D. A. & Zimmerman, F. J. (2007). Violent television viewing during preschool is associated with antisocial behaviour during school age. Pediatrics, 120, 993–999.

Christensen, P. N. & Wood, W. (2007). Effects of media violence on viewers´ aggression in unconstrained social interactions. In R. W. Preiss (u.a.) (Hrsg.), Mass media effects research. Advances through meta-analysis (145–168). Mahwah, NJ & London: Erlbaum.

Cohen, J. (1988). Statistical power analysis for the behavioural sciences (2. Aufl.). Hillsdale, NJ: Erlbaum.

Coker, T. R. (u.a.). Media violence exposure and physical aggression in fifth-grade children. Academic Pediactrics, 15, 82–88.

Coleman, L. (2004). The copycat effect: How the media and popular culture trigger the mayhem in tomorrow's headlines. New York, NY: Simon and Schuster.

Collier, K. M. (u.a.) (2016). Does parental mediation of media influence child outcomes? A meta-analysis on media time, aggression, substance use, and sexual behavior. Developmental Psychology, 52, 798–812.

Comstock, G. A. (2001). Paths from television violence to aggression: Reinterpreting the evidence. In L. J. Shrum (Hrsg.), The psychology of entertainment media. Blurring the lines between entertainment and persuasion (193–211). Mahwah, NJ & London: Erlbaum.

Comstock, G. & Scharrer, E. (2003). Meta-analyzing the controversy over television violence and aggression. In D. E. Gentile (Hrsg.), Media violence and children. A complete guide for parents and professionals (205–226). Westport, CT & London: Praeger.

Consortium of Scholars. (2013). Scholars' open statement to the APA Task Force on Violent Media (online unter http://www.christopherjferguson.com/APA%20Task%20Force%20Comment1.pdf, letzter Abruf: 27.7.2018).

Conway, M. (2017). Determining the role of the internet in violent extremism and terrorism: Six suggestions for progressing research. Studies in Conflict & Terrorism, 40, 77–98.

Coyne, S. M. (2016). Effects of viewing relational aggression on television on aggressive behavior in adolescents: A three-year longitudinal study. Developmental Psychology, 52, 284–295.

Coyne, S. M., Archer, J. & Eslea M. (2004). Cruel intentions on television and in real life: Can viewing indirect aggression increase viewers´ subsequent indirect aggression? Journal of Experimental Child Psychology, 88, 234–253.

Coyne, S. M. & Archer, J. (2005). The relationship between indirect and physical aggression on television and in real life. Social Development, 14, 324–338.

Coyne, S. M. & Padilla-Walker, L. M. (2015). Sex, violence, & rock n´ roll: Longitudinal effects of music on aggression, sex, and prosocial behavior during adolescence. Journal of Adolescence, 41, 96–104.

Coyne, S. M. (u.a.) (2008). The effects of viewing physical and relational aggression in the media: Evidence for a cross-over effect. Journal of Experimental Social Psychology, 44, 1551–1554.

Coyne, S. M. (u.a.) (2010). Mean on the screen: Psychopathy, relationship aggression, and aggression in the media. Personality and Individual Differences, 48, 288–293.

Coyne, S. M. (u.a.) (2011a). Media depictions of physical and relational aggression: Connections with aggression in young adults´ romantic relationships. Aggressive Behavior, 37, 56–62.

Coyne, S. M. (u.a.) (2011b). Profanity in media associated with attitudes and behavior regarding profanity use and aggression. Pediatrics, 128, 867–872.

Coyne, S. M. (u.a.) (2012a). Backbiting and bloodshed in books: Short-term effects of reading physical and relational aggression in literature. British Journal of Social Psychology, 51, 188–196.

Coyne, Sarah M. (u.a.) (2012b). „Frenemies, fraitors, and mean-em-aitors": Priming effects of viewing physical and relational aggression in the media on women. Aggressive Behavior, 38, 141–149.

Coyne, S. M. (u.a.) (2015). „Just how graphic are graphic novels?" An examination of aggression portrayals in manga and associations with aggressive behavior in adolescents. Violence and Victims, 30, 208–224.

Coyne, S. M. (u.a.) (2017). Pow! Boom! Kablam! Effects of viewing superhero programs on aggressive, prosocial, and defending behaviors in preschool children. Journal of Abnormal Child Psychology, 45, 1523–1535.

Creed, M. & Whitley, R. (2017). Assessing fidelity to suicide reporting guidelines in Canadian news media: The death of Robin Williams. Canadian Journal of Psychiatry, 62, 313–317.

Crouse, J. (2015). Playing with the enemy: Competition, cooperation, and social disidentification. Dissertation submitted to Michigan State University in partial fulfillment of the requirements for the degree of Media and Information Studies – Doctor of Philosophy.

Crouse Waddell, J. & Peng, W. (2014). Does it matter with whom you slay? The effects of competition, cooperation and relationship type among video game players. Computers in Human Behavior, 38, 331–338.

Csikszentmihalyi, M. (2000). Das Flow-Erlebnis (8. Aufl.). Stuttgart: Klett-Cotta.

Cunningham, S., Engelstätter, B. & Ward, M. R. (2016). Violent video games and violent crime. Southern Economic Journal, 82, 1247–1265.

Cupit, C. G. (2016). „Hearing they do not hear": Comment on Anderson, Bushman, Donnerstein, Hummer, and Warburton. Analyses of Social Issues and Public Policy, 16, 421–424.

Dahl, G. & DellaVigna, S. (2009). Does movie violence increase violent crime? The Quarterly Journal of Economics, 124, 677–734.

Daine, K. (u.a.) (2013). The power of the web: A systematic review of studies of the influence of the internet on self-harm and suicide in young people. PLOS ONE, 8, e77555.

DeCamp, W. & Ferguson, C. J. (2017). The impact of degree of exposure to violent video games, family background, and other factors on youth violence. Journal of Youth and Adolescence, 46, 388–400.

DeLisi, M. (u.a.) (2013). Violent video games, delinquency, and youth violence: New evidence. Youth Violence and Juvenile Justice, 11, 132–142.

Den Hamer, A. H. & Konijn, E. A. (2015). Adolescents´ media exposure may increase their cyberbullying behavior: A longitudinal study. Journal of Adolescent Health, 56, 203–208.

Denzler, M. & Förster, J. (2012). A goal model of catharsis. European Review of Social Psychology, 23, 107–142.

Denzler, M., Häfner, M. & Förster, J. (2011). He just wants to play: How goals determine the influence of violent computer games on aggression. Personality and Social Psychology Bulletin, 37, 1644–1654.

Devilly, G. J., Callahan, P. & Armitage, G. (2012). The effect of violent videogame playtime on anger. Australian Psychologist, 47, 98–107.

DeWall, C. N., Anderson, C. A., & Bushman, B. J. (2011). The General Aggression Model: Theoretical extensions to violence. Psychology of Violence, 1, 245–258.

Dillon, K. P. & Bushman, B. J. (2017). Effects of exposure to gun violence in movies on children´s interest in real guns. JAMA Pediatrics, 171, 1057–1062.

Doley, R., Ferguson, C. & Surette, R. (2013). Copycat firesetting. Bridging two research areas. Criminal Justice and Behavior, 40, 1472–1491.

Dolgov, I. (u.a.) (2014). Effects of cooperative gaming and avatar customization on subsequent spontaneous helping behavior. Computers in Human Behavior, 33, 49–55.

Dollard, J. (u.a.) (1939). Frustration and aggression. New Haven, CT & London: Yale University Press.

Doron, A. (u.a.) (1998). Physiological reactions to a suicide film: Suicide attempters, suicide ideators, and nonsuicidal patients. Suicide and Life-Threatening Behavior, 28, 309–314.

Drabman, R. S. & Thomas, M. H. (1974). Does media violence increase children´s toleration of real-life aggression? Developmental Psychology, 10, 418–421.

Drabman, R. S. & Thomas M. H. (1976). Does watching violence on television cause apathy? Pediatrics, 57, 329–331.

Eastin, M. S. (2006). Video game violence and the female game player: Self- and opponent gender effects on presence and aggressive thoughts. Human Communication Research, 32, 351–372.

Eastin, M. S. (2007). The influence of competitive and cooperative group game play on state hostility. Human Communication Research, 33, 450–466.

Eastin, M. S., Appiah, O. & Cicchirillo, V. (2009). Identification and the influence of cultural stereotyping on post video game play hostility. Human Communication Research, 35, 337–356.

Eastin, M. S. & Griffiths, R. P. (2006). Beyond the shooter game. Examining presence and hostile outcomes among male game players. Communication Research, 33, 448–466.

Eastin, M. S. & Griffiths, R. P. (2009). Unreal: Hostile expectations from social gameplay. New Media & Society, 11, 509–531.

Eastin, M. S. (Hrsg.) (2013). Encyclopedia of media violence. Los Angeles, CA (u.a.): Sage.

Eggerton, J. (2018). Media violence academics seek White House meeting. Broadcasting & Cable, 19.3.2018 (online unter: https://www.broadcastingcable.com/news/media-violence-academics-seek-white-house-meeting-172446, letzter Abruf: 27.7.2018).

Eisenwort, B. (u.a.) (2012). Darstellung von Suizidalität in deutschsprachigen Jugendmedien in Österreich und ihr Einfluss auf die Suizidprävalenz. Zeitschrift für Kinder- und Jugendpsychiatrie und Psychotherapie, 40, 251–261.

Elson, M. & Ferguson, C. (2014a). Does doing media violence research make one aggressive? The ideological rigidity of social-cognitive theories of media violence and a response to Bushman and Huesmann (2013), Krahé (2013), and Warburton (2013). European Psychologist, 19, 68–75.

Elson, M. & Ferguson, C. J. (2014b). Twenty-five years of research on violence in digital games and aggression. Empirical evidence, perspectives, and a debate gone astray. European Psychologist, 18, 33–46.

Elson, M. (u.a.) (2014). Press CRTT to measure aggressive behavior: The unstandardized use of the competitive reaction time task in aggression research. Psychological Assessment, 26, 419–432.

Elson, M. (u.a.) (2015). Comparing apples and oranges? Evidence for pace of action as a confound in research on digital games and aggression. Psychology of Popular Media Culture, 4, 112–125.

Emler, S. (2018). „Killerspiele“: Wieso Politiker Videospiele immer wieder als Sündenbock verwenden. DerStandard.de, 13.3.2018 (online unter: https://www.derstandard.de/story/2000075553132/killerspiele-wieso-politiker-videospiele-immer-wieder-als-suendenbock-verwenden, letzter Abruf: 1.6.2018).

Engelhardt, C. R., Bartholow, B. D. & Saults, J. S. (2011). Violent and nonviolent video games differentially affect physical aggression for individuals high vs. low in dispositional anger. Aggressive Behavior, 37, 539–546.

Engelhardt, C. R. (u.a.) (2011). This is your brain on violent video games: Neural desensitization to violence predicts increased aggression following violent video game exposure. Journal of Experimental Social Psychology, 47, 1033–1036.

Engelhardt, C. R. (u.a.) (2015). Effects of violent-video-game exposure on aggressive behavior, aggressive-thought accessibility, and aggressive affect among adults with and without autism spectrum disorder. Psychological Science, 26, 1187–1200.

Erdelja, S. (u.a.) (2013). Delinquency in incarcerated male adolescents is associated with single parenthood, exposure to more violence at home and in the community, and poorer self-image. Croatian Medical Journal, 54, 460–468.

Espinosa, P. & Clemente, M. (2013). Self-transcendence and self-oriented perspective as mediators between video game playing and aggressive behaviour in teenagers. Journal of Community & Applied Social Psychology, 23, 68–80.

Esser, F., Scheufele, B. & Brosius, H.-B. (2002). Fremdenfeindlichkeit als Medienthema und Medienwirkung. Deutschland im internationalen Scheinwerferlicht. Wiesbaden: Westdeutscher Verlag.

Etchells, P. J. (u.a.) (2016). Prospective investigation of video game use in children and subsequent conduct disorder and depression using data from the Avon longitudinal study of parents and children. PLOS ONE, 11, e0147732.

Etzersdorfer, E., Voracek, M. & Sonneck, G. (2004). A dose-response relationship between imitational suicides and newspaper distribution. Archives of Suicide Research, 8, 137–145.

Ewoldsen, D. R. (u.a.) (2012). Effect of playing violent video games cooperatively or competitively on subsequent cooperative behavior. Cyberpsychology, Behavior, and Social Networking, 15, 277–280.

Exelmans, L., Custers, K. & Van den Bulck, J. (2015). Violent video games and delinquent behavior in adolescents: A risk factor perspective. Aggressive Behavior, 41, 267–279.

Fanti, K. A. (u.a.) (2009). Desensitization to media violence over a short period of time. Aggressive Behavior, 35, 179–187.

Farrar, K. & Krcmar, M. (2006). Measuring state and trait aggression: A short, cautionary tale. Media Psychology, 8, 127–138.

Farrar, K. M., Krcmar, M.& McGloin, R. P. (2013). The perception of human appearance in video games: Toward an understanding of the effects of player perceptions of game features. Mass Communication & Society, 16, 299–324.

Farrar, K. M., Krcmar, M. & Nowak, K. L. (2006), Contextual features of violent video games, mental models, and aggression. Journal of Communication, 56, 387–405.

Farrar, K. (u.a.) (2017). Ready, aim, fire! Violent video game play and gun controller use: Effects on behavioral aggression and social norms concerning violence. Communication Studies, 68, 369–384.

Ferguson, C. J. (2007a). Evidence for publication bias in video game violence effects literature: A meta-analytic review. Aggression and Violent Behavior, 12, 470–482.

Ferguson, C. J. (2007b). The good, the bad and the ugly: A meta-analytic review of positive and negative effects of violent video games. Psychiatric Quarterly, 78, 309–316.

Ferguson, C. J. (2008). An evolutionary approach to understanding violent antisocial behavior: Diagnostic implications for dual-process etiology. Journal of Forensic Psychology Practice, 8, 321–343.

Ferguson, C. J. (2009a). Media violence effects: Confirmed truth, or just another X-File? Journal of Forensic Psychology Practice, 9, 103–126.

Ferguson, C. J. (2009b). Violent video games: Dogma, fear and pseudo-science. Sceptical Inquirer, 33, 38–54.

Ferguson, C. J. (2010). Blazing Angels or Resident Evil? Can violent video games be a force for good? Review of General Psychology, 14, 68–81.

Ferguson, C. (2011a). Video games and youth violence: A prospective analysis in adolescents. Journal of Youth and Adolescence, 40, 377–391.

Ferguson, C. (2011b). The wild west of assessment. In I. Annetta & S. C. Bronack (Hrsg.), Serious educational game assessment: Practical methods and models for educational games, simulations and virtual worlds (43–56). Rotterdam: Sense Publishers.

Ferguson, C. J. (2013a). Adolescents, crime, and the media. A critical analysis. New York: Springer.

Ferguson, C. J. (2013b). Violent video games and the Supreme Court. American Psychologist, 68, 57–74.

Ferguson, C. J. (2014a). Comment: Why meta-analyses rarely resolve ideological debates. Emotion Review 6, 251f.

Ferguson, C. J. (2014b). Is reading „banned" books associated with behavior problems in young readers? The influence of controversial young adult books on the psychological well-being of adolescents. Psychology of Aesthetics, Creativity, and Arts, 8, 354–362.

Ferguson, C. J. (2015a). Clinicians´ attitudes toward video games vary as a function of age, gender and negative beliefs about youth: A sociology of media research approach. Computers in Human Behavior, 52, 379–386.

Ferguson, C. J. (2015b). Do angry birds make for angry children? A meta-analysis of video game influences on children´s and adolescents´ aggression, mental health, prosocial behavior, and academic performance. Perspectives on Psychological Science, 10, 646–666.

Ferguson, C. J. (2015c). Does media violence predict societal violence? It depends on what you look at and when. Journal of Communication, 65, E1-E22.

Ferguson, C. J. (2015d). Pay no attention to that data behind the curtain: On angry birds, happy children, scholarly squabbles, publication bias, and why betas rule metas. Perspectives on Psychological Science, 10, 683–691.

Ferguson, C. J. (2018). The problem of false positives and false negatives in violent video game experiments. International Journal of Law and Psychiatry, 56, 35–43.

Ferguson, C. J. & Beaver, K. M. (2009). Natural born killers: The genetic origins of extreme violence. Aggression and Violent Behavior, 14, 286–294.

Ferguson, C. & Beresin, E. (2017). Social science´s curious war with pop culture and how it was lost: The media violence debate and the risks it holds for social science. Preventive Medicine, 99, 69–76.

Ferguson, C. & Brannick, M. T. (2012). Publication bias in psychological science: Prevalence, methods for identifying and controlling, and implications for the use of meta-analyses. Psychological Methods, 17, 120–128.

Ferguson, C. J. & Colwell, J. (2016). A meaner, more callous digital world for youth? The relationship between violent digital games, motivation, bullying, and civic behavior among children. Psychology of Popular Media Culture (Advance online publication, http://dx.doi.org/10.1037/ppm0000128).

Ferguson, C. J. & Colwell, J. (2017). Understanding why scholars hold different views on the influence of video games on public health. Journal of Communication, 67, 305–327.

Ferguson, C. J. & Dyck, D. (2012). Paradigm change in aggression research: The time has come to retire the General Aggression Model. Aggression and Violent Behavior, 17, 220–228.

Ferguson, C. J. & Ivory, J. D. (2012). A futile game: On the prevalence and causes of misguided speculation about the role of violent video games in mass school shootings. In G. W. Muschert & J. Sumiala (Hrsg.), School shootings: Mediated violence in a global age (47–67). Bringley: Emerald Group Publishing.

Ferguson, C., Ivory, J. D. & Beaver, K. M. (2013). Genetic, maternal, school, intelligence, and media use predictors of adult criminality: A longitudinal test of the catalyst model in adolescence through early adulthood. Journal of Aggression, Maltreatment & Trauma, 22, 1–14.

Ferguson, C. J. & Kilburn, J. (2009). The public health risks of media violence: A meta-analytic review. The Journal of Pediatrics, 154, 759–763.

Ferguson, C. J. & Kilburn, J. (2010). Much ado about nothing: The misestimation and overinterpretation of violent video game effects in Eastern and Western nations: Comment on Anderson et al. (2010). Psychological Bulletin, 136, 174–178.

Ferguson, C. & Konijn, E. A. (2015). She said / he said. A peaceful debate on video game violence. Psychology of Popular Media Culture, 4, 397–411.

Ferguson, C. J. & Olson, C. K. (2013). Friends, fun, frustration and fantasy: Child motivations for video game play. Motivation and Emotion, 37, 154–164.

Ferguson, C. J. & Olson, C. K. (2014). Video game violence use among „vulnerable" populations: The impact of violent games on delinquency and bullying among children with clinically elevated depression or attention deficit symptoms. Journal of Youth and Adolescence, 43, 127–136.

Ferguson, C. J. & Rueda, S. M. (2009). Examining the validity of the modified Taylor competitive reaction time test of aggression. Journal of Experimental Criminology, 5, 121–137.

Ferguson, C. J., Salmond, K. & Modi, K. (2013). Reality television predicts both positive and negative outcomes for adolescent girls. The Journal of Pediatrics, 162, 1175–1180.

Ferguson, C. J., San Miguel, C. & Hartley, R. D. (2009). A multivariate analysis of youth violence and aggression: The influence of family, peers, depression and media violence. Journal of Pediatrics, 155, 904–908.

Ferguson, C. J. & Savage, J. (2012). Have recent studies addressed methodological issues raised by five decades of television violence research? A critical review. Aggression and Violent Behavior, 17, 129–139.

Ferguson, C. J. (u.a.) (2008a). Personality, parental, and media influences on aggressive personality and violent crime in young adults. Journal of Aggression, Maltreatment and Trauma, 17, 395–414.

Ferguson, C. J. (u.a.) (2008b). Violent video games and aggression. Causal relationship or byproduct of family violence and intrinsic violent motivation? Criminal Justice and Behavior, 35, 311–332.

Ferguson, C. J. (u.a.) (2012). A longitudinal test of video game violence influences on dating and aggression: A 3-year longitudinal study of adolescents. Journal of Psychiatric Research, 46, 141–146.

Ferguson, C. (u.a.) (2013). Not worth the fuss after all? Cross-sectional and prospective data on violent video game influences on aggression, visuospatial cognition and mathematics ability in a sample of youth. Journal of Youth and Adolescence, 42, 109–122.

Ferguson, J. (u.a.) (2014). Violent video games, catharsis seeking, bullying, and delinquency: A multivariate analysis of effects. Crime & Delinquency, 60, 764–784.

Ferguson, C. J. (u.a.) (2015). Digital poison? Three studies examining the influence of violent video games on youth. Computers in Human Behavior, 50, 399–410.

Feshbach, S. (1961). The stimulating versus cathartic effects of a vicarious aggressive activity. Journal of Abnormal and Social Psychology, 63, 381–385.

Feshbach, S. (1989). Fernsehen und antisoziales Verhalten. Perspektiven für Forschung und Gesellschaft. In J. Groebel & P. Winterhoff-Spurk (Hrsg.), Empirische Medienpsychologie (65–75). München: Psychologie Verlags Union.

Feshbach, S. & Tangney, J. (2008). Television viewing and aggression. Some alternative perspectives. Perspectives on Psychological Science, 3, 387–389.

Fikkers, K. M., Piotrowski, J. T. & Valkenburg, P. M. (2016). Beyond the lab: Investigating early adolescents´ cognitive, emotional, and arousal responses to violent games. Computers in Human Behavior, 60, 542–549.

Fikkers, K. M., Piotrowski, J. T. & Valkenburg, P. M. (2017). A matter of style? Exploring the effects of parental mediation styles on early adolescents´ media violence exposure and aggression. Computers in Human Behavior, 70, 407–415.

Fikkers, K. M. (u.a.) (2013). Double dose: High family conflict enhances the effect of media violence exposure on adolescents´ aggression. Societies, 3, 280–292.

Fikkers, K. M. (u.a.) (2016). The role of perceived peer norms in the relationship between media violence exposure and adolescents´ aggression. Media Psychology, 19, 4–26.

Fikkers, K. M. (u.a.) (2017). Assessing the reliability and validity of television and game violence exposure measures. Communication Research, 44, 117–143.

Fischer, J. (u.a.) (2012). The delinquent media effect: Delinquency-reinforcing video games increase players attitudinal and behavioral inclination toward delinquent behavior. Psychology of Popular Media Culture, 1, 201–205.

Fischer, P. & Greitemeyer, T. (2006). Music and aggression: The impact of sexual-aggressive song lyrics on aggression-related thoughts, emotions, and behavior toward the same and the opposite sex. Personality and Social Psychology Bulletin, 32, 1165–1176.

Fischer, P., Kastenmüller, A. & Greitemeyer, T. (2010). Media violence and the self: The impact of personalized gaming characters in aggressive video games on aggressive behaviour. Journal of Experimental Social Psychology, 46, 192–195.

Fox, J. (u.a.) (2015). Avatars versus agents: A meta-analysis quantifying the effect of agency on social influence. Human-Computer Interaction, 30, 401–432.

Fraser, A. M. (u.a.) (2012). Associations between violent video gaming, empathic concern, and prosocial behavior towards strangers, friends, and family members. Journal of Youth and Adolescence, 41, 636–649.

Freitag, B. & Zeitter, E. (1999). Katharsis. TV Diskurs 3, Heft 9, 18–27.

Friedlander, L. J. (u.a.) (2013). Extensiveness and persistence of aggressive media exposure as longitudinal risk factors for teen dating violence. Psychology of Violence, 3, 310–322.

Friedrich, K. (2013). Wirkungen gewalthaltiger Medienangebote. In W. Schweiger & A. Fahr (Hrsg.), Handbuch Medienwirkungsforschung (401–418). Wiesbaden: Springer Fachmedien.

Frindte, W. & Geyer, S. (2007). Aggression, Aggressivität und Computerspiele. In S. Trepte & E. H. Witte (Hrsg.), Sozialpsychologie und Medien (170–195). Lengerich (u.a.): Pabst.

Fu, K.-W. & Chan, C. H. (2013). A study of the impact of thirteen celebrity suicides on subsequent suicide rates in South Korea from 2005 to 2009. PLOS ONE, 8, e53870.

Fu, K.-W., Chan, Y.-Y & Yip, P. S. F. (2009). Testing a theoretical model based on social cognitive theory for media influences on suicidal ideation: Results from a panel study. Media Psychology, 12, 26–49.

Fu, K.-W., Chan, Y. Y. & Yip, P. S.F. (2010). Newspaper reporting of suicides in Hong Kong, Taiwan and Guangzhou: Compliance with WHO media guidelines and epidemiological comparisons. Journal of Epidemiology and Community Health, 65, 928–933.

Fu, K.-W. & Yip, P. S. F. (2007). Long-term impact of celebrity suicide on suicidal ideation: Results from a population-based study. Journal of Epidemiology and Community Health, 61, 540–546.

Funk, J. B. (u.a.) (2004). Violence exposure in real-life, video games, television, movies, and the internet: Is there desensitization? Journal of Adolescence, 27, 23–39.

Funk Brockmyer, J. (2015). Playing violent video games and desensitization to violence. Child and Adolescent Psychiatric Clinics of North America, 24, 65–77.

Furuya-Kanamori, L. & Doi, S. A. R. (2016). Angry birds, angry children, and angry meta-analysists: A reanalysis. Perspectives on Psychological Science, 11, 408–414.

Gabbiadini A. & Riva, P. (2018). The lone gamer: Social exclusion predicts violent video game preferences and fuels aggressive inclinations in adolescent players. Aggressive Behavior, 44, 113–124.

Gabbiadini, A. (u.a.) (2014). Interactive effect of moral disengagement and violent video games on self-control, cheating, and aggression. Social Psychology and Personality Science, 5, 451–458.

Gabbiadini, A. (u.a.) (2016). Acting like a tough guy: Violent-sexist video games, identification with game characters, masculine beliefs, & empathy for female violence victims. PLOS ONE, 11, e0152121.

Galloway, A. R. (2004). Social realism in gaming. Game Studies, 4, 1.

Gao, X. (u.a.) (2017a). The influence of empathy and morality of violent video game characters on gamers´ aggression. Frontiers in Psychology, 8, Article 1863.

Gao, X. (u.a.) (2017b). Long-term exposure to violent video games does not show desensitization on empathy for pain: An fMRI study. Frontiers in Psychology, 8, Article 650.

Gentile, D. A. (2013). Catharsis and media violence: A conceptual analysis. Societies, 3, 491–510.

Gentile, D. A. (2015). What is a good skeptic to do? The case for skepticism in the media violence discussion. Perspectives on Psychological Science, 10, 674–676.

Gentile, D. A. (2016). The evolution of scientific skepticism in the media violence „debate". Analyses of Social Issues and Public Policy, 16, 429–434.

Gentile, D. A., Bender, P. K. & Anderson, C. A. (2017). Violent video game effects on salivary cortisol, arousal, and aggressive thoughts in children. Computers in Human Behavior, 70, 39–43.

Gentile, D. A. & Bushman, B. J. (2012). Reassessing media violence effects using a risk and resilience approach to understanding aggression. Psychology of Popular Media Culture, 1, 138–151.

Gentile, D. A., Coyne, S. & Walsh, D. A. (2011). Media violence, physical aggression, and relational aggression in school age children: A short-term longitudinal study. Aggressive Behavior, 37, 193–206.

Gentile, D. A. (u.a.) (2004). The effects of violent video game habits on adolescent hostility, aggressive behaviors, and school performance. Journal of Adolescence, 27, 5–22.

Gentile, D A. (u.a.) (2011). Pathological video game use among youths: A two-year longitudinal study. Pediatrics, 127, e319-e329.

Gentile, D. A. (u.a.) (2014). Mediators and moderators of long-term effects of violent video games on aggressive behavior. Practice, thinking, and action. JAMA Pediatrics, 168, 450–457.

Gentile, D. A. (u.a.) (2016). Differential neural recruitment during violent video game play in violent- and nonviolent-game players. Psychology of Popular Media Culture, 5, 39–51.

„Gewaltverherrlichung kann gefährlich sein". Ein Gespräch mit Herbert Selg und Helmut Lukesch. Psychologie heute, 4, 1999, 44–49.

Gilbert, F. & Daffern, M. (2017). Aggressive scripts, violent fantasy and violent behavior: A conceptual clarification and review. Aggression and Violent Behavior, 36, 98–107.

Gitter, S. A. (u.a.) (2013). Virtually justifiable homicide: The effects of prosocial contexts on the link between violent video games, aggression, and prosocial and hostile cognition. Aggressive Behavior, 39, 346–354.

Glackin, E. & Gray, S. A. O. (2016). Violence in context: Embracing an ecological approach to violent media exposure. Analyses of Social Issues and Public Policy, 16, 425–428.

Glascock, J. (2014). Contribution of demographics, sociological factors, and media usage to verbal aggressiveness. Journal of Media Psychology, 26, 92–102.

Glock, S. & Kneer, J. (2009). Game over? The impact of knowledge about violent digital games on the activation of aggression-related concepts. Journal of Media Psychology, 21, 151–160.

Gollwitzer, M. (2016). Media violence research needs to look ahead, not back: Commentary on Anderson, Bushman, Donnerstein, Hummer, and Warburton (2015). Analyses of Social Issues and Public Policy, 16, 435–438.

Gollwitzer, M. & Melzer, A. (2012). Macbeth and the joystick: Evidence for moral cleansing after playing a violent video game. Journal of Experimental Social Psychology, 48, 1356–1360.

Gollwitzer, M. (u.a.) (2014). Gründe und Konsequenzen einer verzerrten Darstellung und Wahrnehmung sozialwissenschaftlicher Forschungsbefunde: Das Beispiel der „Killerspiele-Debatte“. Zeitschrift für Erziehungswissenschaft, 17, 101–117.

Gould, M. S. & Olivares, M. (2017). Mass shootings and murder-suicide: Review of the empirical evidence for contagion. In T. Niederkrotenthaler & S. Stacks (Hrsg.), Media and suicide. International perspectives on research, theory, and policy (41–65). New York, NY: Transaction Publishers.

Gould, M. S. (u.a.) (2014). Newspaper coverage of suicide and initiation of suicide clusters in teenagers in the USA, 1988–96: A retrospective, population-base, case-control study. The Lancet Psychiatry, 1, 34–43.

Greenwood, D. N. (2007). Are female action heroes risky role models? Character identification, idealization, and viewer aggression. Sex Roles, 57, 725–732.

Greitemeyer, T. (2014a). I am right, you are wrong: How biased assimilation increases the perceived gap between believers and skeptics of violent video game effects. PLOS ONE, 9, e393440.

Greitemeyer, T. (2014b). Intense acts of violence during video game play make daily life aggression appear innocuous: A new mechanism why violent video games increase aggression. Journal of Experimental Social Psychology, 50, 52–56.

Greitemeyer, T. (2018). The spreading impact of playing violent video games on aggression. Computers in Human Behavior, 80, 216–218.

Greitemeyer, T. & McLatchie, N. (2011). Denying humanness to others: A newly discovered mechanism by which violent video games increase aggressive behavior. Psychological Science, 22, 659–665.

Greitemeyer, T. & Mügge, D. O. (2014). Video games do affect social outcomes: A meta-analytic review of the effects of violent and prosocial video game play. Personality and Social Psychology Bulletin, 40, 578–589.

Greitemeyer, T. & Sagioglou, C. (2017). The longitudinal relationship between everyday sadism and the amount of violent video game play. Personality and Individual Differences, 104, 238–242.

Greitemeyer, T., Traut-Mattausch, E. & Osswald, S. (2012). How to ameliorate negative effects of violent video games on cooperation: Play it cooperatively in a team. Computers in Human Behavior, 28, 1465–1470.

Griffiths, R. P., Eastin, M. S. & Cicchirillo, V. (2016). Competitive video game play: An investigation of identification and competition. Communication Research, 43, 468–486.

Grimes, T., Anderson, J. A. & Bergen, L. (2008). Media violence and aggression. Science and ideology. Los Angeles u.a.: Sage.

Grimm, J. (1998). Der Robespierre-Affekt. Nichtimitative Wege filmischer Aggressionsvermittlung. TV Diskurs 2, 5, 18–29.

Grimm, J. (1999). Fernsehgewalt. Zuwendungsattraktivität. Erregungsverläufe. Sozialer Effekt. Zur Begründung und praktischen Anwendung eines kognitiv-physiologischen Ansatzes der Medienrezeptionsforschung am Beispiel von Gewaltdarstellungen. Opladen & Wiesbaden: Westdeutscher Verlag.

Grimm, J. (2002). Wirkungsforschung II: Differentiale der Mediengewalt – Ansätze zur Überwindung der Individualisierungs- und Globalisierungsfalle innerhalb der Wirkungsforschung. In T. Hausmanninger & T. Bohrmann (Hrsg.), Mediale Gewalt (160–176). München: Wilhelm Fink.

Grimm, P. (2008). Prügeln für die Kamera? Über den Umgang Jugendlicher mit Gewaltvideos auf dem Handy. In I. Pöttinger & S. Ganguin (Hrsg.), Lost? Orientierung in Medienwelten – Konzepte für Pädagogik und Medienbildung (24–34). Bielefeld: Gesellschaft für Medienpädagogik und Kommunikationskultur.

Grimm, P. & Rhein, S. (2007). Slapping, Bullying, Snuffing! Zur Problematik von gewalthaltigen und pornografischen Videoclips auf Mobiltelefonen von Jugendlichen. Berlin: Vistas.

Grizzard, M. (u.a.) (2014). Being bad in a video game can make us more morally sensitive. Cyberpsychology, Behavior, and Social Networking, 17, 499–504.

Grizzard, M. (u.a.) (2015). The thrill is gone, but you might not know: Habituation and generalization of biophysiological and self-reported arousal responses to video games. Communication Monographs, 82, 64–87.

Grizzard, M. (u.a.) (2017a). Graphic violence as moral motivator: The effects of graphically violent content in news. Mass Communication and Society, 20, 763–783.

Grizzard, M. (u.a.) (2017b). Repeated play reduces video games´ ability to elicit guilt: Evidence from a longitudinal experiment. Media Psychology, 20, 267–290.

Gunter, B. (2016). Does playing video games make players more violent? London: Palgrave.

Guo, X. (u.a.) (2013). Exposure to violence reduces empathetic responses to other´s pain. Brain and Cognition, 82, 187–191.

Gvirsman, S. D. (u.a.) (2014). The effects of mediated exposure to ethnic-political violence on Middle East youth´s subsequent posttraumatic stress symptoms and aggressive behavior. Communication Research, 41, 961–990.

Hagihara, A. (u.a.) (2014). The impact of newspaper reporting of hydrogen sulfide suicide on imitative suicide attempts in Japan. Social Psychiatry and Psychiatric Epidemiology, 49, 221–229.

Hamby, R. H. & Ballard, M. (2006). Gun peripherals and video game play: Is there a weapons-priming effect? Journal of Humanities & Social Sciences, 1 (online unter: http://www.scientificjournals.org/journals2007/articles/1007.htm; letzter Abruf: 5.3.2010).

Happ, C., Melzer, A. & Steffgen, G. (2013). Superman vs. BAD man? – Empathy and game character influence the effects of violent video games. Cyberpsychology, Behavior, and Social Networking, 16, 774–778.

Happ, C., Melzer, A. & Steffgen, G. (2015). Like the good or bad guy – empathy in antisocial and prosocial games. Psychology of Popular Media Culture, 4, 80–96.

Harris Interactive (2013). Majority of Americans see connection between video games and violent behavior in teens (online unter: https://theharrispoll.com/majority-of-americans-see-connection-between-video-games-and-violent-behavior-in-teens/, letzter Abruf: 11.3.2018).

Hartmann, T. (2012). Moral disengagement during exposure to media violence. Would it feel right to shoot an innocent civilian in a video game? In. R. Tamborini (Hrsg.), Media and the moral mind (109–131). New York, NY & London: Routledge.

Hartmann, T., Krakowiak, K. M. & Tsay-Vogel, M. (2014). How violent video games communicate violence: A literature review and content analysis of moral disengagement factors. Communication Monographs, 81, 310–332.

Hartmann, T., Möller, I. & Krause, C. (2015). Factors underlying male and female use of violent video games. New Media & Society, 17, 1777–1794.

Hartmann, T., Toz, E. & Brandon, M. (2010). Just a game? Unjustified virtual violence produces guilt in empathetic players. Media Psychology, 13, 339–363.

Hartmann, T. & Vorderer, P. (2010). It´s okay to shoot a character: Moral disengagement in violent video games. Journal of Communication, 60, 94–119.

Hasan, Y. (2013). The more you play, the more aggressive you become: A long-term experimental study of cumulative violent video game effects on hostile expectations and aggressive behavior. Journal of Experimental Social Psychology, 49, 224–227.

Haw, C. (u.a.) (2013). Suicide clusters: A review of risk factors and mechanisms. Suicide and Life-Threatening Behavior, 43, 97–108.

Hawton, K. (u.a.) (1999). Effects of drug overdose in a television drama on presentations to hospital for self poisoning: Time series and questionnaire study. The British Medical Journal, 318, 972–977.

He, J. (u.a.) (2013). Anger and selective attention to reward and punishment in children. Journal of Experimental Child Psychology, 115, 389–404.

Hegerl, U. (u.a.) (2013). One followed by many? – Long-term effects of a celebrity suicide on the number of suicidal acts on the German railway net. Journal of Affective Disorders, 146, 39–44.

Helfgott, J. B. (2008). Criminal behavior. Theories, typologies and criminal justice. Thousand Oaks, CA (u.a.): Sage.

Helfgott, J. B. (2015). Criminal behavior and the copycat effect: Literature review and theoretical framework for empirical investigation. Aggression and Violent Behavior, 22, 46–64.

Henry, D. B. & The Metropolitan Area Child Study Research Group (2006). Associations between peer nominations, teacher ratings, self-reports, and observations of malicious and disruptive behavior. Assessment, 13, 241–252.

Hilgard, J., Engelhardt, C. R. & Bartholow, B. D. (2013). Individual differences in motives, preferences, and pathology in video games: The gaming attitudes, motives, and experiences scales (GAMES). Frontiers in Psychology, 4, Article 608.

Hilgard, J., Engelhard, C. R. & Rouder, J. N. (2017). Overstated evidence for short-term effects of violent games on affect and behavior: A Reanalysis of Anderson et al. (2010). Psychological Bulletin, 143, 757–774.

Hirtenlehner, H. & Strohmeier, D. (2015). Führen gewalthaltige Computerspiele zu eigenen Gewalthandlungen? Illustration einer wissenschaftlichen Kontroverse anhand einer Wiener Längsschnittstudie. Monatsschrift für Kriminologie und Strafrechtsreform, 98, 444–463.

Hogben, M. (1998). Factors moderating the effect of televised aggression on viewer behavior. Communication Research, 25, 220–247.

Hollingdale, J. & Greitemeyer, T. (2013). The changing face of aggression: The effect of personalized avatars in a violent video game on levels of aggressive behavior. Journal of Applied Social Psychology, 43, 1862–1868.

Hollingdale, J. & Greitemeyer, T. (2014). The effect of online violent video games on levels of aggression. PLOS ONE, 9, e111790.

Hopf, W. H. (2004). Mediengewalt, Lebenswelt und Persönlichkeit – eine Problemgruppenanalyse bei Jugendlichen. Zeitschrift für Medienpsychologie, 16, 99–115.

Hopwood, T. L. & Schutte, N. S. (2017). Psychological outcomes in reaction to media exposure to disasters and large-scale violence: A meta-analysis. Psychology of Violence, 7, 316–327.

Hou, J. (u.a.) (2012). Effects of screen size, viewing angle, and players´ immersion tendencies on game experience. Computers in Human Behavior, 28, 617–623.

Huesmann, L. R. (1998). The role of social information processing and cognitive schema in the acquisition and maintenance of habitual aggressive behavior. In R. G. Geen & E. Donnerstein (Hrsg.), Human aggression. Theories, research, and implications for social policy (73–109). San Diego, CA: Academic Press.

Huesmann, L. R. (2010). Nailing the coffin shut on doubts that violent video games stimulate aggression: Comment on Anderson et al. (2010). Psychological Bulletin, 136, 179–181.

Huesmann, L. R., Dubow, E. F. & Yang, G. (2013). Why it is hard to believe that media violence causes aggression. In K. E. Dill (Hrsg.), The Oxford handbook of media psychology (159–171). Oxford u.a.: Oxford University Press.

Huesmann, L. R. & Kirwil, L. (2007). Why observing violence increases the risk of violent behaviour by the observer. In D. J. Flannery, A. T. Vazsonyi & I. D. Waldman (Hrsg.), The Cambridge handbook of violent behavior and aggression (545–570). New York, NY: Cambridge University Press.

Huesmann, L. R. & Taylor, L. D. (2006). The role of media violence in violent behavior. Annual Review of Public Health, 27, 393–415.

Huesmann, L. R. (u.a.) (2003). Longitudinal relations between children´s exposure to TV violence and their aggressive and violent behavior in young adulthood: 1977–1992. Developmental Psychology, 39, 201–221.

Hummer, T. A. (2015). Media violence effects on brain development: What neuroimaging has revealed and what lies ahead. American Behavioral Scientist, 59, 1790–1806.

Hutchens, M. J., Cicchirillo, V. J. & Hmielowski, J. D. (2015). How could you think that?!?!: Understanding intentions to engage in political flaming. New Media & Society, 17, 1201–1219.

Ivory, J. D. & Kalyanaraman, S. (2007). The effects of technological advancement and violent content in video games on players' feelings of presence, involvement, physiological arousal, and aggression. Journal of Communication, 57, 532–555.

Ivory, J. D. (u.a.) (2015). Manufacturing consensus in a divided field and blurring the line between the aggression concept and violent crime. Psychology of Popular Media Culture, 4, 222–229.

Jack, B. (2014). Goethe´s Werther and its effects. The Lancet Psychiatry, 1 (1), 18f.

Jang, S. A. (u.a.) (2016). Copycat suicide induced by entertainment celebrity suicides in South Korea. Psychiatry Investigation, 13, 74–81.

Janssen, I., Boyce, W. & Pickett, W. (2012). Screen time and physical violence in 10 to 16-year-old Canadian youth. International Journal of Public Health, 57, 325–331.

Jensen, G. F. (2001). The invention of television as a cause of homicide. The reification of a spurious relationship. Homicide Studies, 5, 114–130.

Jensen, J. D. (u.a.) (2011). Developing a brief sensation seeking scale for children: Establishing concurrent validity with video game use and rule-breaking behavior. Media Psychology, 14, 71–95.

Jeong, E. J., Biocca, F. A. & Bohil, C. J. (2012). Sensory realism and mediated aggression in video games. Computers in Human Behavior, 28, 1840–1848.

Jerabeck, J. M. & Ferguson, C. J. (2013). The influence of solitary and cooperative violent video game play on aggressive and prosocial behavior. Computers in Human Behavior, 29, 2573–2578.

Jetter, M. (2014). Terrorism and the media. Bonn: Forschungsinstitut zur Zukunft der Arbeit, Discussion Paper No. 8497.

Ji, N. J. (u.a.) (2014). The impact of indiscriminate media coverage of a celebrity suicide on a society with a high suicide rate: Epidemiological findings on copycat suicides from South Korea. Journal of Affective Disorders, 156, 65–61.

Jin, Y. & Li, J. (2017). When newbies and veterans play together: The effect of video game content, context and experience on cooperation. Computers in Human Behavior, 68, 556-563.

Jo, E. & Berkowitz, L. (1994). A priming effect analysis of media influences: An update. In J. Bryant & D. Zillmann (Hrsg.), Media effects: Advances in theory and research (43-60). Hillsdale, NJ: Erlbaum.

Jonas, K. & Brömer, P. (2002). Die sozial-kognitive Theorie von Bandura. In D. Frey (Hrsg.), Theorien der Sozialpsychologie: Gruppen-, Interaktions- und Lerntheorien (2. Aufl., 277-299). Bern: Huber.

Jung, Y., Park, N. & Lee, K. M. (2015). Effects of trait hostility, mapping interface, and character identification on aggressive thoughts and overall game experience after playing a violent video game. Cyberpsychology, Behavior, and Social Networking, 18, 711-717.

Kahn, A. C., Ratan, R. & Williams, D. (2014). Why we distort in self report. Predictors of self-report errors in video game play. Journal of Computer-Mediated Communication, 19, 1010-1023.

Kanz, K.-M. (2014). Medienkonsum und Delinquenz. Panelanalysen zu den Wirkungen des Gewaltmedienkonsums von Jugendlichen. Münster & New York, NY: Waxmann.

Kanz, K.-M. (2016). Mediated and moderated effects of violent media consumption on youth violence. European Journal of Criminology, 13, 149-168.

Kepes, S. & Bushman, B. J. (2017). Violent video game effects remain a societal concern: Reply to Hilgard, Engelhardt, and Rouder (2017). Psychological Bulletin, 143, 775-782.

Kessler, R. C. & Stipp, H. H. (1984). The impact of fictional television suicide stories on U.S. fatalities: A replication. American Journal of Sociology, 90, 151-168.

Kim, K. J. & Sundar, S. (2013). Can interface features affect aggression resulting from violent video game play? An examination of realistic controller and large screen size. Cyberpsychology, Behavior, and Social Networking, 16, 329-334.

Kim, S. (u.a.) (2011). A multiple risk factors model of the development of aggression among early adolescents from urban disadvantaged neighborhoods. School Psychology Quarterly, 26, 215-230.

Kinkel, R. J. & Josef, N. C. (1991). The mass media and violent imitative behavior: A review of research. In G. Albrecht & H.-U. Otto (Hrsg.), Social prevention and the social sciences. Theoretical controversies, research problems, and evaluation strategies (499-524). Berlin (u.a.): De Gruyter.

Kirsh, S. J. (2003). The effects of violent video games on adolescents. The overlooked influence of development. Aggression and Violent Behavior, 8, 377-389.

Kirsh, S. J. (2012). Children, adolescents, and media violence. A critical look at the research (2. Aufl.). Los Angeles, CA (u.a.): Sage.

Kirsh, S. J., Mounts, J. R. W. & Olczak, P. V. (2006). Violent media consumption and the recognition of dynamic facial expressions. Journal of Interpersonal Violence, 21, 571-584.

Kissner, J. (2016). Are active shootings temporally contagious? An empirical assessment. Journal of Police and Criminal Psychology, 31, 48-58.

Klimmt, C. (2011). Das Elaboration-Likelihood-Modell. Baden-Baden: Nomos.

Kneer, J., Elson, M. & Knapp, F. (2016). Fight fire with rainbows: The effects of displayed violence, difficulty, and performance in digital games on affect, aggression, and physiological arousal. Computers in Human Behavior, 54, 142-148.

Kneer, Julia (u.a.) (2012). Defending the doomed: Implicit strategies concerning protection of first-person shooter games. Cyberpsychology, Behavior and Social Networking, 15, 251-256.

Kobach, M. J. & Weaver, A. J. (2012). Gender and empathy differences in negative reactions to fictionalized and real violent images. Communication Reports, 25, 51-61.

Koburger, N. (u.a.) (2015). Celebrity suicide on the railway network: Can one case trigger international effects? Journal of Affective Disorders, 185, 38-46.

Konijn, E. A., Bijvank, M. N. & Bushman, B. J. (2007). I wish I were a warrior: The role of wishful identification in the effects of violent video games on aggression in adolescent boys. Developmental Psychology, 43, 1038-1044.

Kostinsky, S., Bixler, E. O. & Kettl, P. A. (2001). Threats of school violence in Pennsylvania after media coverage of the Columbine High School massacre. Examining the role of imitation. Archives of Pediatrics and Adolescent Medicine, 155, 994-1001.

Krahé, B. (2014a). Media violence as a risk factor for aggressive behaviour in adolescence. European Review of Social Psychology, 25, 71-106.

Krahé, B. (2014b). Restoring the spirit of fair play in the debate about violent video games. A comment on Elson and Ferguson (2013). European Psychologist, 19, 56-59.

Krahé, B. (2016). Violent media effects on aggression: A commentary from a cross-cultural perspective. Analyses of Social Issues and Public Policy, 16, 439-442.

Krahé, B. & Bieneck, S. (2012). The effect of music-induced mood on aggressive affect, cognition, and behavior. Journal of Applied Social Psychology, 42, 271-290.

Krahé, B., Busching, R. & Möller, I. (2012). Media violence use and aggression among German adolescents: Associations and trajectories of change in a three-wave longitudinal study. Psychology of Popular Media Culture, 1, 152-166.

Krahé, B. & Möller, I. (2010). Longitudinal effects of media violence on aggression and empathy among German adolescents. Journal of Applied Developmental Psychology, 31, 401-409.

Krahé, B. (u.a.) (2011). Desensitization to media violence: Links with habitual media violence exposure, aggressive cognitions, and aggressive behavior. Journal of Personality and Social Psychology, 100, 630-646.

Krcmar, M. & Farrar, K. (2009). Retaliatory aggression and the effects of point of view and blood in violent video games. Mass Communication & Society, 12, 115-138.

Krcmar, M., Farrar, K. & McGloin, R. (2011). The effects of video game realism on attention, retention and aggressive outcomes. Computers in Human Behavior, 27, 432-439.

Krcmar, M. & Lachlan, K. A. (2009). Aggressive outcomes and videogame play: The role of length of play and the mechanisms at work. Media Psychology, 12, 249-267.

Krcmar, M. (u.a.) (2015). Appetitive and defensive arousal in violent video games: Explaining individual differences in attraction to and effects of video games. Media Psychology, 18, 527-5–550.

Kruse N. (2016). Och, bitte nicht schon wieder diese „Killerspiel"-Diskussion. Stern, 25.7.2016 (online unter: https://www.stern.de/digital/games/nach-muenchen--nicht-schon-wieder-eine-sinnlose--killerspiel--debatte-6979824.html, letzter Abruf: 28.7.2018).

Kühn, S. (u.a.) (2018). Does playing violent video games cause aggression? A longitudinal intervention study. Molecular Psychiatry (Advance online publication, doi:10.1038/s41380-018-0031-7).

Kunczik, M. (2013). Gewalt – Medien – Sucht: Computerspiele. Berlin (u.a.): Lit.

Kunczik, M. & Zipfel, A. (2004). Mediengewalt. Befunde der Forschung seit 1998. Projektbericht für das Bundesministerium für Familie, Senioren, Frauen und Jugend. Bonn.

Kunczik, M. & Zipfel, A. (2006). Gewalt und Medien. Ein Studienhandbuch (5. Aufl.). Köln, Weimar & Wien: Böhlau.

Kunczik, M. & Zipfel, A. (2010). Medien und Gewalt. Befunde der Forschung 2004 bis 2009. Bericht für das Bundesministerium für Familie, Senioren, Frauen und Jugend. Bonn (online unter: https://www.bmfsfj.de/blob/94294/fffc44cf4772413da5bd7637262eeaa8/

medien-und-gewalt-befunde-der-forschung-langfassung-data.pdf, letzter Abruf: 1.6.2018).

Lachlan, K. A. & Maloney, E. K. (2008). Game player characteristics and interactive content: Exploring the role of personality and telepresence in video game violence. Communication Quarterly, 56, 284–302.

Laczniak, R. N. (2017). Parental restrictive mediation and children's violent video game play: The effectiveness of the Entertainment Software Rating Board (ESRB) rating system. Journal of Public Policy & Marketing, 36, 70–78.

Ladas, M. (2002). Brutale Spiele(r)? Wirkung und Nutzung von Gewalt in Computerspielen. Frankfurt a. M. (u.a.): Peter Lang.

Ladwig, K.-H. (u.a.) (2012). The railway suicide death of a famous German football player: Impact on the subsequent frequency of railway suicide acts in Germany. Journal of Affective Disorders, 136, 194–198.

Lake, A. & Gould, M. S. (2014). Suicide clusters and suicide contagion. In S. Koslow, P. Ruiz & C. B. Nemeroff (Hrsg.), A concise guide to understanding suicide (52–61). Cambridge: Cambridge University Press.

Lamb, R. (u.a.) (2018). Examining human behavior in video games: The development of a computational model to measure aggression. Social Neuroscience, 13, 301–317.

Lambie, I., Randell, I. & McDowell, H. (2014). „Inflaming your neighbors": Copycat firesetting in adolescents. International Journal of Offender Therapy and Comparative Criminology, 58, 1020–1032.

Lang, A. (2000). The limited capacity model of mediated message processing. Journal of Communication, 50, 46–70.

Lang, A. (2006). Motivated cognition (LC4MP): The influence of appetitive and aversive activation on the processing of video games. In P. Messaris & L. Humphries (Hrsg.), Digital media: Transformations in human communication (237–256). New York, NY: Peter Lang.

Lang, A. (u.a.) (2012). Killing is positive! Intra-game response meet the necessary (bot not sufficient) theoretical conditions for influencing aggressive behavior. Journal of Media Psychology, 24, 154–165.

Langman, P. (2018). Different types of role model influence and fame seeking among mass killers and copycat offenders. American Behavioral Scientist, 62, 210–228.

Lankford, A. & Tomek, S. (2017). Mass killings in the United States from 2006 to 2013: Social contagion or random clusters? Suicide and Life-Threatening Behavior (Advance online publication, https://doi.org/10.1111/sltb.12366).

Lee, A.-R. (u.a.) (2014). Rapid spread of suicide by charcoal burning from 2007 to 2011 in Korea. Psychiatry Research, 219, 518–524.

Lee, K. M., Peng, W. & Klein, J. (2010). Will the experience of playing a violent role in a video game influence people´s judgments of violent crimes? Computers in Human Behavior, 26, 1019–1023.

Lee, S. & Eastin, M. S. (2013). Cross-cultural perspectives. In M. S. Eastin (Hrsg.), Encyclopedia of media violence (86f.). Los Angeles, CA (u.a.): Sage.

Lemieux, A. F. & LaViers, L. (2013). Rap lyrics, effects of violent content. In M. S. Eastin (Hrsg.), Encyclopedia of media violence (304–308). Los Angeles, CA (u.a.): Sage.

Lemmens, J. S., Valkenburg, P. M. & Peter, J. (2011). The effects of pathological gaming on aggressive behavior. Journal of Youth and Adolescence, 40, 38–47.

Lim, S. & Reeves, B. (2009). Being in the game: Effects of avatar choice and point of view on psychophysiological responses during game play. Media Psychology, 12, 348–370.

Lin, J.-H. (2013a). Do video games exert stronger effects on aggression than film? The role of media interactivity and identification on the association of violent content and aggressive outcomes. Computers in Human Behavior, 29, 535–543.

Lin, J.-H. (2013b). Identification matters: A moderated mediation model of media interactivity, character identification, and video game violence on aggression. Journal of Communication, 63, 682–702.

Lin, S.-F. (2010). Gender differences and the effect of contextual features on game enjoyment and responses. Cyberpsychology, Behavior, and Social Networking, 13, 533–537.

Lin, S.-F. (2011). Effect of opponent type on moral emotions and responses to video game play. Cyberpsychology, Behavior, and Social Networking, 14, 695–698.

Lindberg, N., Sailas, E. & Kaltiala-Heino, R. (2012). The copycat phenomenon after two Finnish school shootings: An adolescent psychiatric perspective. BMC Psychiatry, 12, 91.

Linder, J. R. (2013). Effects of media violence on relational aggression. In M. S. Eastin (Hrsg.), Encyclopedia of media violence (130f.). Los Angeles, CA (u.a.): Sage.

Linder, J. R. & Gentile, D. A. (2009). Is the television rating system valid? Indirect, verbal, and physical aggression in programs, viewed by fifth grade girls and associations with behavior. Journal of Applied Developmental Psychology, 30, 286–297.

Lishner, D. A., Groves, C. L. & Chrobak, Q. M. (2015). Are violent video game-aggression researchers biased? Aggression and Violent Behavior, 25, 75–78.

Lobel, A. (u.a.) (2017). Video gaming and children´s psychosocial wellbeing: A longitudinal study. Journal of Youth and Adolescence, 46, 884–897.

Lorenz, K. (1963). Das sogenannte Böse. Zur Naturgeschichte der Aggression. Wien: G. Borotha-Schoeler.

Lozon, J. & Bensimon, M. (2014). Music misuse: A review of the personal and collective roles of „problem music". Aggression and Violent Behavior, 19, 207–218.

Lukesch, H. & Schauf, M. (1990). Können Filme stellvertretende Aggressionskatharsis bewirken? Psychologie in Erziehung und Unterricht, 37, 38–46.

Maass, A., Lohaus, A. & Wolf, O. T. (2010). Media and stress in adolescent boys in Germany. Psychophysiological effects of violent and nonviolent television programs and video games. Journal of Children and Media, 4, 18–37.

Machlin, A., Pirkis, J. & Spittal, M. J. (2013). Which suicides are reported in the media – and what makes them „newsworthy"? Crisis, 24, 305–313.

Mahood, C. (2007). The effects of video game violence and frustration on aggressive tendencies. A test of the mediating influence of affect, cognition and arousal. Paper presented at the annual meeting of the International Communication Association, San Francisco, CA (online unter: http://citation.allacademic.com/meta/p_mla_apa_research_citation/1/7/2/5/2/p172525_index.html; letzter Abruf: 27.7.2018).

Mahood, C. (2008). How violent game play and aggressive personality interact to affect aggression. An examination of competing hypotheses. Paper presented at the annual meeting of the International Communication Association, Montreal (online unter: http://citation.allacademic.com/meta/p_mla_apa_research_citation/2/3/3/4/2/p233423_index.html; letzter Abruf: 27.7.2018).

Mahood, C. & Cicchirillo, V. (2008). The combined effect of physical activity and violent content in motion-sensing video games on affective aggression: A reexamination of the catharsis hypothesis. Paper presented at the annual meeting of the National Communication Association, San Diego, CA (online unter: http://citation.allacademic.com/meta/p_mla_apa_research_citation/2/6/0/1/4/p260141_index.html; letzter Abruf: 27.7.2018).

Maloney, J. (u.a.) (2014). How to adjust media recommendations on reporting suicidal behavior to new media developments. Archives of Suicide Research, 18, 156–169.

Mange, J. (u.a.) (2016). Do I shoot faster because I am thinking about an outgroup or a threatening outgroup? Shooter bias, perceived threat, and intergroup processes. Social Psychology, 47, 29–37.

Marchant, A. (u.a.) (2017). A systematic review of the relationship between internet use, self-harm and suicidal behavior in young people: The good, the bad, and the unknown. PLOS ONE, 12, e0181722.

Mares, M.-L. & Sun, Y. (2010). The multiple meanings of age for television content preferences. Human Communication Research, 36, 372–396.

Mares, M.-L. (u.a.) (2018). A house divided: Parental disparity and conflict over media rules predict children´s outcome. Computers in Human Behavior, 81, 177–188.

Markey, P. M. (2015). Finding the middle ground in violent video game research: Lessons from Ferguson (2015). Perspectives on Psychological Science, 10, 667–670.

Markey, P. M., French, J. E. & Markey, C. N. (2015). Violent movies and severe acts of violence: Sensationalism versus science. Human Communication Research, 41, 155–173.

Markey, P. M. & Markey, C. N. (2010). Vulnerability to violent video games: A review and integration of personality research. Review of General Psychology, 14, 82–91.

Markey, P. M. & Scherer, K. (2009). An examination of psychoticism and motion capture controls as moderators of the effects of violent video games. Computers in Human Behavior, 25, 407–411.

Markey, P. M. (u.a.) (2015). Lessons from Markey et al. (2015) and Bushman et al. (2015): Sensationalism and integrity in media research. Human Communication Research, 41, 184–203.

Martins, N. (2013). Televised relational and physical aggression and children´s hostile intent attributions. Journal of Experimental Child Psychology, 116, 945–952.

Martins, N. & Wilson, B. (2012). The relationship between social aggression on television and children´s aggression in the classroom. Human Communication Research, 38, 48–71.

Martins, N. (u.a.) (2013). A content analysis of print news coverage of media violence and aggression research. Journal of Communication, 63, 1070–1087.

Mast, J. F. & McAndrew, F. T. (2011). Violent lyrics in heavy metal music can increase aggression in males. North American Journal of Psychology, 13, 63f.

Mathiak, Krystyna A. (u.a.) (2011). Reward system and temporal pole contributions to affective evaluation during a first person shooter video game. BMC Neuroscience, 12, 66.

Matthews, N. L. (2015). Too good to care: The effect of skill on hostility and aggression following violent video game play. Computers in Human Behavior, 48, 219–225.

Matthews, N. L. & Weaver, A. J. (2013). Skill gap: Quantifying violent content in video game play between variably skilled users. Mass Communication and Society, 16, 829–846.

McCaffree, K. & Proctor, K. R. (2018). Cocooned from crime: The relationship between video games and crime. Society, 55, 41–52.

McCarthy, R. J. (u.a.) (2016). Does playing video games with violent content temporarily increase aggressive inclinations? A pre-registered experimental study. Journal of Experimental Social Psychology, 67, 13–19.

McCrae, R. R. & Costa, P. T., Jr. (2008). The Five-Factor Theory of personality. In O. P. John, R. W. Robins & L. A. Pervin (Hrsg.), Handbook of personality: Theory and research (159–181). New York, NY: Guilford Press.

McGloin, R., Farrar, K. & Fishlock, J. (2015). Triple whammy! Violent games and violent controllers: Investigating the use of realistic gun controllers on perceptions of realism, immersion, and outcome aggression. Journal of Communication, 65, 280–299.

McGloin, R., Farrar, K. & Krcmar, M. (2013). Video games, immersion, and cognitive aggression: Does the controller matter? Media Psychology, 16, 65–87.

McGloin, R. (u.a.) (2016). Modeling outcomes of violent video game play: Applying mental models and model matching to explain the relationship between user differences, game characteristics, enjoyment, and aggressive intentions. Computers in Human Behavior, 62, 442–451.

McIntyre, M. H. (u.a.) (2007). Finger length ratio (2D:4D) and sex differences in aggression during a simulated war game. Personality and Individual Differences, 42, 755–764.

Meier, B. P., Robinson, M. D. & Wilkowski, B. M. (2006). Turning the other cheek. Agreeableness and the regulation of aggression-related primes. Psychological Science, 17, 136–142.

Meister, D. M. (u.a.) (2008). Mediale Gewalt. Ihre Rezeption, Wahrnehmung und Bewertung durch Jugendliche. Wiesbaden: VS Verlag für Sozialwissenschaften.

Mihan, R., Anisimowicz, Y. & Nicki, R. (2015). Safer with a partner: Exploring the emotional consequences of multiplayer video gaming. Computers in Human Behavior, 44, 299–304.

Millet, K. & Dewitte, S. (2007). Digit ratio (2D:4D) moderates the impact of an aggressive music video on aggression. Personality and Individual Differences, 43, 289–294.

Möller, I. & Krahé, B. (2009). Exposure to violent video games and aggression in German adolescents: A longitudinal analysis. Aggressive Behavior, 35, 75–89.

Möller, I., Krahé, B. & Busching, R. (2013). Mediengewaltkonsum und aggressives Verhalten: Ein längsschnittlicher Vergleich von Jugendlichen mit und ohne Migrationshintergrund. Zeitschrift für Entwicklungspsychologie und Pädagogische Psychologie, 45, 121–130.

Mößle, T. (2012). „dick, dumm, abhängig, gewalttätig?“ Problematische Mediennutzungsmuster und ihre Folgen im Kindesalter. Ergebnisse des Berliner Längsschnitt Medien. Baden-Baden: Nomos.

Mößle, T., Kliem, S. & Rehbein, F. (2014). Longitudinal effects of violent media usage on aggressive behavior – The significance of empathy. Societies, 4, 105–124.

Mößle, T. & Roth, C. (2009). Gewaltmediennutzung und Gewaltdelinquenz im Grundschulalter. Ergebnisse einer Längsschnittstudie. Medienheft, 13. Oktober 2009, 1–17 (online unter: http://

www.medienheft.ch/dossier/bibliothek/d09_Games_MoessleRoth.pdf; letzter Abruf: 28.7.2018).

Molenberghs, P. (u.a.) (2015). The neural correlates of justified and unjustified killing: An fMRI study. Social Cognitive and Affective Neuroscience, 10, 1397–1404.

Montag, C. (u.a.) (2012). Does excessive play of violent first-person-shooter-video-games dampen brain activity in response to emotional stimuli? Biological Psychology, 89, 107–111.

Mrug, S. (u.a.) (2015). Emotional and physiological desensitization to real-life and movie violence. Journal of Youth and Adolescence, 44, 1092–1108.

Mueller, A. S. (2017). Does the media matter to suicide?: Examining the social dynamics surrounding media reporting on suicide in a suicide-prone community. Social Science & Medicine, 180, 152–159.

Nabi, R. L. & Clark, S. (2008). Exploring the limits of social cognitive theory: Why negatively reinforced behaviors on TV may be modeled anyway. Journal of Communication, 58, 407–427.

Nacos, B. L. (2014). Tactics of terrorism. In M. Eid (Hrsg.), Exchanging terrorism oxygen for media airwaves: The age of terroredia (110–123). Hershey, PA: IGI Global.

Nakamura, M. (u.a.) (2012). The impact of media reports on the 2008 outbreak of hydrogen sulfide suicides in Japan. International Journal of Psychiatry in Medicine, 44, 133–140.

Nathanson, A. I. & Cantor, J. (2000). Reducing the aggression-promoting effect of violent cartoons by increasing children's fictional involvement with the victim: A study of active mediation. Journal of Broadcasting & Electronic Media, 44, 125–142.

Nauroth, P. (u.a.) (2014). Gamers against science: The case of the violent video games debate. European Journal of Social Psychology, 44, 104–116.

Nauroth, P. (u.a.) (2015). Social identity threat motivates science-discrediting online comments. PLOS ONE, 10, e0117476.

Nauroth, P. (u.a.) (2017). The effects of social identity threat and social identity affirmation on laypersons´ perception of scientists. Public Understanding of Science, 26, 754–770.

Negy, C. (u.a.) (2013). Predicting violence: A cross-national study of United States and Mexican young adults. Journal of Social and Clinical Psychology, 32, 54–70.

Niederkrotenthaler, T. (2017). Papageno effect: Its progress in media research and contextualization with findings on harmful media effects. In T. Niederkrotenthaler & S. Stacks (Hrsg.), Media and suicide. International perspectives on research, theory, and policy (159–170). New York, NY: Transaction Publishers.

Niederkrotenthaler, T. & Sonneck, G. (2007). Assessing the impact of media guidelines for reporting on suicides in Austria: Interrupted time series analysis. Australian and New Zealand Journal of Psychiatry, 41, 419–428.

Niederkrotenthaler, T. (u.a.) (2009). Copycat effects after media reports on suicide: A population-based ecologic study. Social Science & Medicine, 69, 1085–1090.

Niederkrotenthaler, T. (u.a.) (2010). Role of media reports in completed and prevented suicide: Werther vs. Papageno effects. The British Journal of Psychiatry, 197, 234–243.

Niederkrotenthaler, T. (u.a.) (2012). Changes in suicide rates following media report on celebrity suicide: A meta-analysis. Journal of Epidemiology and Community Health, 66, 1037–1042.

Nikkelen, S. W. C. (u.a.) (2014). Media violence and children´s ADHD-related behaviors: A genetic susceptibility perspective. Journal of Communication, 64, 42–60.

Nolte, A. (2017). The internet effects on sex crime and murder – evidence from the broadband internet expansion in Germany. Discussion Paper No. 17-050 des Zentrums für Europäische Wirtschaftsforschung GmbH (http://ftp.zew.de/pub/zew-docs/dp/dp17050.pdf, letzter Abruf: 22.2.2018).

Notredame, C.-E. (u.a.). Why media coverage of suicide may increase suicide rates: An epistemological review. In T. Niederkrotenthaler & S. Stacks (Hrsg.), Media and suicide. International perspectives on research, theory, and policy (133–158). New York, NY: Transaction Publishers.

Ostrov, J. M., Gentile, D. A. & Crick, N. R. (2006). Media exposure, aggression and prosocial behavior during early childhood: A longitudinal study. Social Development, 15, 612–627.

Ostrov, J. M., Gentile, D. A. & Mullins, A. D. (2013). Evaluating the effect of educational media exposure on aggression in early childhood. Journal of Applied Developmental Psychology, 34, 38–44.

Oxford, J., Ponzi, D. & Geary, D. C. (2010). Hormonal responses differ when playing violent video games against an ingroup and outgroup. Evolution and Human Behavior, 31, 201–209.

Paik, H. & Comstock, G. A. (1994). The effects of television violence on antisocial behavior: A meta-analysis. Communication Research, 21, 516–546.

Palaus, M. (2017). Neural basis of video gaming: A systematic review. Frontiers in Human Neuroscience, 11, Article 248.

Park, J. (u.a.) (2016). The impact of celebrity suicide on subsequent suicide rates in the general population of Korea from 1990 to 2010. Journal of Korean Medical Science, 31, 598–603.

Pauwels, L. & Schils, N. (2016). Differential online exposure to extremist content and political violence: Testing the relative strength of social learning and competing perspectives. Terrorism and Political Violence, 28, 1–29.

Pearce, L. J. & Field, A. P. (2016). The impact of „scary" TV and film on children´s internalizing emotions: A meta-analysis. Human Communication Research, 42, 98–121.

Peña, J. (2011). Integrating the influence of perceiving and operating avatars under the automaticity model of priming effects. Communication Theory, 21, 150–168.

Peña, J., Hancock, J. T. & Merola, N. A. (2009). The priming effects of avatars in virtual settings. Communication Research, 36, 838–856.

Peng, W. & Crouse, J. (2013). Playing in parallel: The effects of multiplayer modes in active video game on motivation and physical exertion. Cyberpsychology, Behavior, and Social Networking, 16, 423–427.

Peng, W. & Hsieh, G. (2012). The influence of competition, cooperation, and player relationship in a motor performance centered computer game. Computers in Human Behavior, 28, 2100–2016.

Persky, S. & Blascovich, J. (2007). Immersive virtual environments versus traditional platforms: Effects of violent and nonviolent video game play. Media Psychology, 10, 135–156.

Persky, S. & Blascovich, J. (2008). Immersive virtual video game play and presence: Influences on aggressive feelings and behavior. Presence: Teleoperators and Virtual Environments, 17, 57–72.

Petty, R. E. & Cacioppo, J. T. (1986). The Elaboration Likelihood Model of Persuasion. Advances in Experimental Social Psychology, 19, 12305.

Pfetsch, J. (2018). Jugendliche Nutzung digitaler Medien und elterliche Medienerziehung – Ein Forschungsüberblick. Praxis der Kinderpsychologie und Kinderpsychiatrie, 67, 110-113.

Phillips, D. P. (1974). The influence of suggestion on suicide. Substantive and theoretical implications of the Werther effect. American Sociological Review, 39, 340-354.

Phillips, D. P. (1982). The impact of fictional television stories on U.S. adult fatalities. New evidence on the effect of the mass media on violence. American Journal of Sociology, 87, 1340-1359.

Pieschl, S. & Fegers, S. (2016). Violent lyrics = aggressive listeners? Effects of song lyrics and tempo on cognition, affect, and self-reported arousal. Journal of Media Psychology, 28, 32-41.

Pirkis, J. & Blood, R. W. (2010a). Suicide and the entertainment media. A critical review. Canberra: Commonwealth of Australia (online verfügbar unter: http://www.mindframe-media.info/__data/assets/pdf_file/0005/6494/Suicide-and-the-entertainment-media.pdf, letzter Abruf: 1.6.2018).

Pirkis, J. & Blood, R. W. (2010b). Suicide and the news and information media. Canberra: Commonwealth of Australia (online verfügbar unter: http://www.mindframe-media.info/__data/assets/pdf_file/0016/5164/Pirkis-and-Blood-2010,-Suicide-and-the-news-and-information-media.pdf, letzter Abruf: 1.6. 2018).

Pirkis, J., Mok, K. & Robinson, J. (2017). Suicide and newer media: The good, the bad, and the googly. In T. Niederkrotenthaler & S. Stacks (Hrsg.), Media and suicide. International perspectives on research, theory, and policy (87-98). New York, NY: Transaction Publishers.

Plaisier, X. S. & Konijn, E. A. (2013). Rejected by peers – attracted to antisocial media content: Rejection-based anger impairs moral judgment among adolescents. Developmental Psychology, 49, 1165-1173.

Pöge, A. (2011). Musiktypologien und Delinquenz im Jugendalter. Soziale Welt, 62, 279-304.

Polman, H., de Castro, B. O. & van Aken, M. A. G. (2008). Experimental study of the differential effects of playing versus watching violent video games on children's aggressive behaviour. Aggressive Behavior, 34, 256-264.

Pouliot, L., Mishara, B. L. & Labelle, R. (2011). The Werther effect reconsidered in light of psychological vulnerabilities: Results of a pilot study. Journal of Affective Disorders, 134, 488-496.

Prot, S. & Gentile, D. A. (2014). Applying risk and resilience models to predicting the effects of media violence on development. Advances in Child Development and Behavior, 46, 215-244.

Prot, S. (u.a.) (2014). Long-term relations among prosocial-media use, empathy, and prosocial behavior. Psychological Science, 25, 358-368.

Przybylski, A. K. (2014). Who believes electronic games cause real world aggression? Cyberpsychology, Behavior, and Social Networking, 17, 228-234.

Przybylski, A. K., Ryan, R. M. & Rigby, C. S. (2009). The motivating role of violence in video games. Personality and Social Psychology Bulletin, 35, 243-259.

Przybylski, A. K. (u.a.) (2014). Competence-impeding electronic games and players´ aggressive feelings, thoughts, and behaviors. Journal of Personality and Social Psychology, 106, 441-457.

Quandt, T. (u.a.) (2015). Digital games research: A field study on an emerging field and its prevalent debates. Journal of Communication, 65, 975-996.

Ramos, P. A. (u.a.) (2013). Comfortably numb or just yet another movie? Media violence exposure does not reduce viewer empathy for victims of real violence among primarily Hispanic viewers. Psychology of Popular Media Culture, 2, 2-10.

Ratan R. A. & Dawson, M. (2016). When Mii is me: A psychophysiological examination of avatar relevance. Communication Research, 43, 1065-1–1093.

Ravaja, N. (2004). Contributions of psychophysiology to media research: Review and recommendations. Media Psychology, 6, 193–235.

Ravaja, N. (2009). The psychophysiology of digital gaming: The effect of a non co-located opponent. Media Psychology, 12, 268–294.

Ravaja, N. (u.a.) (2006). Spatial presence and emotions during video game playing: Does it matter with whom you play? Presence: Teleoperators and Virtual Environments, 15, 381–392.

Ravaja, N. (u.a.) (2008). The psychophysiology of James Bond: Phasic emotional responses to violent video game events. Emotion, 8, 114–120.

Read, G. L. (u.a.) (2016). Examining desensitization using facial electromyography: Violent videogames, gender, and affective responding. Computers in Human Behavior, 62, 201–211.

Regenbogen, C., Herrmann, M. & Fehr, T. (2010). The neural processing of voluntary completed, real and virtual violent and nonviolent computer game scenarios displaying predefined actions in gamers and nongamers. Social Neuroscience, 5, 221–240.

Reinemann, C. & Scherr, S. (2011). Der Werther-Defekt. Plädoyer für einen neuen Blick auf den Zusammenhang von suizidalem Verhalten und Medien. Publizistik, 56, 89–94.

Retraction Watch (2016). Dispute over shooter video games may kill recent paper (online unter: https://retractionwatch.com/2016/12/09/dispute-shooter-video-games-may-kill-recent-paper/, letzter Abruf: 27.7.2018).

Ribbens, W. (2013). Perceived game realism: A test of three alternative models. Cyberpsychology, Behavior, and Social Networking, 16, 31–36.

Ribbens, W. & Malliet, S. (2010). Perceived digital game realism: A quantitative exploration of its structure. Presence, 19, 585–600.

Ribbens, W. & Malliet, S. (2015). How male young adults construe their playing style in violent video games. New Media & Society, 17, 1624–1642.

Richard, F. D., Bond, C. F. Jr. & Stokes-Zoota, J. J. (2003). One hundred years of social psychology quantitatively described. Review of General Psychology, 7, 331–363.

Richmond, J. & Wilson, J. C. (2008). Are graphic media violence, aggression and moral disengagement related? Psychiatry, Psychology and Law, 15, 350–357.

Riddle, K. (2013). Transportation into vivid media violence: A focus on attention, emotions, and mental rumination. Communication Quarterly, 61, 446–462.

Riddle, K. (2014). A theory of vivid media violence. Communication Theory, 24, 291–310.

Riddle, K. (u.a.) (2017). The unexpected comfort of wearing headphones: Emotional and cognitive effects of headphone use when playing a bloody video game. Entertainment Computing, 19, 43–52.

Ritter, D. & Eslea, M. (2005). Hot sauce, toy guns, and graffiti: A critical account of current laboratory aggression paradigms. Aggressive Behavior, 31, 407–419.

Robertz, F. J. (2004). School Shootings. Über die Relevanz der Phantasie für die Begehung von Mehrfachtötungen durch Jugendliche. Frankfurt a. M.: Verlag für Polizeiwissenschaft.

Robinson, J. (2016). Social media and suicide prevention: A systematic review. Early Intervention in Psychiatry, 10, 103–121.

Romer, D., Jamieson, P. E. & Jamieson, K. H. (2006). Are news reports of suicide contagious? A stringent test in six U.S. cities. Journal of Communication, 56, 253–270.

Romer, D. (u.a.) (2014). Parental desensitization to violence and sex in movies. Pediatrics 134, 877–884.

Roskos-Ewoldsen, D. R., Klinger, M. R. & Roskos-Ewoldsen, B. (2007). Media priming. In R. W. Preiss (u.a.) (Hrsg.), Mass media effects research. Advances through meta-analysis (53–80). Mahwah, NJ: Erlbaum.

Roskos-Ewoldsen, D. R., Roskos-Ewolsden, B. & Dillmann Carpentier, F. (2008). Media priming. An updated synthesis. In J. Bryant & M. B. Oliver (Hrsg.), Media effects. Advances in theory and research. (3. Aufl., 74–93). New York, NY & London: Routledge.

Ross, T. L. & Weaver, A. J. (2012). Shall we play a game? How the behavior of others influences strategy selection in a multiplayer game. Journal of Media Psychology, 24, 102–112.

Rothmund, T., Gollwitzer, M. & Klimmt, C. (2011). Of virtual victims and victimized virtues: Differential effects of experienced aggression in video games on social cooperation. Personality and Social Psychology Bulletin, 37, 107–119.

Rothmund, T. (u.a.) (2015). Public concerns about violent video games are moral concerns – How moral threat can make pacifists susceptible to scientific and political claims against violent video games. European Journal of Social Psychology, 45, 769–783.

Rothstein, H. R. & Bushman, B. J. (2015). Methodological and reporting errors in meta-analytic reviews make other meta-analysts angry: A commentary on Ferguson (2015). Perspectives on Psychological Science, 10, 677–679.

Ruddigkeit, A. (2010). Der umgekehrte Werther-Effekt. Eine quasiexperimentelle Untersuchung von Suizidberichterstattung und deutscher Suizidrate. Publizistik, 55, 253–273.

Rydell, A.-M. (2016). Violent media exposure, aggression and CU traits in adolescence: Testing the selection and socialization hypotheses. Journal of Adolescence, 52, 95–102.

Sacks, D. P., Bushman, B. J. & Anderson, C. A. (2011). Do violent video games harm children? Comparing the scientific Amicus Curiae „experts“ in Brown v. Entertainment Merchants Association. Northwestern University Law Review Colloquy, 106, 1–12.

Saleem, M., Anderson, C. A. & Barlett, C. P. (2015). Assessing helping and hurting behaviors through the tangram help/hurt task. Personality and Social Psychology Bulletin, 41, 1345–1362.

Salonius-Pasternak, D. E. & Gelfond, H. S. (2005). The next level of research on electronic play: Potential benefits and contextual influences for children and adolescents. Human Technology, 1, 5–22.

Samson, L. & Potter, R. F. (2016). Empathizing and systemizing (un)justified mediated violence: Psychophysiological indicators of emotional response. Media Psychology, 19, 156–180.

Sauer, J. D., Drummond, A. & Nova, N. (2015). Violent video games: The effects of narrative context and reward structure on ingame and postgame aggression. Journal of Experimental Psychology: Applied, 21, 205–214.

Sauter, K. (u.a.) (2016). Gewalthaltige Computerspiele, Erziehungsverhalten und Jugenddelinquenz. Rechtspsychologie, 2, 149–171.

Savage, J. & Yancey, C. (2008). The effects of media violence exposure on criminal aggression. A meta-analysis. Criminal Justice and Behavior, 35, 772–791.

Schäfer, M. & Quiring, O. (2013a). Gibt es Hinweise auf einen „Enke-Effekt"? Die Presseberichterstattung über den Suizid von Robert Enke und die Entwicklung der Suizidzahlen in Deutschland. Publizistik, 58, 141–160.

Schäfer, M. & Quiring, O. (2013b). Vorbild auch im Tod? Neue Hinweise auf einen Werther-Effekt nach Prominentensuiziden. Suizidprophylaxe, 40, 66–74.

Schäfer, M. & Quiring, O. (2015). The press coverage of celebrity suicide and the development of suicide frequencies in Germany. Health Communication, 30, 1149–1158.

Scheele, B. & DuBois, F. (2006). Catharsis as a moral form of entertainment. In J. Bryant & P. Vorderer (Hrsg.), Psychology of entertainment (405–422). Mahwah, NJ: Erlbaum.

Scheithauer, H., Hayer, T. & Bull, H. D. (2007). Gewalt an Schulen am Beispiel von Bullying. Zeitschrift für Sozialpsychologie, 38, 141–152.

Schell, T. (2009). Die Medien-Gewalt-Debatte in der Presse. Eine vergleichende Analyse ausgewählter Printmedien nach den „Amokläufen“ von Erfurt und Winnenden. Unv. BA-Arbeit, Institut für Sozialwissenschaften, Heinrich-Heine-Universität Düsseldorf.

Scherr, S. (2013). Medien und Suizide: Überblick über die kommunikationswissenschaftliche Forschung zum Werther-Effekt. Suizidprophylaxe, 40, 96–107.

Scherr, S. (2016). Depression – Medien – Suizid. Zur empirischen Relevanz von Depressionen und Medien für die Suizidalität. Wiesbaden: Springer VS.

Scherr, S. & Reinemann, C. (2011). Belief in a Werther effect: Third-person effects in the perceptions of suicide risk for others and the moderating role of depression. Suicide and Life-Threatening Behavior, 41, 624–634.

Scherr, S. & Steinleitner, A. (2015). Zwischen dem Werther- und Papageno-Effekt. Nervenarzt, 86, 557–565.

Scheufele, B. (2006). (Kausal-)Logik der Gewaltwirkungsforschung. In W. Wirth, A. Fahr & E. Lauf (Hrsg.), Forschungslogik und -design in der Kommunikationswissenschaft. Bd. 2: Anwendungsfelder in der Kommunikationswissenschaft (85–106). Köln: Halem.

Schiller, E.-M., Gradinger, P. & Strohmeier, D. (2014). Nutzung gewalthaltiger Bildschirmspiele als längsschnittlicher Risikofaktor für Cyberbullying in der frühen Adoleszenz. Diskurs Kindheits- und Jugendforschung, 1, 39–59.

Schmierbach, M. (2010). „Killing spree“: Exploring the connection between competitive game play and aggressive cognition. Communication Research, 37, 256–274.

Schmierbach, M. (u.a.) (2012). Electronic friend or virtual foe: Exploring the role of competitive and cooperative multiplayer video game modes in fostering enjoyment. Media Psychology, 15, 356–371.

Schmidtke, A. (u.a.) (2002). Imitation von Amok und Amok-Suizid. Suizidprophylaxe, 29, 97–106.

Schneider, E. F. (u.a.) (2004). Death with a story. How story impacts emotional, motivational, and physiological responses to first-person shooter video games. Human Communication Research, 30, 361–375.

Schwartz, J. A. & Beaver, K. M. (2016). Revisiting the association between television viewing in adolescence and contact with the criminal justice system in adulthood. Journal of Interpersonal Violence, 31, 2387–2411.

Selfhout, M. H. W. (2008). Heavy metal and hip-hop style preferences and externalizing problem behavior. A two-wave longitudinal study. Youth & Society, 39, 435–452.

Sestir, M. A. & Bartholow, B. D. (2010). Violent and nonviolent video games produce opposing effects on aggressive and prosocial content. Journal of Experimental Social Psychology, 46, 934–942.

Shafer, D. M. (2012). Causes of state hostility and enjoyment in player versus player and player versus environment video games. Journal of Communication, 62, 719–737.

Sherry, J. L. (2001). The effects of violent video games on aggression. A meta-analysis. Human Communication Research, 27, 409–431.

Sherry, J. L. (2007). Violent video games and aggression: Why can't we find effects. In R. W. Preiss (u.a.) (Hrsg.), Mass media effects research. Advances through meta-analysis (245–262). Mahwah, NJ: Erlbaum.

Sisak, M. & Värnik, A. (2012). Media roles in suicide prevention: A systematic review. International Journal of Environmental Research and Public Health, 9, 123–138.

Sitzer, P. (2013). The role of media content in the genesis of school shootings: The contemporary discussion. In N. Böckler (u.a.) (Hrsg.), School shootings (283–307). New York, NY: Springer.

Siyez, D. M. & Baran, B. (2017). Determining reactive and proactive aggression and empathy levels of middle school students regarding their video game preferences. Computers in Human Behavior, 72, 286–295.

Sjöström, A. (u.a.) (2013). Exploring audience judgments of social science in media discourse. The case of the violent video games debate. Journal of Media Psychology, 25, 27–38.

Slater, M. (u.a.) (2003). Violent media content and aggressiveness in adolescents. A downward spiral model. Communication Research, 30, 713–736.

Slater, M. (u.a.) (2004). Vulnerable teens, vulnerable times: How sensation seeking, alienation, and victimization moderate the violent media content-aggressiveness relation. Communication Research, 31, 642–668.

Slater, M. (2007). Reinforcing spirals. The mutual influence of media selectivity and media effects and their impact on individual behavior and social identity. Communication Theory, 17, 281–303.

Smith, P. K. & Lee, S. (2013). Aggression and culture. In M. S. Eastin (Hrsg.), Encyclopedia of media violence (28–30). Los Angeles, CA (u.a.): Sage.

Smith, S., Ferguson, C. & Beaver, K. (2018). A longitudinal analysis of shooter games and their relationship with conduct disorder and self-reported delinquency. International Journal of Law and Psychology, 5, 48–53.

Spitzer, M. (2007). Vorsicht Bildschirm! Elektronische Medien, Gehirnentwicklung, Gesundheit und Gesellschaft (4. Aufl.). München: DTV.

Stack, S. (2003). Media coverage as a risk factor for suicide. Journal of Epidemiology & Community Health, 57, 238–240.

Stack, S. (2005). Suicide in the media. A quantitative review of studies based on nonfictional stories. Suicide and Life-Threatening Behavior, 35, 121–133.

Stack, S. (2009). Copycat effects of fictional suicide: A meta-analysis. In S. Stack & D. Lester (Hrsg.), Suicide and the creative arts (231–242). New York, NY: Nova Science.

Stack, S., Kral, M. & Borowksi, T. (2014). Exposure to suicide movies and suicide attempts: A research note. Sociological Focus, 47, 61–70.

Staude-Müller, F. (2011). Computerspielgewalt und Aggression: Längsschnittliche Untersuchung von Selektions- und Wirkungseffekten. Praxis der Kinderpsychologie und Kinderpsychiatrie, 60, 745–761.

Staude-Müller, F., Bliesener, T. & Luthman, S. (2008). Hostile and hardened? An experimental study on (de-)sensitization to violence and suffering through playing video games. Swiss Journal of Psychology, 67, 41–50.

Stockdale, L. A. (u.a.) (2013). Read anything mean lately? Associations between reading aggression in books and aggressive behavior in adolescents. Aggressive Behavior, 39, 493–502.

Stockdale, L. A. (u.a.) (2015). Emotionally anesthetized: Media violence induces neural changes during emotional face processing. Scan, 10, 1373–1382.

Strasburger, V. C., Donnerstein, E. & Bushman, B. J. (2014). Why is it so hard to believe that media influence children and adolescents? Pediatrics, 133, 571–573.

Strenziok, M. (u.a.) (2011). Fronto-parietal regulation of media violence exposure in adolescents: A multi-method study. Scan, 6, 537–547.

Stucki, G. & Squillaci, M. (2016). Jeux vidéo violents: Leur impact sur la désensibilisation émotionelle des jeunes. Revue Européenne de Psychologie Appliquée, 66, 251–260.

Subra, B. (u.a.) (2010). Automatic effects of alcohol and aggressive cues on aggressive thoughts and behaviors. Personality and Social Psychology Bulletin, 36, 1052–1057.

Suh, S., Chang, Y. & Kim, N. (2015). Quantitative exponential modelling of copycat suicides: Association with mass media effect in South Korea. Epidemiology and Psychiatric Sciences, 24, 150–157.

Surette, R. (2013a). Cause or catalyst: The interaction of real world and media crime models. American Journal of Criminal Justice, 38, 392–409.

Surette, R. (2013b). Pathways to copycat crime. In J. Helfgott (Hrsg.), Criminal psychology. Vol. 2: Typologies, mental disorders, and profiles (251–273). Santa Barbara, CA: Praeger.

Surette, R. (2014). Estimating the prevalence of copycat crime: A research note. Criminal Justice Policy Review, 25, 703–718.

Surette, R. (2015). Media, crime and criminal justice (5. Aufl.). Wadsworth: Cengage Learning.

Surette, R. (2016). Measuring copycat crime. Crime, Media, Culture, 12, 37–64.

Surette, R. & Maze, A. (2015). Video game play and copycat crime: An exploratory analysis of an inmate population. Psychology of Popular Media Culture, 4, 360–374.

Swing, E. L. & Anderson, C. A. (2014). The role of attention problems and impulsiveness in media violence effects on aggression. Aggressive Behavior, 40, 197–203.

Szycik, G. R. (u.a.) (2017a). Excessive users of violent video games do not show emotional desensitization. An fMRI study. Brain Imaging and Behavior, 11, 736–743.

Szycik, G. R. (u.a.) (2017b). Lack of evidence that neural empathic responses are blunted in excessive users of violent video games: An fMRI study. Frontiers in Psychology, 8, Article 174.

Tamborini, R. (u.a.) (2004). Violent virtual video games and hostile thoughts. Journal of Broadcasting & Electronic Media, 48, 335–357.

Tamborini, R. (u.a.) (2012). The influence of morality subcultures on the acceptance and appeal of violence. Journal of Communication, 62, 136–157.

Taylor, W. D. (u.a.) (2015). Identifying individuals at risk of being radicalised via the internet. Computers in Human Behavior, 51, 448–460.

Teismann, T. & Schwidder, J. & Willutzki, U. (2013). Mediale Berichterstattung über den Suizid von Robert Enke. Zeitschrift für Gesundheitspsychologie, 21, 113–121.

Teng, S. K. Z. (u.a.) (2011). Grand Theft Auto IV comes to Singapore: Effects of repeated exposure to violent video games on aggression. Cyberpsychology, Behavior, and Social Networking, 14, 597–602.

Teng, Z. (u.a.) (2017). A cross-lagged model of the relationship between violent video game exposure and moral disengagement in middle school and high school students. Children and Youth Services Review, 81, 117–123.

Ter Bogt, T. F. M., Keijsers, L. & Meeus, W. H. J. (2013). Early adolescent music preferences and minor delinquency. Pediatrics, 131, e380–e389.

Till, B. (u.a.) (2013a). Who identifies with suicidal film characters? Determinants of identification with suicidal protagonists of drama films. Psychiatrica Danubina 25, 158–162.

Till, B. (u.a.) (2013b). Personal suicidality in the reception of and identification with suicidal film characters. Death Studies, 37, 383–392.

Till, B. (u.a.) (2015). Determining the effects of films with suicidal content: A laboratory experiment. The British Journal of Psychiatry, 207, 72–78.

Tousignant, M. (u.a.) (2005). The impact of media coverage of the suicide of a well-known Quebec reporter: The case of Gaetan Girouard. Social Science and Medicine, 60, 1919–1926.

Towers, S. (u.a.) (2015). Contagion in mass killings and school shootings. PLOS ONE, 10, e0117259.

Triberti, S., Villani, D. & Riva, G. (2015). Moral positioning in video games and its relation with dispositional traits: The emergence of a social dimension. Computers in Human Behavior, 50, 1–8.

Tsai, C.-W. (u.a.) (2011). Why do people choose charcoal burning as a method of suicide? An interview based study of survivors in Taiwan. Journal of Affective Disorders, 131, 402–407.

Ueda, M., Mori, K. & Matsubayashi, T. (2014). The effect of media reports of suicides by well-known figures between 1989 and 2010 in Japan. International Journal of Epidemiology, 43, 623–629.

Ueda, M. (u.a.) (2017). Tweeting celebrity suicides: Users´ reaction to prominent suicide deaths on Twitter and subsequent increases in actual suicides. Social Science and Medicine, 189, 158–166.

Uhrig, M. & Kepplinger, H. M. (2010). Ist die Katharsis-Theorie zu retten? Publizistik, 55, 5–22.

Unsworth, G., Devilly, G. J. & Ward, T. (2007). The effect of playing violent video games on adolescents: Should parents be quaking in their boots? Psychology, Crime & Law, 13, 383–394.

Valadez, J. J. & Ferguson, C. J. (2012). Just a game after all: Violent video game exposure and time spent playing effects on hostile feelings, depression, and visuospatial cognition. Computers in Human Behavior, 28, 608–616.

Valkenburg, P. M. (2015). The limited informativeness of meta-analyses of media effects. Perspectives on Psychological Science, 10, 680–682.

Valkenburg, P. M. & Peter, J. (2013). Five challenges to the future of media-effects research. International Journal of Communication, 7, 197–215.

Van den Bulck, J. (u.a.) (2016). Violence, sex, and dreams: Violent and sexual media content infiltrate our dreams at night. Dreaming, 26, 271–279.

Vandewater, E. A., Lee, J. H. & Shim, M.-S. (2005). Family conflict and violent electronic media use in school-aged children. Media Psychology, 8, 73–86.

Velez, J. A. & Ewoldsen, D. R. (2013). Helping behaviors during video game play. Journal of Media Psychology, 25, 190–200.

Velez, J. A. (u.a.) (2014). Ingroup versus outgroup conflict in the context of violent video game play: The effect of cooperation on increased helping and decreased aggression. Communication Research, 41, 607–626.

Velez, J. A. (u.a.) (2016). Violent video games and reciprocity: The attenuating effects of cooperative game play on subsequent aggression. Communication Research, 43, 447–467.

Velki, T. & Jagodić, G. K. (2017). Testing the moderating role of social context on media violence effect in the case of peer aggression among adolescents. Studia Psychologica, 59, 34–49.

Verheijen, G. P. (u.a.). Friendly fire: Longitudinal effects of exposure to violent video games on aggressive behavior in adolescent friendship dyads. Aggressive Behavior, 44, 257–267.

Verplaetse, J. & De Smet, D. (2016). Mental beliefs about blood, and not its smell, affect presence in a violent computer game. Computers in Human Behavior, 63, 928–937.

Vieira, E. T. & Krcmar, M. (2011). The influences of video gaming on US children's moral reasoning about violence. Journal of Children and Media, 5, 113–131.

Vives-Cases, C., Torrubiano-Dominguez, J. & Álvarez-Dardet, C. (2009). The effect of television news items on intimate partner violence murders. European Journal of Public Health, 19, 392–396.

Von Salisch, M., Kristen, A. & Oppl, C. (2007). Computerspiele mit und ohne Gewalt. Auswahl und Wirkung bei Kindern. Stuttgart: Kohlhammer.

Von Salisch, M. (u.a.) (2011). Preference for violent electronic games and aggressive behavior among children: The beginning of a downward spiral? Media Psychology, 14, 233–258.

Vorderer, P., Hartmann, T. & Klimmt, C. (2006). Explaining the enjoyment of playing video games: The role of competition. In D. Marinelli (Hrsg.), ICEC conference proceedings 2003: Essays on the future of interactive entertainment (107–120). Pittsburgh, PA: Carnegie Mellon University Press.

Vossen, H. G. M., Piotrowski, J. T. & Valkenburg, P. M. (2017). The longitudinal relationship between media violence and empathy: Was it sympathy all along? Media Psychology, 20, 175–193.

Wallenius, M. & Punamäki, R.-L. (2008). Digital game violence and direct aggression in adolescence: A longitudinal study of the roles of sex, age, and parent-child communication. Journal of Applied Developmental Psychology, 29, 286–294.

Wang, Z. (2013). Excitation-transfer theory. In M. S. Eastin (Hrsg.), Encyclopedia of media violence (144–147). Los Angeles, CA (u.a.): Sage.

Wang, Z. & Lang, A. (2012). Reconceptualizing excitation transfer as motivational activation changes and a test of the television program context effects. Media Psychology, 15, 68–92.

Warburton, W. (2012). How does listening to Eminem do me any harm? What the research says about music and anti-social behaviour. In W. Warburton & D. Braunstein (Hrsg.), Growing up fast and furious. Reviewing the impacts of violent and sexualised media on children (85–115). Annandale, NSW, Australia: The Federation Press.

Warburton, W. (2014). Apples, oranges, and the burden of proof – putting media violence findings into context. A comment on Elson and Ferguson (2013). European Psychologist, 19, 60–67.

Warburton, W. Gilmour, L. & Laczkowski, P. (2008). Eminem vs. Rambo: A comparison of media violence effects for auditory versus visual modalities. In S. Boag (Hrsg.), Personality down under. Perspectives from Australia (253–271). New York, NY: Nova.

Ward, L. M. & Carlson, C. (2013). Modeling meanness: Associations between reality TV consumption, perceived realism, and adolescents´ social aggression. Media Psychology, 16, 371–389.

Weber, R. & Behr, K.-M. (2013). Weapons in violent media content, use, policy, and effects of. In M. S. Eastin (Hrsg.), Encyclopedia of media violence (395–400). Los Angeles, CA u.a.: Sage.

Weber, R., Behr, K.-M. & DeMartino, C. (2014). Measuring inter activity in video games. Communication Methods and Measures, 8, 79–115.

Weber, R. (u.a.) (2009). What do we really know about first-person-shooter games? An event-related, high-resolution content analysis. Journal of Computer-Mediated Communication, 14, 1016–1036.

Weimann, G. & Winn, C. (1994). The theater of terror. Mass media and international terrorism. White Plains, NY: Longman.

Whitaker, J. L. & Bushman, B. J. (2014). „Boom, headshot!“: Effect of video game play and controller type on firing aim and accuracy. Communication Research, 41, 879–891 *(retracted)*.

Wiedeman, A. (u.a.) (2015). Factors influencing the impact of aggressive and violent media on children and adolescents. Aggression and Violent Behavior, 25, 191–198.

Williams, D. & Skoric, M. (2005). Internet fantasy violence: A test of aggression in an online game. Communication Monographs, 72, 217–233.

Williams, K. D. (2009). The effects of frustration, violence, and trait hostility after playing a video game. Mass Communication and Society, 12, 291–310.

Williams, K. D. (2011). The effects of homophily, identification, and violent video games on players. Mass Communication and Society, 14, 3–24.

Williams, K. D. (2013). The effects of video game controls on hostility, identification, and presence. Mass Communication & Society, 16, 26–48.

Willoughby, T., Adachi, P. J. C. & Good, M. (2012). A longitudinal study of the association between violent video game play and aggression among adolescents. Developmental Psychology, 48, 1044–1057.

Witmer, B. G. & Singer, M. J. (1998). Measuring presence in virtual environments: A presence questionnaire. Presence. Teleoperators and Virtual Environments, 7, 225–240.

Wofford, T. (2015). APA says video games make you violent, but critics cry bias. Newsweek, 20.8.2015 (online unter: https://www.newsweek.com/apa-video-games-violence-364394, letzter Abruf, 27.8.2018).

Worth, N. C. & Book, A. S. (2015). Dimensions of video game behavior and their relationships with personality. Computers in Human Behavior, 50, 132–140.

Yang, G. S. & Huesmann, L. R. (2013). Correlations of media habits across time, generations, and media modalities. Journal of Broadcasting & Electronic Media, 57, 356–373.

Yang, G. S., Huesmann, L. R. & Bushman, B. (2014). Effects of playing a violent video game as a male versus female avatar on subsequent aggression in male and female players. Aggressive Behavior, 40, 537–541.

Yang, G. S. (u.a.) (2014). Effects of avatar race in violent video games on racial attitudes and aggression. Social Psychology and Personality Science, 5, 698–704.

Yang, M. M. (2013). Exposure to violent content, effects on child development. In M. S. Eastin (Hrsg.), Encyclopedia of media violence (147–152). Los Angeles, CA (u.a.): Sage.

Ybarra, M. L. (u.a.) (2008). Linkages between internet and other media violence with seriously violent behavior by youth. Pediatrics, 122, 929–937.

Yee, N. & Bailenson, J. N. (2007). The Proteus effect: The effect of transformed self-representation on behavior. Human Communication Research, 33, 271–290.

Yee, N. & Bailenson, J. N. (2009). The difference between being and seeing: The relative contribution of self-perception and priming to behavioral changes via digital self-representation. Media Psychology, 12, 195–209.

Yip, P. S. F. (u.a.) (2013). A study on the mutual causation of suicide reporting and suicide incidences. Journal of Affective Disorders, 148, 98–103.

Yoon, G. & Ham, C.-D. (2016). Consuming entertainment media: How media effects can vary by users´ controllability. Current Psychology, 35, 397–402.

Yoon, G. & Vargas, P. T. (2014). Know thy avatar: The unintended effect of virtual-self representation on behavior. Psychological Science, 25, 1043–1045.

You, S., Kim, E. & No, U. (2015). Impact of violent video games on the social behaviors of adolescents: The mediating role of emotional competence. School Psychology International, 36, 94–111.

Zahl, D. & Hawton, K. (2004). Media influences on suicidal behaviour: An interview study of young people. Behavioural and Cognitive Psychotherapy, 32, 189–198.

Zendle, D. (u.a.). (2018). No priming in video games. Computers in Human Behavior, 78, 113–125.

Zhang, Q. (u.a.) (2016). Exposure to weapon pictures and subsequent aggression during adolescence. Personality and Individual Differences, 90, 113–118.

Zhang, X. (u.a.) (2010). Effects of violent and non-violent computer video games on explicit and implicit aggression. Journal of Software, 5, 1014–1021.

Zhen, S. (u.a.) (2011). Exposure to violent computer games and Chinese adolescents´ physical aggression: The role of beliefs about aggression, hostile expectations, and empathy. Computers in Human Behavior, 27, 1675–1687.

Zillmann, D. (1983). Arousal and aggression. In R. G. Geen & E. I. Donnerstein (Hrsg.), Aggression: Theoretical and empirical reviews (Vol. 1, 74–102). New York, NY: Wiley.

Zillmann, D. (2008). Excitation transfer theory. In W. Donsbach (Hrsg.), The International Encyclopedia of Communication (1627–1632). Malden, MA: Blackwell.

Zillmann, D. & Weaver, J. B. (1999). Effects of prolonged exposure to gratuitous media violence on provoked and unprovoked hostile behavior. Journal of Applied Social Psychology, 29, 145–165.

Zillmann, D. & Weaver, J. B. (2007). Aggressive personality traits in the effects of violent imagery on unprovoked impulsive aggression. Journal of Research in Personality, 41, 753–771.

Zipfel, A. (2017). Gewalt. In B. Schorb, A. Hartung-Griemberg & C. Dallmann (Hrsg.), Grundbegriffe Medienpädagogik (6. Aufl., 129–134). München: Kopaed.

Zuckerman, M. (1979). Sensation-seeking: Beyond the optimal level of arousal. Hillsdale, NJ: Erlbaum.

Zumbach, J., Seitz, C. & Bluemke, M. (2015). Impact of violent video game realism on the self-concept of aggressiveness assessed with explicit and implicit measures. Computers in Human Behavior, 53, 278–288.

Bildnachweise

Porträt von Craig A. Anderson, freundlicherweise zur Verfügung gestellt von Craig A. Anderson

Porträt von Brad J. Bushman, freundlicherweise zur Verfügung gestellt von Brad J. Bushman

Porträt von Christopher J. Ferguson, freundlicherweise zur Verfügung gestellt von Christopher J. Ferguson

Bisher in der Reihe erschienene Bände

Band 1: Agenda-Setting
Von Marcus Maurer, 2010, 101 S., brosch., 17,90 €,
ISBN 978-3-8329-4585-5

Band 2: Nachrichtenwerttheorie
Von Michaela Maier, Karin Stengel, Joachim Marschall, 2010, 163 S., brosch., 19,90 €,
ISBN 978-3-8329-4266-3

Band 3: Parasoziale Interaktion und Beziehungen
Von Tilo Hartmann, 2010, 131 S., brosch., 19,90 €,
ISBN 978-3-8329-4338-7

Band 4: Theory of Reasoned Action - Theory of Planned Behavior
Von Constanze Rossmann, 2011, 135 S., brosch., 19,90 €,
ISBN 978-3-8329-4249-6

Band 5: Das Elaboration-Likelihood-Modell
Von Christoph Klimmt, 2011, 117 S., brosch., 19,90 €,
ISBN 978-3-8329-6176-3

Band 6: Diffusionstheorien
Von Veronika Karnowski, 2011, 107 S., brosch., 17,90 €,
ISBN 978-3-8329-4269-4

Band 7: Schweigespirale
Von Thomas Roessing, 2011, 113 S., brosch., 19,90 €,
ISBN 978-3-8329-6041-4

Band 8: Third-Person-Effect
Von Marco Dohle 2013, 113 S., brosch., 19,90 €,
ISBN 978-3-8329-6801-4

Band 9: Domestizierung
Von Maren Hartmann 2013, 173 S., brosch., 19,90 €,
ISBN 978-3-8329-4279-3

Band 10: Framing
Von Jörg Matthes, 2014, 105 S., brosch., 19,90 €,
ISBN 978-3-8329-5966-1

Band 11: Determination, Intereffikation, Medialisierung
Theorien zur Beziehung zwischen PR und Journalismus
Von Wolfgang Schweiger, 2013, 145 S., brosch., 19,90 €,
ISBN 978-3-8329-6935-6

Band 12: Wissenskluft und Digital Divide
Von Nicole Zillien und Maren Haufs-Brusberg, 2014, 121 S., brosch., 19,90 €, ISBN 978-3-8329-7857-0

Band 13: Fallbeispieleffekte
Von Benjamin Krämer, 2015, 134 S., brosch., 19,90 €,
ISBN 978-3-8487-0599-3

Band 14: Priming
Von Bertram Scheufele, 2016, 104 S., brosch., 19,90 €,
ISBN 978-3-8487-2217-4

Band 15: Involvement und Presence
Von Matthias Hofer, 2016, 123 S., brosch., 19,90 €,
ISBN 978-3-8487-1508-4

Band 16: Gatekeeping
Von Ines Engelmann, 2016, 126 S., brosch., 19,90 €,
ISBN 978-3-8487-1349-3

Band 18: Medialisierung und Mediatisierung
Von Thomas Birkner, 2017, 121 S., brosch., 19,90 €
ISBN 978-3-8487-2912-8

Band 19: Meinungsführer und der Flow of Communication
Von Stephanie Geise, 2017, 180 S., brosch., 24,90 €
ISBN 978-3-8487-3229-6

Zeitfracht Medien GmbH
Ferdinand-Jühlke-Straße 7
99095 Erfurt, Deutschland
produktsicherheit@kolibri360.de